20
24
QUARTA
EDIÇÃO

INTRODUÇÃO AO ESTUDO DO DIREITO

HUGO DE BRITO MACHADO

ATUALIZADOR
HUGO
DE BRITO
MACHADO
SEGUNDO

Dados Internacionais de Catalogação na Publicação (CIP) de acordo com ISBD

M149i   Machado, Hugo Brito
        Introdução ao estudo de direito / Hugo Brito Machado ; atualizado por Hugo de Brito Machado Segundo. – 4. ed. - Indaiatuba, SP : Editora Foco, 2024.

        248 p. : 16cm x 23cm.

        Inclui bibliografia e índice.
        ISBN: 978-65-6120-059-2

        1. Direito. 2. Teoria geral do direito. I. Segundo, Hugo de Brito Machado. Título.

2024-303   CDD 340.1   CDU 340.11

Elaborado por Vagner Rodolfo da Silva - CRB-8/9410
Índices para Catálogo Sistemático:

1. Direito: Teoria geral do direito 340.1
2. Direito: Teoria geral do direito 340.11

QUARTA
EDIÇÃO

INTRODUÇÃO AO ESTUDO DO DIREITO

HUGO DE BRITO MACHADO

ATUALIZADOR
HUGO
DE BRITO
MACHADO
SEGUNDO

2024 © Editora Foco
Autor: Hugo de Brito Machado
Atualizador: Hugo de Brito Machado Segundo
Diretor Acadêmico: Leonardo Pereira
Editor: Roberta Densa
Assistente Editorial: Paula Morishita
Revisora Sênior: Georgia Renata Dias
Capa Criação: Leonardo Hermano
Diagramação: Ladislau Lima e Aparecida Lima
Impressão miolo e capa: META BRASIL

DIREITOS AUTORAIS: É proibida a reprodução parcial ou total desta publicação, por qualquer forma ou meio, sem a prévia autorização da Editora FOCO, com exceção do teor das questões de concursos públicos que, por serem atos oficiais, não são protegidas como Direitos Autorais, na forma do Artigo 8º, IV, da Lei 9.610/1998. Referida vedação se estende às características gráficas da obra e sua editoração. A punição para a violação dos Direitos Autorais é crime previsto no Artigo 184 do Código Penal e as sanções civis às violações dos Direitos Autorais estão previstas nos Artigos 101 a 110 da Lei 9.610/1998. Os comentários das questões são de responsabilidade dos autores.

NOTAS DA EDITORA:

Atualizações e erratas: A presente obra é vendida como está, atualizada até a data do seu fechamento, informação que consta na página II do livro. Havendo a publicação de legislação de suma relevância, a editora, de forma discricionária, se empenhará em disponibilizar atualização futura.

Erratas: A Editora se compromete a disponibilizar no site www.editorafoco.com.br, na seção Atualizações, eventuais erratas por razões de erros técnicos ou de conteúdo. Solicitamos, outrossim, que o leitor faça a gentileza de colaborar com a perfeição da obra, comunicando eventual erro encontrado por meio de mensagem para contato@editorafoco.com.br. O acesso será disponibilizado durante a vigência da edição da obra.

Impresso no Brasil (3.2024) – Data de Fechamento (2.2024)

2024
Todos os direitos reservados à
Editora Foco Jurídico Ltda.
Rua Antonio Brunetti, 593 – Jd. Morada do Sol
CEP 13348-533 – Indaiatuba – SP

E-mail: contato@editorafoco.com.br
www.editorafoco.com.br

Desde a *introdução ao estudo do Direito*, e para sempre, devemos ter em mente que *autoridades são apenas alguns e só durante algum tempo, enquanto cidadãos somos todos nós e durante toda a vida*. E assim, como juristas, devemos contribuir para a construção de um Direito justo no qual sejam preservados os direitos fundamentais do cidadão, especialmente contra o arbítrio da autoridade.

Existem muitas formas de se iniciar o estudo do Direito; muitas *introduções*. Esta é apenas uma delas.

Minha singela homenagem:

À memória de meu filho Socrates, a quem devo o gosto pela informática e os conhecimentos que me permitem utilizar com grande proveito um microcomputador na produção de textos.

A Maria José, minha mulher, e aos meus filhos Schubert, Soraya, Suzane e Hugo Segundo, pelo carinho da convivência amiga e também como forma de compensação por minhas ausências.

A todos os Professores de Introdução ao Estudo do Direito.

SUMÁRIO

NOTA DO ATUALIZADOR XXI

PREFÁCIO À 3ª EDIÇÃO XXIII

PREFÁCIO À 2ª EDIÇÃO XXV

1ª PARTE
NOÇÕES FUNDAMENTAIS

I. A NOÇÃO DE DIREITO 3

   1. Definições, conceitos, noções e ideias 3
      1.1 As definições e os conceitos 3
      1.2 Noções e ideias 5
      1.3 Vaguidade e ambiguidade como problemas da interpretação jurídica.... 6
      1.4 Importância dos conceitos ou noções 6
   2. O direito como sistema de limites, fruto da racionalidade humana 7
   3. Os vários significados da palavra *direito* 9
   4. O direito objetivo 11
   5. O direito subjetivo 12
   6. O dever jurídico e a responsabilidade 12
      6.1 Distinção importante 12
      6.2 Dever jurídico 13
      6.3 Responsabilidade 14
      6.4 Responsabilidade civil e penal 15
   7. Direito potestativo e direito a uma prestação 15
   8. Direito material ou substantivo e direito processual ou adjetivo 16
   9. A finalidade essencial do direito 18
  10. O jurista e o poder 19

	10.1	O papel do jurista	19
	10.2	O sentido estrito da palavra jurista	20
	10.3	Direito, poder e arbítrio	22
11.	Direito e Estado	22
	11.1	Diferentes concepções	22
	11.2	Identidade completa	23
	11.3	Relações de interdependência	23
	11.4	Estado de arbítrio	24
	11.5	O Estado de Direito	24
12.	Autoridade e responsabilidade	25
	12.1	Responsabilidade civil do Estado	25
	12.2	Responsabilidade pessoal da autoridade	26

II. O DIREITO COMO OBJETO DO CONHECIMENTO ... 27

1.	O conhecimento e o seu objeto	27
2.	As várias formas de conhecer o direito	29
	2.1 Ciência do Direito	29
	2.2 Sociologia do Direito	31
	2.3 Filosofia do Direito	32
	2.4 Política Jurídica	33
	2.5 Insuficiência de uma forma isolada	33
3.	A questão do dever ser no direito	34
	3.1 O ser e o dever ser	34
	3.2 O ser e o dever ser na Ciência do Direito	34
	3.3 Imputação e causalidade	34
4.	As diversas disciplinas introdutórias	35
	4.1 Necessidade de conhecimentos básicos	35
	4.2 Teoria Geral do Direito	36
	4.3 Introdução à Ciência do Direito	37
	4.4 Introdução ao Estudo do Direito	37
	4.5 Teoria Geral do Estado	37
5.	Os diversos ramos da ciência jurídica	38
	5.1 Conveniência didática	38

	5.2	Direito Constitucional	38
	5.3	Direito Administrativo	39
	5.4	Direito Financeiro	40
	5.5	Direito Tributário	40
	5.6	Direito Penal	40
	5.7	Direito Civil	41
	5.8	Direito Comercial	41
	5.9	Direito Processual	42
	5.10	Direito Processual Penal	42
	5.11	Direito Processual Civil	42

III. OS SISTEMAS JURÍDICOS 43

1. O direito e a cultura 43
2. Sistema e ordenamento 44
3. A lei e o precedente 44
   - 3.1 O sistema do direito legislado 44
   - 3.2 O sistema do direito do caso 45
4. A evolução integradora 46
   - 4.1 No sistema do direito legislado 46
     - 4.1.1 O caso da contribuição sobre o lucro 46
     - 4.1.2 O art. 138 do CTN 47
   - 4.2 No sistema do direito do caso 48
5. Direito natural e direito positivo 48
6. Os vários ordenamentos positivos 50
   - 6.1 As inevitáveis diferenças 50
   - 6.2 O estudo do direito comparado 50
   - 6.3 O cuidado com a doutrina estrangeira 51

IV. AS FONTES DO DIREITO 55

1. A expressão *fonte do direito* 55
2. Fontes materiais e fontes formais 57
   - 2.1 Noção de fonte material 57
   - 2.2 As fontes formais 58

		2.2.1 Formas de manifestação do Direito	58
		2.2.2 Fontes formais estatais e não estatais	58
	2.3	Fontes formais estatais	59
		2.3.1 Noções	59
		2.3.2 A lei	59
		2.3.3 A jurisprudência	61
		2.3.4 A sentença	62
		2.3.5 Os atos administrativos	62
	2.4	Fontes não estatais	62
		2.4.1 Noção	62
		2.4.2 A doutrina	63
		2.4.3 Os estatutos e contratos	64
		2.4.4 O costume	65
	2.5	A incidência da norma	67

2ª PARTE
A NORMA JURÍDICA

V. CONCEITOS FUNDAMENTAIS			71
1.	Conceito, estrutura e características		71
	1.1	Norma e lei	71
	1.2	Estrutura da norma	73
	1.3	Características da norma jurídica	73
2.	Existência e validade		76
	2.1	Distinção entre o existir e o valer	76
	2.2	Validade formal e material	77
	2.3	Existência fática e existência jurídica	78
	2.4	A existência e a validade da lei no Direito brasileiro	79
	2.5	Publicidade como condição de existência das leis	79
3.	Vigência e eficácia		82
	3.1	Distinção entre vigência e eficácia	82
	3.2	Vigência como atributo das normas escritas	82
	3.3	A vigência da lei no Direito brasileiro	83

		3.4	Publicidade como condição de vigência das leis	84
	4.	Incidência, observância e aplicação		84
		4.1	Incidência: a norma e o fato nela previsto.....................................	84
		4.2	Fato e fato jurídico...	85
		4.3	A relação jurídica e o direito subjetivo..	85
		4.4	Observância e liberdade...	86
		4.5	Aplicação, responsabilidade e coercibilidade...............................	86
		4.6	Responsabilidade e autoria..	87
	5.	Sanção		87
		5.1	Conceito e espécies...	87
		5.2	Sanção, coercibilidade e coação..	88
		5.3	Sanção e prêmio	90
	6.	A crença e a observância..		93

VI. CLASSIFICAÇÃO E PRINCIPAIS ESPÉCIES 95

	1.	Classificação		95
		1.1	As várias classificações possíveis	95
		1.2	As classificações de Kelsen e de Bobbio.......................................	96
		1.3	Nossa proposta	98
	2.	As várias espécies normativas no direito interno brasileiro....................		100
		2.1	A Constituição e suas Emendas...	100
		2.2	Leis complementares..	101
		2.3	Leis ordinárias..	106
		2.4	Medidas provisórias..	107
		2.5	Leis delegadas	108
		2.6	Decretos legislativos	109
		2.7	Resoluções	109
		2.8	Os regulamentos e outros atos administrativos normativos..............	109

VII. A CONSTITUIÇÃO.. 111

	1.	Poder constituinte e poder reformador		111
		1.1	Poder e Direito	111
		1.2	O Direito como limite do poder...	112
		1.3	O poder constituinte	113

	1.4	O poder reformador	115
	1.5	Validade e legitimidade	116
2.	Constituição e emendas		116
	2.1	A Constituição como obra do poder constituinte	116
	2.2	As Emendas como obra do poder reformador	117
3.	As denominadas cláusulas de imodificabilidade na CF/88		118
	3.1	O art. 60, § 4º, da CF/88	118
	3.2	Eficácia das cláusulas de imodificabilidade	119
	3.3	Vedação de reexame na mesma sessão legislativa	119
4.	A Constituição e o ordenamento jurídico		120

VIII. A LEI ... 121

1.	Lei em sentido formal e em sentido material		121
	1.1	Os vários significados da palavra lei	121
	1.2	Lei apenas em sentido formal	122
	1.3	Lei apenas em sentido material	122
	1.4	Lei em sentido amplo e em sentido restrito	122
2.	O processo legislativo		123
	2.1	Processo e procedimento	123
	2.2	Técnica legislativa	123
	2.3	A iniciativa	124
	2.4	Discussão e votação	125
	2.5	Emendas	126
	2.6	Sanção e veto	127
	2.7	Promulgação e publicação	128
	2.8	Publicação e vigência	129
	2.9	Alterações e revogação	130
3.	Apreciação judicial de vícios do procedimento		132
4.	Lei complementar e lei ordinária		132
	4.1	Distinção essencial	132
	4.2	Reserva de lei complementar	132
	4.3	A questão da hierarquia	133

IX. OS TRATADOS INTERNACIONAIS 135

1. Conceito e objeto 135
   - 1.1 Relações internacionais e Direito 135
   - 1.2 Questão terminológica 136
   - 1.3 Validade e eficácia dos tratados 136
2. O processo de elaboração 137
   - 2.1 As partes 137
   - 2.2 Representação das partes nos tratados internacionais 137
   - 2.3 Aprovação dos tratados pelo legislativo 138
   - 2.4 Os tratados internacionais e a lei interna 138

X. OUTRAS ESPÉCIES DE NORMA 141

1. A jurisprudência e outras normas estatais 141
   - 1.1 O julgado e a jurisprudência 141
   - 1.2 A força do precedente 142
   - 1.3 As súmulas 142
2. Normas não estatais 144
   - 2.1 Os estatutos e regimentos 144
   - 2.2 Contratos sociais 144
   - 2.3 Outros contratos de efeitos normativos 144
   - 2.4 Os atos unilaterais de vontade 144

3ª PARTE
O ORDENAMENTO JURÍDICO

XI. A UNIDADE E A COERÊNCIA 147

1. A unidade e a coerência 147
   - 1.1 A ideia de sistema 147
   - 1.2 As antinomias 148
   - 1.3 Critérios para solução das antinomias 149
   - 1.4 O critério hierárquico 150
   - 1.5 O critério cronológico 151
   - 1.6 O critério da especialidade 151
   - 1.7 Insuficiência dos critérios 152

	1.8	Antinomias principiológicas e a questão dos valores	152
	1.9	O inevitável conteúdo político da interpretação	154
	1.10	A coerência como condição de validade	154
	1.11	Coerência do sistema e interpretação	155
2.	A Constituição e a unidade do sistema jurídico		155
	2.1	A Constituição como base do sistema	155
	2.2	O controle de constitucionalidade do Brasil	156
		2.2.1 Necessidade do controle	156
	2.3	As formas de controle de constitucionalidade	156
		2.3.1 O controle difuso	156
		2.3.2 O controle concentrado	158

XII. A COMPLETUDE E A QUESTÃO DAS LACUNAS 163

1.	A completude lógica do ordenamento		163
	1.1	Lacunas na lei	163
	1.2	Ausência de lacunas no Direito	163
	1.3	O lícito e o ilícito	165
2.	A completude e a questão axiológica		166
	2.1	O conceito de lacuna	166
	2.2	Lacunas falsas, políticas ou ideológicas	167
	2.3	Lacunas verdadeiras ou técnicas	168
3.	A questão das lacunas no direito brasileiro		168
	3.1	O reconhecimento de lacunas nas leis	168
	3.2	A jurisprudência do Supremo Tribunal Federal	169

XIII. A INTERPRETAÇÃO 171

1.	Hermenêutica e interpretação		171
	1.1	A hermenêutica como teoria da interpretação	171
	1.2	Os vários sentidos da palavra interpretação	172
2.	Os elementos da interpretação		173
	2.1	Elemento literal	173
	2.2	Elemento histórico	174
	2.3	Elemento lógico-sistêmico	174

		2.4	Elemento teleológico	175
3.	Interpretação tópica			175
	3.1		As posições extremadas	175
	3.2		Conciliação do elemento tópico com o elemento sistêmico	176
	3.3		A interpretação tópica e o princípio da razoabilidade	177
4.	A integração			177
	4.1		A questão das lacunas	177
	4.2		Os meios de integração	177
5.	Interpretação e ciência do direito			178
	5.1		A interpretação na Teoria Pura do Direito	178
	5.2		Interpretação e aplicação	179
	5.3		Conteúdo político da decisão	179
	5.4		Decisão de última instância	180
6.	Interpretação e princípios jurídicos			180
	6.1		Insuficiência do positivismo normativista	180
	6.2		O Direito Alternativo e a Escola do Direito Livre	181
	6.3		A ciência e os princípios	182
	6.4		Lei interpretativa e irretroatividade	183

XIV. A DINÂMICA DO FENÔMENO JURÍDICO			185
1.	Uma explicação prévia		185
2.	Visão estática do direito		186
3.	Visão dinâmica do direito		186
	3.1	A ideia de movimento	186
	3.2	O nascimento e a concreção da norma jurídica	186
4.	O fato e o fato jurídico		187
	4.1	Os fatos no mundo da natureza	187
	4.2	A incidência da norma jurídica	188
	4.3	Os fatos no mundo jurídico	188
	4.4	Relação social e relação jurídica	190
	4.5	A importância da prova	190
5.	O conhecimento especificamente jurídico		191
	5.1	A especialização do conhecimento	191

5.2	Conhecimento jurídico	191
5.3	Visão crítica do Direito	192

XV. OS PRINCÍPIOS JURÍDICOS ... 193

1.	Princípios e regras	193
	1.1 Questão terminológica	193
	1.2 Distinção essencial entre princípio e regra	194
	1.3 Princípios incorporados em regras fundamentais	196
2.	Alguns princípios jurídicos importantes	196
	2.1 Justiça e segurança como princípios fundamentais	196
	2.2 Outros importantes princípios jurídicos	197
	2.3 Os princípios jurídicos e a superação das lacunas	197

4ª PARTE
O ESTADO

XVI. ESTADO E DIREITO ... 201

1.	O Estado e seus elementos essenciais	201
	1.1 Estado	201
	1.2 Povo	201
	1.3 Território	202
	1.4 Poder	203
2.	Estado e Direito	204
	2.1 Identidade entre Direito e Estado: a tese de Kelsen	204
	2.2 Distinção entre Direito e Estado	205
3.	Os poderes do Estado	207
	3.1 Atividades, funções e poderes	207
	3.2 Poder Legislativo	207
	3.3 Poder Executivo	208
	3.4 Poder Judiciário	208
4.	Separação de poderes	209
	4.1 Especialização funcional	209
	4.2 Divisão como forma de limitação	209
	4.3 Separação de Poderes e Estado de Direito	210

	4.4	Relatividade da separação de poderes	211
	4.5	Anomalias do direito brasileiro	211
5.	O Estado de direito	212
	5.1	Conceito	212
	5.2	Os questionamentos sobre o Direito	212
	5.3	Execução contra o Estado	213

BIBLIOGRAFIA 215

NOTA DO ATUALIZADOR

Pouco depois de aposentar-se como Desembargador Federal do Tribunal Regional Federal da Quinta Região, o professor Hugo de Brito Machado decidiu reativar o Instituto Cearense de Estudos Tributários – ICET, cuja presidência assumiu. Uma de suas primeiras ações, nesse contexto, foi ofertar um curso de especialização em Direito Tributário, nos anos de 1998 e 1999, tendo-o como professor da maior parte das disciplinas.

Na ocasião, nos diálogos com os discentes do curso, acentuou-se, nele, uma impressão que já vinha formando a partir de suas aulas no Programa de Pós-Graduação na Universidade Federal do Ceará, no qual era professor no Curso de Mestrado: a importância, mesmo em profissionais já firmados na prática jurídica, de noções de Teoria Geral do Direito. E mais: a falta que um maior cuidado com essa matéria lhes fazia, na adequada compreensão e na solução de problemas práticos. Foi o que o motivou a escrever este livro.

Acompanhei as referidas aulas no curso de especialização, quando então concluía ainda o bacharelado em Direito. Testemunhei suas reflexões em torno do tema, e a decisão para escrever este livro, bem como seu processo de elaboração. Hoje, passadas mais de duas décadas, o cenário não parece ter-se modificado. A noção de que Teoria Geral do Direito é assunto apenas para alunos dos primeiros semestres, ou, mesmo entre estes, de que o importante é a "prática", tem privado profissionais de ferramentas valiosíssimas à compreensão do fenômeno jurídico e à adequada solução das controvérsias que em seu âmbito se verificam. Como ouvi certa feita de um grande professor, todos os problemas que se colocam à luz do Direito Positivo são, ao fim e ao cabo, problemas de Teoria Geral do Direito.

Não poderíamos, assim, com o falecimento do Prof. Hugo de Brito Machado, deixar sem edição atualizada este seu formidável livro de Introdução ao Estudo do Direito, simples, didático, com linguagem clara destinada aos que têm o primeiro contato com o estudo jurídico, mas, ao mesmo tempo, capaz de suscitar reflexões sobre os assuntos mais atuais e profundos, sendo assim útil a profissionais de todas as áreas de atuação no Direito.

Sou muito grato à editora Foco, pelo interesse e pelo cuidado com esta edição, e pela forma diligente e atenta com que tem editado livros do ICET, alguns meus, e, agora, de meu pai, os quais dirijo à pessoa da Dra. Roberta Densa.

Fortaleza, janeiro de 2024.

Hugo de Brito Machado Segundo
hugo.segundo@ufc.br
Instagram: @hugo2segundo

PREFÁCIO À 3ª EDIÇÃO

A cada dia se torna mais forte a nossa convicção quanto à importância do conhecimento dos conceitos que constituem a Teoria Geral do Direito, e de que a grande maioria dos equívocos cometidos por juízes e outros aplicadores da lei são decorrentes da ausência ou insuficiência desse conhecimento. Por isso resolvemos fazer a terceira edição desta pequena *Introdução ao estudo do direito*, procurando contribuir, ainda que modestamente, para a formação dessa base conceitual entre os que agora iniciam os seus estudos jurídicos.

Ainda é comum, infelizmente, ouvir-se de estudantes de Direito que não estão interessados em teoria. Querem eles é a prática. E em face do descaso pela teoria terminam sem conseguir aprender o que é importante para o exercício da profissão, seja de Advogado ou de Juiz. Ou qualquer outra em cujo exercício seja essencial o conhecimento e a aplicação de normas jurídicas.

Nossa experiência pessoal como Advogado, Procurador da República, Juiz Federal, Professor de Direito e, nos últimos anos, como Consultor Jurídico e Parecerista, nos autoriza a dizer que a Teoria Geral do Direito é de fundamental importância para o desempenho de qualquer dessas atividades. É de fundamental importância para o conhecimento adequado do Direito Positivo, no seu conjunto ou em qualquer de suas áreas especializadas.

Basta a indicação de um aspecto do conhecimento do Direito para afastar qualquer dúvida sobre a importância do conhecimento dos conceitos na compreensão adequada de um sistema jurídico. Sabemos que os sistemas jurídicos em geral são organizados em patamares hierárquicos. A Constituição está no patamar mais elevado. Assim, se uma regra que está em uma lei ordinária estiver em conflito com uma regra da Constituição, prevalece aquela da Constituição, pois um dos critérios para a superação das antinomias entre as normas de um sistema jurídico é o critério hierárquico. Todavia, para a aplicação adequada desse critério precisamos conhecer bem os conceitos jurídicos, pois com muita frequência ocorre a elaboração normativa de conceitos com o objetivo de violar a hierarquia.

Por isso mesmo é que o Código Tributário Nacional cuidou de evitar a violação da hierarquia normativa no campo da tributação. Em seu art. 110 estabeleceu que "a lei não pode alterar a definição, o conteúdo e o alcance de institutos, conceitos e formas de direito privado, utilizados, expressa ou implicitamente, pela

Constituição Federal, pelas Constituições dos Estados, ou pelas Leis Orgânicas do Distrito Federal ou dos Municípios, para definir ou limitar competências tributárias". A rigor, uma lei não pode alterar nenhum conceito utilizado pela Constituição, que lhe é superior, pois, se pudesse, obviamente poderia alterar a Constituição, o que é um verdadeiro absurdo. O art. 110, do Código Tributário Nacional, é meramente explicitante da restrição que, na verdade, decorre da superioridade hierárquica da Constituição.

O mesmo acontece nos diversos patamares da hierarquia do sistema jurídico, cuja preservação exige, por isso mesmo, o conhecimento seguro dos conceitos utilizados na elaboração das normas que o integram. Se uma regra jurídica pudesse alterar um conceito utilizado em regra jurídica de hierarquia superior, a hierarquia normativa estaria seriamente comprometida.

Reeditando esta Introdução, temos alguma esperança de estar contribuindo para o conhecimento dos conceitos de Teoria Geral do Direito, que consideramos importante para quem tem no Direito seu instrumento de trabalho. E ficamos à disposição de nossos leitores para trocarmos ideias sobre o assunto e tentarmos esclarecer alguma dúvida que da leitura deste livro tenha surgido.

Fortaleza, 16 de janeiro de 2012.

Hugo de Brito Machado
e-mail: hbm@hugomachado.adv.br

PREFÁCIO À 2ª EDIÇÃO

No início de nossa experiência como advogado, nossa atenção esteve voltada exclusivamente para o Direito Tributário. Uma opção natural, decorrente das circunstâncias. Trabalhando como contabilista, fomos naturalmente conduzidos para o estudo das questões tributárias. Era o campo onde se manifestavam as necessidades de nossa clientela.

Depois vieram os concursos para os cargos de Procurador da República e Juiz Federal. Já com família constituída, a ideia de segurança nos levou ao serviço público, e no exercício do cargo de Juiz Federal retornamos à Universidade, para os cursos de especialização e de mestrado. Foi então que nos convencemos da importância da Teoria Geral do Direito para a compreensão do fenômeno jurídico.

Com a experiência colhida na Advocacia, no Ministério Público e na Magistratura em primeira e segunda instâncias, temos hoje, quando fazemos apenas consultoria jurídica, duas convicções muito fortes. A primeira é de que não se consegue compreender adequadamente o Direito, em qualquer de suas especialidades, sem um razoável conhecimento da Teoria Geral do Direito. E a segunda é a de que muitos equívocos são cometidos por *especialistas* exatamente por causa da insuficiência desse conhecimento.

A concepção equivocada do que seja uma isenção tributária, o tratamento dispensado à questão da tributação de atividades ilícitas, a confusão que muitos ainda fazem entre isenção e não incidência do tributo, e a dificuldade na distinção entre essas figuras e a imunidade tributária bem demonstram a falta que o conhecimento de conceitos fundamentais de Teoria Geral do Direito está a fazer a muitos especialistas em Direito Tributário.

Tal convicção nos levou a incluir no Curso de Especialização em Direito Tributário, que o Instituto Cearense de Estudos Tributários ofereceu há quatro anos, a disciplina Teoria Geral do Direito, com 45 horas-aula. E foi lecionando essa disciplina que produzimos nossos primeiros escritos dos quais a final resultou este livro.

A importância maior da Teoria Geral do Direito decorre da necessidade de um certo cuidado na utilização de conceitos. Não obstante relativos todos eles, porque vagos ou ambíguos, temos de preservar uma certa uniformidade em sua utilização, e isto não é possível se não os conhecemos.

Diversamente do que parece aos menos avisados, a teoria é indispensável para o conhecimento de qualquer coisa. Mas o que é teoria? A resposta nos é oferecida por Albuquerque Rocha:

"Teoria é um corpo de *conceitos sistematizados* que nos permite conhecer um dado domínio da realidade. A teoria não nos dá um conhecimento direto e imediato de uma realidade concreta, mas nos proporciona os meios (os conceitos) que nos permitem conhecê-la. E os meios ou instrumentos que nos permitem conhecer um dado domínio da realidade são justamente os conceitos que, sistematizados, formam a teoria. Daí a definição de teoria como um corpo de conceitos sistematizados que nos permite conhecer um dado domínio da realidade."[1]

Assim, a teoria do Direito é o conjunto de conceitos que nos permite conhecer o Direito, enquanto este é um domínio da realidade. E a Teoria Geral do Direito é o conjunto de conceitos que nos permite conhecer o que há de mais geral nesse domínio da realidade, isto é, aquilo que forma a base ou o fundamento de todo e qualquer conhecimento jurídico especializado.

Havíamos decidido incluir nesta 2ª edição um capítulo sobre os princípios jurídicos e estávamos cogitando de incluir também uma quarta parte com um estudo sumário sobre o Estado, mas tínhamos dúvida sobre a conveniência de fazê-lo, considerando a disciplina Teoria Geral do Estado que alberga estudos introdutórios ao estudo do Direito. Na pesquisa que então realizamos em busca de subsídios para a revisão do texto, porém, nossa dúvida foi afastada definitivamente pelo exemplo de García Máynez, que, no prólogo da 2ª edição de seu *Introducción al Estudio del Derecho*, livro mundialmente consagrado e do qual já foram tiradas mais de 50 edições, nos diz:

"La presente edición contiene varias adiciones y reformas. Entre las primeras, la más importante es, sin duda alguna, el capitulo sobre el estado, que no figuraba en la edición anterior. La experiencia de varios años en la enseñanza de la asignatura nos ha revelado la necesidad de consagrar algunas páginas a la explicación de las relaciones entre el Estado y el orden jurídico, lo mismo que al estudio de los conceptos fundamentales del Derecho Público.

Al elaborarse, hace diez años, el programa de la materia, se pensó que esos temas no correspondían al curso de Introducción, por existir, en el Plan de Estudios de la Facultad, un curso general de Teoría Del Estado. Este curso desempeña, en conexión con las diversas divisiones del Derecho Público, el mismo papel que antaño se atribuía a la primera parte del de Introducción y Personas, relativamente a las diferentes ramas del Derecho Privado.

---

1. José de Albuquerque Rocha, *Teoria Geral do Processo*, 6. ed. Malheiros, São Paulo, 2002, p. 17.

En el Plan de Estudios figura la Teoría General Del Estado y, en nuestro concepto, debe subsistir, no sólo por la importancia enorme de la materia, sinon porque resultaría imposible, en un curso general de Introducción Al Estudio Del Derecho, exponer con cierta profundidad las nociones capitales del Derecho Público. En lo que toca a la primera parte de la disciplina denominada Introducción Y Personas (ler, Curso de Derecho Civil), pensamos – por las razones que da el profesor Virgilio Domínguez en el prólogo a esta obra – que debería suprimir, pues tal supresión permitiría a los maestros de la asignatura dedicar todo su tiempo a la segunda parte del curso, única que en rigor corresponde al campo propio del Derecho Civil.

En un curso general de Introducción al Estudio del Derecho debe, sin embargo, hacerse una breve exposición de los conceptos principales de la Teoría Del Estado, ya que, de lo contrario, sería muy difícil explicar la noción del derecho positivo, la distinción entre Derecho Privado e Derecho Público, o la clasificación de las disciplinas jurídicas especiales."[2]

Decidimos, então, incluir neste livro uma quarta parte, dedicada ao estudo das noções fundamentais sobre o Estado. E por justiça nos cumpre registrar que o nosso trabalho neste ponto restou extremamente facilitado pela leitura de *Teoria Geral do Estado*, de Agerson Tabosa, livro no qual o ilustre Professor da Universidade de Fortaleza expõe, didaticamente e com inigualável poder de síntese, o que há de essencial nessa importante disciplina.

O capítulo sobre os princípios jurídicos, que também incluímos nesta 2ª edição, justifica-se em face da evolução do pensamento jurídico que, se podemos considerar como tese e antítese o positivismo e o jusnaturalismo, configura-se como autêntica síntese, na busca de superar a reconhecida insuficiência do positivismo normativista que via o Direito como simples conjunto de regras, visto em sua expressão simplesmente formal, síntese que se opera sem que seja necessária a incursão no plano da metafísica.

Realmente, a elaboração de um Direito dos princípios, sem prejuízo das garantias conquistadas à luz do positivismo jurídico, nos parece um avanço significativo no sentido da realização dos valores fundamentais da humanidade, entre os quais despontam a segurança e a justiça.

A lei é apenas um instrumento que deve ser utilizado sempre na busca da realização da segurança e da justiça. Por isso mesmo, meditando sobre esse assunto e sentindo a insuficiência da visão positivista normativista do Direito, em madrugada de março de 1997, escrevemos um soneto sobre a justiça, que em

---

2. Eduardo García Máynez, *Introducción al Estudio del Derecho*, 53. ed. Porrua, México, 2002, p. 29.

atendimento à sugestão do amigo Dimas Macedo, Poeta e Professor da Faculdade de Direito da Universidade Federal do Ceará, ousamos transcrever:

> Justiça
>
> A Justiça é apenas atributo.
> Não existe por si. É qualidade.
> E mesmo o sábio, aquele mais arguto
> não a define com tranquilidade.
>
> Muitos dizem que ela está na lei,
> que a obediência desta a realiza.
> Também assim um dia eu já pensei.
> Tal como o legalismo o preconiza.
>
> Mas hoje vejo que não é assim.
> A lei é meio. A Justiça um fim,
> um ideal de toda a humanidade.
>
> Enquanto a lei é simples instrumento,
> a Justiça é muito mais, é sentimento
> de harmonia, de paz, e de igualdade.

Queremos, por fim, com esta 2ª edição deste modesto livro, prestar uma homenagem aos Professores de *Introdução ao Estudo do Direito*, que preconizam o Direito como sistema de limites, fruto e instrumento da racionalidade humana, destinado a operar como um sistema de limites do poder, para preservar a liberdade humana contra o arbítrio. Verdadeiros semeadores de sementes nobres em terras férteis, ainda não poluídas pelas ideias autoritárias desenvolvidas por aqueles que se valem do formalismo jurídico para lograr aceitação de suas teses, como se as mesmas pudessem ganhar legitimidade pela forma. Ideias autoritárias daqueles falsos juristas, esquecidos de que autoridades são apenas alguns e só durante algum tempo, enquanto cidadãos somos todos nós e durante toda a vida.

Fortaleza, 14 de junho de 2004.

Hugo de Brito Machado

1ª Parte
NOÇÕES FUNDAMENTAIS

I
A Noção de Direito

Sumário: 1. Definições, conceitos, noções e ideias; 1.1 As definições e os conceitos; 1.2 Noções e ideias; 1.3 Vaguidade e ambiguidade como problemas da interpretação jurídica; 1.4 Importância dos conceitos ou noções – 2. O direito como sistema de limites, fruto da racionalidade humana – 3. Os vários significados da palavra *direito* – 4. O direito objetivo – 5. O direito subjetivo – 6. O dever jurídico e a responsabilidade; 6.1 Distinção importante; 6.2 Dever jurídico; 6.3 Responsabilidade; 6.4 Responsabilidade civil e penal – 7. Direito potestativo e direito a uma prestação – 8. Direito material ou substantivo e direito processual ou adjetivo – 9. A finalidade essencial do direito – 10. O jurista e o poder; 10.1 O papel do jurista; 10.2 O sentido estrito da palavra jurista; 10.3 Direito, poder e arbítrio – 11. Direito e estado; 11.1 Diferentes concepções; 11.2 Identidade completa; 11.3 Relações de interdependência; 11.4 Estado de arbítrio; 11.5 O Estado de direito – 12. Autoridade e responsabilidade; 12.1 Responsabilidade civil do Estado; 12.2 Responsabilidade pessoal da autoridade.

1. DEFINIÇÕES, CONCEITOS, NOÇÕES E IDEIAS

1.1 As definições e os conceitos

Não devemos nos iludir com a possibilidade de definições. Definir é algo geralmente muito difícil. Praticamente impossível. Por isto mesmo, tudo que vamos dizer sobre o Direito há de ser entendido como simples enunciados provisórios, sujeitos a contestações.[1]

---

1. É a lição de Gustav Radbruch, em *Filosofia do Direito*, 5. ed., Coimbra, Arménio Amado, 1974, p. 44-45:

"Que o direito é obra dos homens e que, como toda a obra humana, só pode ser compreendido através da sua ideia, é por si mesmo evidente. Reconheceremos isto mesmo, se tentarmos definir qualquer obra humana, por mais simples que seja – por exemplo, *uma mesa* – sem tomarmos em consideração, primeiro que tudo, o fim para o qual ela foi feita. Uma mesa pode, sem dúvida, definir-se como uma prancha assente sobre quatro pernas. E contudo, se dermos esta definição de mesa logo surgirá a seguinte dificuldade: há mesas que não têm quatro pernas, mas têm três, duas, uma perna só, e há as até sem pernas, como as dobradiças, por forma que só vem afinal a constituir elemento essencial do

Podemos, quando muito, formular conceitos. Definição e conceito não se confundem, embora muitos utilizem tais palavras como se fossem sinônimos. A definição, em lógica formal, é o conjunto de termos "cuja combinação determina o conceito definido e representado por um termo único".[2]

Um termo único, ou uma palavra. Ocorre que as palavras são simplesmente rótulos que colocamos nas coisas para que possamos falar a respeito delas. Para que possamos nos referir a elas sem que seja necessário sempre repetirmos a descrição de cada coisa. E por isto mesmo é importante que não utilizemos rótulos diferentes para as mesmas coisas, nem rótulos iguais para coisas diferentes. "Qualquer rótulo é conveniente na medida em que nos ponhamos de acordo com ele e o usemos de maneira consequente. A garrafa conterá exatamente a mesma substância, ainda que coloquemos nela um rótulo distinto, assim como a coisa seria a mesma ainda que usássemos uma palavra diferente para designá-la."[3]

Sem nenhum exagero, podemos afirmar que as divergências a respeito de teses jurídicas estão situadas, em sua maioria, nos conceitos utilizados e não nas teses propriamente ditas. Uma vez acertados os contendores a respeito dos conceitos utilizados, desaparece a divergência.

É da maior importância, por isso mesmo, que empreguemos as palavras com o significado que em geral lhes é atribuído, entretanto, nem sempre se consegue a uniformidade que seria desejável, de todo modo devemos ter sempre presente a advertência de Gordillo, repetindo Carrió:

> "A linguagem não seria utilizável se não houvesse convenções sobre quais rótulos colocar nas coisas: há por isso um uso comum ou convencional das palavras. Mas este uso comum é insuficiente na linguagem científica, pois geralmente carece de precisão por ser vago e ambíguo, quer dizer, frequentemente uma mesma palavra pode ser utilizada numa grande

---

conceito de mesa a ideia de prancha. Esta, porém, também não se distingue de qualquer outra tábua, ou grupo de tábuas reunidas, a não ser pela sua finalidade. E assim chegaremos à conclusão de que o respectivo conceito, o conceito de mesa, por último, só pode definir-se, dizendo que mesa é um móvel que serve para sobre ele se colocarem quaisquer objetos destinados às pessoas que em torno dele podem vir a achar-se. Não pode, portanto, haver uma justa visão de qualquer obra ou produto humano, se abstrairmos do fim para que serve e do seu valor. Uma consideração cega aos fins, ou cega aos valores, é pois aqui inadmissível, e assim também a respeito do direito ou de qualquer fenômeno jurídico. Do mesmo modo, por exemplo, uma ciência natural do crime, como pretendeu construí-la a antropologia criminal, só é possível depois de se ter substituído a um conceito de crime, referido a valores jurídicos, um conceito naturalístico de crime. Seria um milagre extraordinário – produto duma espécie de harmonia preestabelecida entre dois modos totalmente diversos de contemplar a realidade, que ninguém suspeitaria possível – se um conceito formado com referência a valores, como o de direito ou o de crime, pudesse coincidir com um conceito naturalístico obtido através duma contemplação não valorativa (*wertblind*) das coisas."

2. Cf. Rafael Bielsa, *Los conceptos jurídicos y su terminología*, 3. ed. Buenos Aires, Depalma, 1987, p. 24.
3. John Hospers, citado por Agustin Gordillo, *Princípios Gerais de Direito Público*, trad. Marco Aurélio Greco, São Paulo, Revista dos Tribunais, 1977, p. 2.

diversidade de sentidos e aqueles que a empregam nem sempre são conscientes de qual o sentido em que o seu adversário na discussão a está empregando."[4]

A definição do Direito certamente fica a depender da postura filosófica que adotarmos. E com certeza não será possível uma definição razoavelmente satisfatória se não levarmos em conta o fim a que o Direito se destina. Para o qual existe.

A rigor, definição é a *delimitação de uma coisa para distingui-la das demais*.[5] É o enunciado dos elementos que delimitam a coisa de sorte que se possa vê-la diferente de todas as demais, e, sendo assim, na verdade os enunciados geralmente tidos como definições não passam de simples conceitos do objeto ao qual se referem. São enunciados que apontam para delimitação da coisa, mas não são suficientes para demonstrar em que se distinguem das demais.

O *conceito*, diversamente da *definição*, é formado pela percepção que de um objeto se pode ter, a partir de quaisquer meios de comunicação interpessoal. Percepção que não implica limites exatos do objeto, nem diferenciação rigorosa entre ele e outros objetos.

Assim, ainda quando estabelecemos o que pode parecer uma definição, estamos certos de que, a rigor, de definição propriamente não se cuida. O que se pretende, e talvez isto já seja muito, é simplesmente a formulação de conceitos que nos permitam o estudo da área do conhecimento a que estamos dedicados.

1.2 Noções e ideias

Em se tratando de objetos jurídicos, que muita vez tomamos como conceitos, para sermos mais realistas temos de admitir que nem de conceitos se deveria falar, pois o que nesse campo se consegue expressar, na verdade, não passa de simples *noções*, ou *ideias*, de tal sorte que o estudante possa ter condições de identificar, com razoável precisão, o fenômeno jurídico ao qual nos estamos reportando.

Quando falamos de noções e de ideias, não estamos assumindo compromisso com a identificação exata do objeto de sorte a torná-lo inconfundível. E, mais que isto, acreditamos que não se pode fazer em assuntos do âmbito de uma Introdução ao Estudo do Direito.

---

4. Agustin Gordillo, *Princípios Gerais de Direito Público*, trad. Marco Aurélio Greco, São Paulo, Revista dos Tribunais, 1977, p. 2.
5. Maria Helena Diniz, *Dicionário Jurídico*, São Paulo, Saraiva, 1999, v. 2, p. 33.

1.3 Vaguidade e ambiguidade como problemas da interpretação jurídica

Não nos parece viável, no âmbito do conhecimento do Direito, falar-se de definições, nem de conceitos, mas simplesmente de noções ou ideias a respeito dos objetos que conhecemos, porque são inevitáveis a ambiguidade e a vaguidade que geram grave incerteza e por isto constituem problemas frequentes e de solução muita vez extremamente difícil na interpretação jurídica.

Ambiguidade que gera incerteza quanto ao sentido que as palavras expressam. Uma palavra pode ter vários sentidos, e a questão de saber em qual sentido está empregada no mais das vezes fica a depender do contexto onde está encartada. Não é certo, assevera Carrió com inteira razão, que todas as palavras sejam utilizadas, em todos os contextos, para significar as mesmas coisas.[6]

Vaguidade que gera incerteza, já não quanto ao sentido que as palavras expressam, mas quanto aos limites de seu significado.

Voltaremos a esse tema quando estudarmos a interpretação jurídica. Aqui fica apenas uma advertência, para que não se tenha a pretensão de cobrar definições exatas do jurista, de quem só se pode esperar noções ou ideias razoavelmente coerentes.

1.4 Importância dos conceitos ou noções

Mesmo reconhecendo a impossibilidade de definições exatas dos conceitos utilizados nos estudos jurídicos, e por isto mesmo admitindo que formulamos apenas noções, não podemos desconhecer a enorme importância do conhecimento desses conceitos, ou dessas noções, que na verdade compõem a Teoria do Direito. E por isso mesmo não podemos aceitar a ideia que o importante é a prática. Ideia que, infelizmente, ainda parece persistir na cabeça da maioria dos que pretendem atuar em profissões jurídicas, como as de advogado, juiz, procurador, entre outras.

Realmente, temos de admitir que a teoria é o conjunto sistematizado de conceitos que nos permite conhecer determinado domínio da realidade.[7] Sem conhecer os conceitos que, mesmo definidos com certa imprecisão ou vaguidade, compõem a Teoria Geral do Direito, não é possível o conhecimento desse importante setor do saber humano. E temos de conhecer esses conceitos, mesmo

---

6. Genaro Carrió, *Notas sobre derecho y lenguaje*, 4. ed. Buenos Aires, Abeledo-Perrot, 1990, p. 28.
7. José de Albuquerque Rocha, *Teoria Geral do Processo*, 6. ed. São Paulo, Malheiros, 2002, p. 17.

os que são ambíguos, e conhecer a ambiguidade que os envolve, porque sem isso não nos será possível conhecer o Direito.

Assim, quando estudamos a norma jurídica é importante sabermos o que significam, por exemplo, *interpretação, vigência, eficácia, incidência, aplicação* e *observância*, conhecimento que nos ajudará significativamente a evitar confusões que infelizmente são frequentes entre os operadores do Direito. O primeiro desses conceitos, vale dizer, *interpretação*, é de tal importância que a ele dedicaremos todo um capítulo na terceira parte deste livro, onde estudamos o ordenamento jurídico.

2. O DIREITO COMO SISTEMA DE LIMITES, FRUTO DA RACIONALIDADE HUMANA

O Direito é um sistema de limites ao qual nos submetemos para que nos seja possível a vida em sociedade. *Sistema*, porque é um conjunto completo e harmonioso de prescrições.[8] O sistema é *completo* porque nele não existem espaços vazios, desprovidos de regulação. É harmonioso, ou coerente, porque nele não subsistem prescrições contraditórias. Não subsistem, porque o sistema alberga mecanismos destinados a superar as contradições eventualmente surgidas na produção jurídica, e alberga princípios[9] que, flexíveis, permitem adaptações notáveis, capazes de superar quaisquer antinomias.

É um sistema de *limites*, porque sua finalidade essencial é limitar a liberdade de cada um, como forma de garantir a liberdade de todos. Em outras palavras, o Direito é o instrumento da partilha da liberdade.[10]

Limitando liberdades, o Direito limita o poder, pois na verdade o exercício do poder pressupõe a liberdade. O poder, como se sabe, é a aptidão dos seres humanos para decidir e fazer valer suas decisões. Apresenta-se de diversas formas e tem vários fundamentos. Fala-se de poder econômico, poder político, poder de liderança etc. A todas essas formas de poder o Direito impõe limites, para que os poderosos não abusem do poder. O Direito é um instrumento adequado para o estabelecimento de limites do poder.

---

8. Em vez de dizermos que o Direito é um conjunto de normas, preferimos dizer que ele é um conjunto de prescrições. A *norma* jurídica, como nós a concebemos, é uma espécie de prescrição jurídica. Prescrição é o gênero. Por isto mesmo nos parece mais adequado falar do conjunto de prescrições, conceito no qual estão incluídas as normas.
9. O estudo dos *princípios jurídicos* está no último capítulo deste livro (3ª Parte, Capítulo XV).
10. Neste sentido é a lição de Miguel Reale, a dizer aos olhos do homem comum o Direito é lei e ordem, isto é, um conjunto de regras obrigatórias que garante a convivência social graças ao estabelecimento de limites à ação de cada um de seus membros (*Lições Preliminares de Direito*, 10. ed. São Paulo, Saraiva, 1983, p. 1-2).

Maravilhoso instrumento, aliás. Seguramente o melhor, senão o único capaz de assegurar um razoável grau de harmonia entre os seres humanos. O melhor, senão o único instrumento capaz de reduzir a níveis toleráveis os conflitos, e de viabilizar a solução pacífica, civilizada, racional, daqueles que se mostraram inevitáveis.[11]

Em um encontro social na residência de um amigo, um psiquiatra comentou a avaliação pouco lisonjeira que os médicos em geral fazem da psiquiatria, dizendo que um colega seu, não psiquiatra, certa vez lhe perguntou se psiquiatria é mesmo medicina. Ao que respondeu, prontamente: *é, colega, é exatamente o ramo da medicina que nos permite distingui-la da veterinária.*

Colho aquela afirmação, que aparentemente nada tem a ver com o estudo do Direito, para demonstrar que o Direito é o elemento que nos permite distinguir o ser humano dos animais irracionais.

Essa ideia, aliás, não é nova. Del Vecchio registra que Aristóteles, no início de sua Política, ao apontar a diferença entre o homem e os outros animais, disse ser especificamente próprio daquele o sentido do justo e do injusto.[12]

Enquanto os animais irracionais resolvem os seus problemas de convivência a partir dos instintos e das aptidões físicas de cada qual, os seres humanos procuram resolvê-los racionalmente. Por isto estabelecem normas reguladoras de suas condutas. O Direito é esse conjunto de normas. É esse *sistema de limites, fruto e instrumento da racionalidade humana*. Fruto porque provém dela, e instrumento porque se presta para realizá-la. E sendo fruto da racionalidade, e instrumento de sua realização, há de albergar necessariamente as ideias de legitimidade e de justiça.

Na verdade, o Direito, enquanto conjunto de normas, é apenas um instrumento a serviço do sentimento humano, posto que, como afirma Del Vecchio, o sentimento jurídico não é senão a exigência antropológica do Direito, sua indicação primária, a expressão psíquica de sua humana necessidade.[13]

---

11. Diz-se que o Direito reduz os conflitos a níveis toleráveis, porque a observância das normas faz com que os conflitos não existam. Como, porém, não existem meios para fazer com que todos observem, sempre, as normas, diz-se que os conflitos são inevitáveis. Entretanto, exatamente por isto, o Direito estabelece os mecanismos para o equacionamento dos conflitos que inevitavelmente surgem entre as pessoas. Por isto se diz que o Direito é capaz de viabilizar a solução pacífica, civilizada, racional, de tais conflitos.
12. Cf. Giorgio Del Vecchio, *Hechos y Doctrinas*, trad. Eustaquio Galán y Gutiérrez, REUS, Madri, 2003, p. 37.
13. Giorgio Del Vecchio, *Hechos y Doctrinas*, trad. Eustaquio Galán y Gutiérrez, REUS, Madri, 2003, p. 38.

A palavra *direito*, porém, como de resto acontece com as palavras em geral, é utilizada com vários significados. É plurissignificativa, porque se presta para designar não apenas uma, mas diversas realidades, como a seguir se verá.

3. OS VÁRIOS SIGNIFICADOS DA PALAVRA *DIREITO*

Na linguagem comum, a palavra *direito* geralmente é empregada para significar o que é correto, pessoa que é correta, ou o comportamento de uma pessoa; que se mostra de conformidade com certos padrões. Ou mesmo uma coisa que está em ordem, sem defeitos. Neste sentido se diz que fulano é um homem *direito*. Que fulano comporta-se *direito*, ou que o comportamento de fulano é direito. E ainda, com referência a coisas, diz-se que tal objeto está *direito*.

Também na linguagem dos estudos jurídicos a palavra *direito* tem vários significados, como se vê, por exemplo, nas seguintes expressões: a) direito objetivo, para designar uma norma ou um conjunto de normas; b) direito subjetivo, para designar um efeito da incidência de uma, ou de várias normas; c) direito civil, ou direito penal, ou direito tributário, para designar uma parcela da Ciência Jurídica, ou uma disciplina jurídica, como se costuma dizer nos meios acadêmicos; d) direito brasileiro, ou direito francês, para designar um ordenamento jurídico; e) direito natural, para designar um conjunto de princípios ideais, não escritos, ou a ideia de Justiça; f) direito positivo.

Expliquemos melhor cada um desses significados:

a) Direito objetivo

Diz-se que o direito objetivo é a norma, ou o conjunto de normas. É o direito, visto em sua objetividade, vale dizer, desprendido de qualquer pessoa. É a expressão objetiva do Direito.

Os que gostam das expressões em latim dizem que o direito objetivo é *norma agendi*, ou norma de agir. Norma, ou conjunto de normas que constitui padrão de comportamento, em razão do qual se dirá se uma conduta é correta ou incorreta no plano jurídico.

O direito objetivo é previsão de fatos e padrão para a avaliação destes.

b) Direito subjetivo

Diz-se que o direito subjetivo é o direito de alguém. É o Direito visto em sua subjetividade, vale dizer, ligado a alguém que é seu titular, que é seu dono.

Os que gostam das expressões em latim dizem que o direito subjetivo é *facultas agendi*, ou faculdade de agir. É a faculdade ou permissão que as pessoas têm de se conduzirem de determinada maneira. Mas não é só isso. Talvez seja melhor dizermos, com Kelsen, que o direito subjetivo é o resultado da incidência da norma sobre o fato. Todo e qualquer direito subjetivo resulta deste binômio: norma e fato, como adiante será melhor explicado.

c) Direito Civil, Direito Penal etc.

Com tais expressões são designadas as matérias, ou disciplinas, estudadas nas escolas de Direito. São partes nas quais se costuma dividir a Ciência Jurídica, para fins didáticos.[14]

d) Direito brasileiro, direito francês etc.

Com tais expressões são designados os ordenamentos jurídicos de cada país. Ou então, numa linguagem mais rigorosa, os ordenamentos jurídicos de cada Estado, pois é este – Estado – o nome com que se designa cada comunidade politicamente organizada que desfruta de autonomia política na comunidade internacional.

No Brasil, a palavra *Estado* é geralmente utilizada para designar os entes públicos que compõem a Federação. Fala-se, assim, em Estado do Ceará, do Piauí, do Maranhão, de São Paulo etc. Mas a rigor, numa linguagem jurídica precisa, Estado é o Brasil. O Ceará, o Piauí etc. são Estados-membros da Federação brasileira.

e) Direito natural

Com esta expressão costuma-se designar o conjunto de princípios fundamentais do Direito, ou a própria ideia de Justiça. Diz-se direito natural o conjunto de princípios da conduta humana que resultariam da divindade, ou da própria natureza, e que seria superior e fundante do direito positivo.

Atualmente, já os estudiosos da teoria jurídica formulam o que poderíamos considerar uma síntese entre o direito natural e o direito positivo, com o estudo dos princípios jurídicos. A importância do assunto nos levou a estudá-lo em um

---

14. É certo que alguns sustentam que essas parcelas da Ciência Jurídica são dotadas de autonomia científica. Ter-se-ia, então, uma Ciência do Direito Civil, uma Ciência do Direito Penal etc. Preferimos entender que o Direito é uno, e assim é objeto de uma única Ciência, que é a Ciência Jurídica, ou Ciência do Direito.

capítulo que para tanto acrescentamos na Parte III deste livro, na qual cuidamos do ordenamento jurídico.

f) Direito positivo

Expressão que designa o conjunto de normas produzidas pelo Estado, ou produzidas por atos de vontade dos indivíduos ou de associações não estatais, desde que admitidas pelo ordenamento estatal.

Como direito positivo entende-se o ordenamento jurídico do Estado soberano. Não apenas o conjunto de normas ou previsões hipotéticas, mas o conjunto de prescrições jurídicas, no qual se incluem as decisões, sejam administrativas ou judiciais.

Finalmente, a palavra *Direito*, neste caso por nós grafada com inicial maiúscula, tem sentido abrangente de todo o conjunto de prescrições, sejam as produzidas pelo Estado, sejam as produzidas pelo ser humano sob o acolhimento daquele, mediante repetição de condutas (costume) ou mediante atos de vontade (contratos, estatutos e atos unilaterais de vontade), mas sem referência a um determinado povo, numa conotação universal. O Direito que é fruto e instrumento da racionalidade humana. O Direito que se estuda no plano universal, somatório de todos os direitos positivos (ordenamentos jurídicos), que não é propriamente a Ciência do Direito porque, a rigor, é o objeto desta.

A palavra direito, portanto, será grafada com inicial maiúscula apenas quando utilizada para designar o objeto da Ciência do Direito, na denominação de uma disciplina jurídica, como Direito Civil, Direito Penal etc. Em qualquer outro sentido, será por nós grafada com letra minúscula, salvo, é claro, quando colocada no início de uma frase.

4. O DIREITO OBJETIVO

Nos compêndios, geralmente, o direito objetivo é definido como *norma agendi*, ou norma de agir. Não no sentido de que seja ele apenas uma norma. Ele é o conjunto de todas as prescrições jurídicas. Normas, ou prescrições hipotéticas, e ordens, ou prescrições para casos concretos, desde que tal conjunto seja visto objetivamente, vale dizer, sem referência a qualquer sujeito.

O direito objetivo abrange desde a Constituição, que é a norma mais importante do conjunto, até os atos normativos de menor hierarquia e os atos de concreção do direito, como as decisões administrativas e judiciais, vistos, sempre, sem referência aos sujeitos dos direitos subjetivos correspondentes.

O conjunto de prescrições jurídicas, objetivamente consideradas, compõe o que se denomina *direito objetivo*.

Embora intimamente ligado ao direito objetivo, o direito subjetivo com ele não se confunde, como a seguir se verá.

5. O DIREITO SUBJETIVO

Podemos dizer que o direito subjetivo decorre do direito objetivo. Em outras palavras, ele é um efeito da incidência da norma ou prescrição jurídica. Efeito que a incidência da norma jurídica produz para alguém, para um sujeito.

Ocorrido o fato previsto na norma, ou prescrição jurídica hipotética, vale dizer, concretizada a sua hipótese de incidência, tem-se como resultado um efeito jurídico, que se refere necessariamente a pessoas. Esse efeito da incidência de uma ou de algumas normas é o *direito subjetivo*.

Os compêndios de Teoria Geral do Direito, ou de Introdução ao Estudo do Direito ensinam que o direito subjetivo é a *facultas agendi*, ou faculdade de agir. Neste caso também é comum o uso da palavra *direito* desacompanhada de qualquer palavra que o qualifique. Fala-se, então, do meu direito, do nosso direito, do direito dele. É sempre o direito de alguém. O direito visto em relação a seu titular.

Na verdade o direito *subjetivo* é tão somente o efeito da incidência da norma, ou de algumas normas, sobre um ou sobre vários fatos. Diz-se *subjetivo* porque é sempre vinculado a alguém, que é o seu titular. Neste sentido está a palavra quando alguém diz que tem esse ou aquele direito. O direito é de alguém. Tem um sujeito e deve ser visto em função de um sujeito.

6. O DEVER JURÍDICO E A RESPONSABILIDADE

6.1 Distinção importante

É importante a distinção entre o *dever jurídico* e a *responsabilidade*. Na linguagem comum ou coloquial, costuma-se dizer que é responsável a pessoa que normalmente cumpre os seus deveres. Ser responsável, assim, é ser cumpridor dos seus deveres. Não soaria bem, todavia, dizermos que ser responsável é ser cumpridor de suas responsabilidades. Logo se vê que responsabilidade e dever são coisas distintas.

É importante, ainda, a distinção, porque sabemos que nem todas as pessoas são responsáveis e não é razoável dizermos que os não responsáveis não têm deveres. Vejamos, então, o que é o *dever jurídico*, e em seguida o que é *responsabilidade*.

6.2   Dever jurídico

Tal como o direito subjetivo, o dever jurídico é um resultado da incidência de uma norma jurídica.

Não existe nenhuma diferença essencial entre um direito subjetivo e um dever jurídico. A diferença é apenas valorativa. Tudo o que constitui direito subjetivo de alguém será, necessariamente, dever jurídico de outrem.

Diz-se que é um *direito* quando se quer valorar o efeito positivamente. Quando se gosta daquele efeito, quando nos é agradável. Diz-se que é um *dever* quando se quer valorar o efeito da norma de forma negativa, como algo de que não se gosta. Quem não gosta de trabalhar, diz que o trabalho é um dever. Quem gosta, diz que é um direito. Já o salário é um direito para quem o recebe, e um dever para quem o paga.[15]

Entretanto, pagar é também um direito. Tanto que o direito de pagar é protegido pela ação de consignação em pagamento, muito utilizada na relação entre o locatário, ou inquilino, que quer pagar o aluguel e o locador, ou senhorio, que se nega a recebê-lo para poder promover o despejo por falta de pagamento.

O direito subjetivo, tal como acontece com a prescrição jurídica da qual é efeito, pode ser visto como algo que está individualizado, no sentido de que está relacionado a determinado sujeito, e pode ser visto em tese, vale dizer, como simples hipótese. Assim, é possível falar-se em um direito subjetivo de determinada pessoa, situação na qual se tem uma norma que incidiu sobre

---

15. No dizer de Hans Kelsen:
"A concepção tradicional de que o direito é um objecto do conhecimento jurídico diferente do dever, de que àquele caberia mesmo a prioridade em relação a este, é sem dúvida devida à doutrina do Direito natural. Esta parte da suposição de direitos naturais, de direitos inatos ao homem, que existem antes de toda e qualquer ordem jurídica positiva. Entre eles desempenha um papel principal o direito subjectivo da propriedade individual. A função de uma ordem jurídica positiva (do Estado), que põe termo ao estado de natureza, é, de acordo com esta concepção, garantir os direitos naturais através da estatuição dos correspondentes deveres. Esta concepção, porém, também influenciou os representantes da escola histórica do Direito, os quais não só inauguraram o positivismo jurídico do século XIX como também incluíram, de um modo inteiramente decisivo, na elaboração conceitual da teoria geral do Direito. Assim, lemos, por exemplo, em Dernburg: 'Os direitos em sentido subjectivo existiam historicamente já muito antes de uma ordem estadual autoconsciente ter sido elaborada. Eles fundavam-se na personalidade dos indivíduos e no respeito que eles conseguiram obter e impor pela sua pessoa e pelos seus bens. Somente através da abstracção é que mais tarde se deveria extrair gradualmente da concepção de direitos subjectivos preexistentes o conceito de ordem jurídica'. É, portanto, uma concepção in-histórica e incorrecta aquela segundo a qual os direitos em sentido subjectivo mais não são do que projecções do Direito em sentido objectivo'. Se se afasta a hipótese dos direitos naturais e se reconhecem apenas os direitos estatuídos por uma ordem jurídica positiva, então verifica-se que um direito subjectivo, no sentido aqui considerado, pressupõe um correspondente dever jurídico, é mesmo este dever jurídico" (Hans Kelsen, *Teoria Pura do Direito*, 3. ed., trad. João Baptista Machado, Coimbra, Arménio Amado, 1974, p. 189).

determinado fato, fazendo nascer o direito subjetivo, mas também é possível falar-se de uma norma, e de um fato apenas hipoteticamente considerado. Neste caso, não se tem propriamente um direito subjetivo, pois a norma não incidiu. O fato nela descrito está sendo considerado apenas hipoteticamente. Imagina-se que ele ocorreu, apenas para que se possa considerar, ainda em tese, o efeito decorrente.

6.3 Responsabilidade

O dever jurídico situa-se no mundo da liberdade jurídica. Alguém a quem a lei atribui um dever pode cumprir esse dever, ou não. No mundo dos fatos, na realidade, diante da norma que institui um dever pode dar-se tanto a *prestação* quanto a *não prestação*. A norma jurídica prescreve um dever ser, que pode não ser. Tanto que a norma estabelece uma consequência para a não prestação, isto é, para o não cumprimento do dever.

A responsabilidade situa-se no mundo da coação jurídica. É o estado de sujeição no qual a lei coloca alguém, que por isso mesmo responde pelo não cumprimento do dever, seja esse dever próprio, seja alheio. A titularidade de direitos e de deveres é inerente à personalidade; por isso mesmo, toda pessoa pode ser titular de direitos e de deveres na ordem civil.[16] A responsabilidade é inerente à capacidade jurídica, necessária para que as pessoas possam assumir deveres e exercer direitos. Por isso mesmo, existem pessoas absolutamente incapazes, e pessoas incapazes relativamente a certos atos ou à maneira de os exercer.[17]

A responsabilidade geralmente é atribuída ao titular do dever jurídico, mas pode ser atribuída a terceiros. Por isso se diz que o devedor e o responsável não se confundem. E essa distinção é muito importante sobretudo em se tratando de direitos de conteúdo patrimonial.

Existem também situações nas quais existe o dever jurídico, mas não existe a responsabilidade. Em matéria penal, por exemplo, não se pode dizer que os menores, ou os loucos, não têm o dever de não praticar ilícitos. Com certeza, todos, sejam penalmente capazes ou não, têm o dever de adotar condutas lícitas, vale dizer, têm o dever de não cometer ilícitos penais. Entretanto, os que não são dotados de capacidade penal não são responsáveis. Por isso mesmo, não se submetem às sanções correspondentes aos ilícitos que praticam.

---

16. Código Civil, art. 1º.
17. Código Civil, arts. 3º e 4º.

6.4 Responsabilidade civil e penal

A responsabilidade jurídica deve ser vista como gênero, do qual as duas principais espécies são a responsabilidade civil e a responsabilidade penal. A responsabilidade civil pode ser entendida como a sujeição a sanções de natureza patrimonial, enquanto a responsabilidade penal pode ser entendida como a sujeição a sanções de natureza pessoal, entre as quais se destacam as penas restritivas da liberdade.

Ressalte-se que a responsabilidade penal é sempre pessoal. Pelo menos é assim na atualidade, nos países que adotam o denominado Direito Penal da culpa, que afasta inteiramente tanto a responsabilidade penal objetiva, como a responsabilidade penal por fato de outrem.

A responsabilidade penal por fato de outrem, aliás, resulta da confusão entre responsabilidade e autoria. Em nosso Direito Penal só o autor do ilícito pode ser por ele responsabilizado. Por isto mesmo não se pode admitir a atribuição de responsabilidade penal a um diretor de uma empresa, por exemplo, apenas pelo fato de ser ele diretor, se não tiver nenhuma participação no cometimento ilícito.

7. DIREITO POTESTATIVO E DIREITO A UMA PRESTAÇÃO

Todo e qualquer direito subjetivo, isto é, todo e qualquer direito de alguém, está em uma de duas categorias, a saber, *direito potestativo* e *direito a uma prestação*.

Diz-se que um direito é potestativo quando o seu exercício, a sua satisfação, independe da conduta de qualquer outra pessoa. Em outras palavras, o direito é potestativo quando a sua satisfação, o seu exercício, depende exclusivamente de seu titular. O direito de revogar uma procuração, por exemplo. O direito que tem a Fazenda Pública de criar um título com base no qual poderá cobrar um tributo. Pode ser exercitado independentemente da colaboração de qualquer pessoa. Basta que o seu titular queira fazê-lo. Quem quer que tenha um procurador pode, a qualquer tempo, revogar a procuração e cassar os poderes de representação por ela concedidos.[18]

Já direito a uma prestação é aquele cujo exercício, cuja satisfação, depende sempre da colaboração de outrem. Colaboração que, se não ocorre, enseja a propositura da ação, instrumento que o Direito oferece para a proteção dos direitos materiais subjetivos em geral. A grande maioria dos direitos está nesta categoria.

---

18. É certo que a revogação da procuração não desobriga o outorgante do cumprimento das obrigações que tenha assumido no contrato de mandato. Quem tenha constituído um advogado, por exemplo, pode revogar a qualquer tempo a procuração a este outorgada, mas não se desobriga com isto de pagar os honorários correspondentes, conforme estiver estipulado no contrato respectivo.

Assim, o direito do advogado de receber os honorários contratados com o cliente, e o direito que tem a Fazenda Pública de receber o tributo.

O advogado que tem honorários a receber do cliente, se este não os paga, precisa da ação judicial para a satisfação de seu direito. De igual modo, o direito que tem a Fazenda Pública de receber o tributo, se o contribuinte não o paga espontaneamente, fica a depender, para sua satisfação, da ação judicial que o protege.

A distinção entre direitos potestativos e direitos a uma prestação é da maior importância porque, como demonstrou com propriedade Agnelo Amorim Filho, constitui um critério seguro para distinguirmos *decadência* de *prescrição*.[19] Geralmente se diz que a decadência atinge o próprio direito, enquanto a prescrição atinge a ação que o protege, e só indiretamente atinge o direito. A distinção entre direitos potestativos e direitos a uma prestação nos permite compreender por que é assim. Relativamente aos direitos potestativos, os prazos extintivos são de decadência, enquanto relativamente aos direitos a uma prestação esses prazos são de prescrição.

8. DIREITO MATERIAL OU SUBSTANTIVO E DIREITO PROCESSUAL OU ADJETIVO

Aparentemente simples, a distinção entre direito material, também dito direito substantivo, e direito processual, também dito adjetivo, não é tão fácil como pode parecer. Com efeito, existem normas de direito processual no Código Civil, e existem normas de direito material no Código de Processo Civil.

Podemos dizer que uma norma é de direito material ou substantivo, quando estabeleça uma conduta que não seja destinada simplesmente a viabilizar a aplicação de outra norma. A norma processual ou de direito adjetivo, diversamente, é aquela que estabelece conduta destinada simplesmente a viabilizar a aplicação de normas de direito material.

Quando se fala de norma processual ou de direito adjetivo, entretanto, não se está querendo dizer apenas norma de processo civil, ou de processo penal. O que se quer dizer é que a norma apenas regula uma forma de aplicar outras normas. Ela própria não diz respeito diretamente a condutas normalmente desenvolvidas pelas pessoas, senão a condutas que estas desenvolvem com o objetivo específico de cuidar da aplicação de normas. Ou de cuidar da elaboração de normas, porque ao elaborar norma na verdade se está aplicando normas.

---

19. Agnelo Amorim Filho, Critério científico para distinguir a prescrição da decadência e identificar as ações imprescritíveis, *Revista Forense*, Editora Forense, Rio de Janeiro, v. 193, jan./fev. de 1961, p. 30-49.

Assim, as normas existentes na Constituição Federal e no regimento do Congresso Nacional, cuidando de como devem ser feitas as leis do país, são normas de processo. As normas de Direito Administrativo, cuidando de como devem ser apuradas as faltas cometidas por servidores públicos, e aplicadas as sanções respectivas, são normas de processo. As normas que cuidam do lançamento tributário são normas de processo.[20]

A propósito, é importante desde logo evitarmos a confusão que muitos ainda fazem entre *processo* e *procedimento*. A palavra *processo* nos estudos jurídicos designa uma série de atos praticados com o objetivo de aplicar a lei, geralmente mas não necessariamente, na solução de conflitos. Já a palavra *procedimento* está melhor indicada para designar as formas, ou o modo, de serem praticados os atos do processo.

O processo, como série ordenada de atos, qualifica-se pelo fim a que se destina, e em nosso ordenamento jurídico pode ser classificado em processo de conhecimento, processo de execução e processo cautelar, além dos processos especiais. Já o procedimento, que simplesmente indica a forma ou o modo pelo

---

20. No dizer de Hans Kelsen:
"Como Direito formal designam-se as normas gerais através das quais são regulados a organização e o processo das autoridades judiciais e administrativas, os chamados processo civil e penal e o processo administrativo. Por Direito material entendem-se as normas gerais que determinam o conteúdo dos actos judiciais e administrativos a que são em geral designados como Direito civil, Direito penal e Direito administrativo, muito embora as normas que regulam o processo dos tribunais e das autoridades administrativas não sejam menos Direito civil, Direito penal e Direito administrativo. Também quando se fala das normas a aplicar por estes órgãos se pensa geralmente apenas no Direito material civil, penal e administrativo, se bem que o Direito material civil, penal e administrativo não possa ser aplicado sem que ao mesmo tempo se aplique também o Direito formal, quer dizer, o Direito pelo qual é regulado o processo em que é aplicado o Direito material civil, penal e administrativo, o processo em que o ato judicial ou administrativo é posto. O Direito material e o Direito formal estão inseparavelmente ligados. Somente na sua ligação orgânica é que eles constituem o Direito, o qual regula a sua própria criação e aplicação. Toda a proposição jurídica que pretenda descrever perfeitamente este Direito deve conter tanto o elemento formal como o elemento material. Uma disposição de Direito penal – por mais simplificada que seja – tem de ser formulada mais ou menos da seguinte maneira: Se um indivíduo cometeu um delito determinado numa norma jurídica geral, um órgão (tribunal), determinado também por uma norma jurídica geral, deve aplicar-lhe num processo regulado ainda por uma norma geral, uma sanção que se encontra fixada na norma geral primeiramente referida. Mais tarde veremos que se exige uma formulação ainda mais complexa, a saber: Se um órgão, cuja constituição e função se encontram reguladas por uma norma geral, verificou, por um processo determinado também através de uma norma geral, que existe um facto a que uma outra norma geral liga uma determinada sanção, esse órgão deve aplicar, pelo processo prescrito por uma norma geral, a sanção determinada pela norma jurídica geral já mencionada. Esta formulação da disposição jurídico-penal mostra – nisto reside uma função essencial da proposição que descreve o Direito – a conexão sistemática que existe entre o chamado Direito formal e o chamado Direito material, entre a determinação do delito e da sanção, por um lado, e a determinação do órgão aplicador do Direito e do seu processo, por outro lado" (*Teoria Pura do Direito*, 3. ed., trad. João Baptista Machado, Coimbra, Arménio Amado, 1974, p. 320-321).

qual são praticados os atos do processo, no âmbito de nosso Direito Processual Civil classifica-se em ordinário e sumário.

A distinção entre direito material ou substantivo, e direito processual ou adjetivo, faz com que tenhamos conjuntos distintos de regras tratando de um, e do outro. Assim, temos um Código Civil, e temos um Código de Processo Civil, que são coisas absolutamente distintas. O Código Civil é o conjunto de regras que tratam das relações pessoais e patrimoniais de Direito Privado, enquanto o Código de Processo Civil é o conjunto de regras que tratam de como devem ser resolvidos os conflitos entre as pessoas, mediante a aplicação daquelas regras. E temos também o Código Penal e o Código de Processo Penal, que são coisas absolutamente distintas. O Código Penal é o conjunto de regras que definem os crimes e as penas aplicáveis a quem os cometem, enquanto o Código de Processo Penal é o conjunto de regras que tratam de como devem atuar as autoridades para punição dos criminosos, isto é, para a aplicação das regras do Código Penal.

9. A FINALIDADE ESSENCIAL DO DIREITO

A convivência, ou vivência em sociedade, exige sejam preservados alguns valores, entre os quais se destacam, porque de fundamental importância, a *segurança* e a *justiça*.

A finalidade essencial do Direito é a preservação desses valores fundamentais. Para alcançá-la, o Direito limita poderes. Neste sentido, pode-se dizer que a finalidade essencial do Direito é limitar o *poder*, para viabilizar a realização dos valores da humanidade, entre os quais se destacam a *segurança* e a *justiça*.

Aliás, não é mesmo admissível que o titular de qualquer poder o exerça sem limites. Quem tem poder, insista-se neste ponto, tende a abusar dele. Um sistema de limites, portanto, é imprescindível. O ser humano é falível. O titular de poder é um ser humano e, portanto, é falível. O fato de ser alguém investido de poder não o torna isento da falibilidade humana.

Muito pelo contrário, quando alguém é investido de poderes, tende a destes abusar, de sorte que a grande missão do Direito reside exatamente no equacionamento do exercício do Poder, de tal modo que o seu titular não possa cometer abusos.

Tomemos como exemplo o poder de punir, próprio do Estado.

Se admitirmos que o Estado pode, no exercício do poder de punir, aplicar sanções sem dar ao acusado o direito à mais ampla defesa, estaremos colocando nas mãos daqueles que exercitam o poder de punir um instrumento de arbítrio. Como tais pessoas não escapam da falibilidade humana, são falíveis como quaisquer outras, elas poderão utilizar o poder de punir a serviço de seus próprios interesses. Neste caso, as sanções não serão aplicadas em razão das faltas cometidas, mas em razão do interesse de quem as pode aplicar.

Por isto é que as melhores prescrições jurídicas são aquelas que previnem comportamentos injustos ou ilegítimos, e por isto mesmo socialmente indesejáveis. Não deixam a critério da autoridade o como devem agir, na esperança de que agirão bem. Definem os comportamentos.

É certo que em algumas situações a norma jurídica deve atribuir à autoridade uma certa margem de liberdade para decidir quando e como agir. Deve conferir à autoridade o que se tem denominado poder discricionário. Em tais situações, porém, a norma há de impor à autoridade que justifique a conduta desempenhada, que fundamente a decisão adotada. Essa necessidade de fundamentação destina-se a evitar os desvios e abusos no exercício do poder discricionário.

Em síntese, como limite de poder que é, o Direito há de limitar o comportamento das autoridades, vale dizer, daquelas pessoas que exercitam o poder. E quando lhes conceda poder discricionário, deve exigir que fundamentem suas decisões no momento próprio e de forma explícita, clara e congruente, como bem demonstra Germana de Oliveira Moraes.[21]

É por isto que os governantes, como os titulares de poder em geral, não gostam de leis nem daqueles que as aplicam. Nenhum governante, em nenhum lugar e em tempo nenhum, gosta das prescrições do Direito. Prefere a liberdade para agir. E tende quase sempre a violar as prescrições que dizem respeito diretamente a suas atribuições, buscando ampliá-las.

10. O JURISTA E O PODER

10.1 O papel do jurista

A tarefa de construir o Direito, com a produção normativa, é extremamente difícil porque, sendo o Direito um sistema de limites do poder, termina por limitar a sua própria produção.

Nesse contexto, ganha importância a função do jurista, como tal entendido o conhecedor do Direito, que o teoriza, sem qualquer compromisso com o poder. Mas os titulares deste, por isto mesmo, geralmente cuidam de obter a colaboração

---

21. Germana de Oliveira Moraes, Obrigatoriedade de motivação explícita, clara, congruente e tempestiva dos atos administrativos, *Revista Nomos*, do Curso de Mestrado em Direito da UFC, jan./dez. 98/99, p. 11-15.

de juristas para a tarefa de desenvolverem as teses mais adequadas e seus interesses como titulares do poder, inadvertidos de que essas teses podem mais tarde ser utilizadas contra eles próprios, por seus sucessores, esquecidos de que não terão a condição de autoridades senão durante algum tempo, e poderão um dia, como cidadãos, precisar de instituições jurídicas bem construídas, para impor limites ao arbítrio dos titulares do poder.

No passado, como agora, estudiosos da Ciência Jurídica, geralmente muito inteligentes, aproximam-se do poder, geralmente na esperança de serem aquinhoados com importantes cargos públicos,[22] e passam a construir teses jurídicas que invertem o sentido e a finalidade do Direito. Teses verdadeiramente autoritárias, que não os dignificam de nenhum modo. Teses como a da retroatividade de certas leis, que a rigor terminam por destruir o que de mais essencial pode haver no Direito, que é a sua habilidade para realizar o valor segurança.

A engenhosa elaboração de teses autoritárias, muito comum nas épocas em que predominam as ditaduras, constitui o mais sério obstáculo à construção da consciência jurídica de uma nação. Um jurista de nomeada, que geralmente desfruta de grande credibilidade, sempre consegue adeptos. Muitos levados pela ingenuidade. Geralmente jovens. E o resultado é nefasto. A humanidade inteira termina prejudicada com o atraso da civilização. Os edificadores de teses autoritárias, por isto mesmo, a rigor não merecem a qualificação de juristas.

10.2 O sentido estrito da palavra jurista

No âmbito da Teoria Geral do Direito, geralmente como jurista define-se "aquele que, por ser profundo conhecedor do direito, escreve livros ou monografias jurídicas com assiduidade".[23] Ou então "aquele que é versado na ciência do direito, ou escreve sobre esta matéria ou a leciona".[24] Parece-nos, porém, que estas são definições de juristas em sentido genérico. Em sentido estrito, a definição está a exigir o acréscimo de um elemento extremamente importante, que se liga ao aspecto ético da atividade humana.

A propósito do que se deve entender como *jurista*, em sentido estrito, parece-nos muito elucidativa a comparação que se pode fazer deste com o *médico*. Para ser médico não basta ser conhecedor das ciências da saúde. Não basta saber medicina. É preciso utilizar tais conhecimentos buscando a finalidade para a qual eles foram desenvolvidos e difundidos, que é a de melhorar a qualidade de vida do ser huma-

---

22. Muita vez com a esperança de serem nomeados Ministros do Supremo Tribunal Federal.
23. Maria Helena Diniz, *Dicionário Jurídico*, São Paulo, Saraiva, 1999, v. 3, p. 29.
24. Pedro Nunes, *Dicionário de Tecnologia Jurídica*, 8. ed. Rio de Janeiro/São Paulo, Freitas Bastos, 1974, v. 2, p. 768.

no e adiar a morte tanto quanto possível. Da mesma forma, para ser jurista não basta ter conhecimento do Direito, escrever ou lecionar Direito. É preciso utilizar tais conhecimentos buscando a finalidade para a qual eles foram desenvolvidos e difundidos. Da mesma forma que para ser médico é preciso respeitar a finalidade da medicina, para ser jurista é preciso respeitar a finalidade do Direito.

Aquele que, tendo conhecimentos de medicina os utilizar para matar alguém, certamente não merece o título de médico, e com certeza o perderá se restar comprovado o seu comportamento desviado, como consequência desse desvio, regularmente apurado pelo órgão competente. Para o que utiliza os conhecimentos do Direito invertendo sua finalidade essencial, infelizmente não se conhece sanção idêntica, mas a comunidade jurídica por certo sabe impor sua reprovação no plano moral.

Na verdade, como jurista devemos entender o que conhece o Direito e utiliza seus conhecimentos na busca permanente da realização de sua finalidade essencial, que é a limitação do poder e consequente promoção da harmonia entre os homens. Essa finalidade é essencial, como bem demonstra Arnaldo Vasconcelos, ao dizer:

> "Neste momento originário da positivação situam-se os inafastáveis compromissos do Direito com o humanismo e com a democracia. Estes, vale ressaltar, não decorrem de elementos circunstanciais, simples injunções intermitentes de épocas de maior progresso, mas, sim, e antes de tudo, de autênticas imposições postas pelo prioritário reconhecimento da dignidade humana.
>
> Esta requalificação pelo justo, contudo, continua sendo insuficiente. Falta que se lhe acrescente, por último, nova dimensão, a fim de que se tenha o inteiro perfil de sua estrutura axiológica. De fato, não basta que seja Direito, justo e legítimo. De início, ao Direito posto, mero sistema da legalidade. Somou-se o valor da justiça; depois, e finalmente, adicionou-se o valor da legitimidade. Teve-se configurada, então, a tridimensionalidade axiológica do Direito. Tomando-a por objeto, poder-se-ia construir outra teoria tridimensional do Direito, ao lado as muitas que já se formularam, em plano diverso, a partir dos elementos fato, valor e norma.
>
> Esse novo tridimensionalismo não prescinde da teoria clássica, nem a afasta, em qualquer que seja de suas várias formulações. Antes a pressupõe, com ela instaurando relações de complementaridade. O ponto de partida há de ser sempre a afirmação, de cunho universal, de que o Direito é fato, valor e norma. Não existe senão com essas três dimensões. Contudo, o enunciado da teoria é meramente descritivo, situando-se na ordem sociológica da pura constatação. Direito não deve ser fato, valor e norma; é, e não pode deixar de ser. Na margem oposta, a nova teoria afirma que, além da primeira qualificação da juridicidade, o Direito deve ser justo e legítimo. Pode não ser, sem deixar de ser Direito. Precisamente nessa diferença, matriz de férteis resultados no domínio da produção filosófica e científica, parece residir a superioridade do tridimensionalismo axiológico, aqui proposto em suas linhas gerais."[25]

---

25. Arnaldo Vasconcelos, *Direito, Humanismo e Democracia*, Malheiros, São Paulo, 1998, p. 25.

Os que invertem essa finalidade essencial do Direito são pseudojuristas, pois o verdadeiro jurista não pode esquecer que o Direito deve ser construído para os cidadãos, deve ser instrumento da liberdade e da harmonia, não do poder e da opressão. O verdadeiro jurista não se pode esquecer de que autoridades são apenas alguns, e só durante algum tempo, enquanto cidadãos somos todos nós e durante toda a vida.

10.3 Direito, poder e arbítrio

Pode parecer, em face do que acima foi dito, que o poder se opõe ao Direito. Embora isto às vezes aconteça, a rigor não existe um antagonismo, em tese, entre o Direito e o poder, mas a independência deste em relação àquele. O poder é a aptidão para decidir e fazer valer suas decisões. O exercício do poder pode dar-se de conformidade com o direito, ou não. Um titular de poder certamente pode ser fiel às prescrições jurídicas, embora isto geralmente não aconteça.

O que se opõe ao Direito é o arbítrio, que significa o exercício do poder sem observância das prescrições jurídicas. Diz-se, por isto mesmo, que o titular de poder tende a ser arbitrário, tende a exercitar o seu poder contrariando as prescrições jurídicas.

A distinção essencial entre o Direito e o arbítrio reside em que o Direito pressupõe norma prévia a ser observada, e assim constitui limite aos poderosos. Mesmo aquelas normas feitas pelo titular de poder podem um dia lhe ser colocada como limite ao exercício deste. O arbítrio desconhece limites normativos. Desenvolve-se sem qualquer relação com a norma.

Na elaboração das prescrições jurídicas o uso do conhecimento jurídico a serviço do arbítrio é extremamente perigoso, porque permite que o artífice da norma a construa de modo a, salvando as aparências, dar oportunidade para a prática do arbítrio.

11. DIREITO E ESTADO

11.1 Diferentes concepções

A respeito das relações entre o Direito e o Estado existem as mais diferentes concepções. Há quem sustente que o Direito é somente o conjunto de normas produzidas pelo Estado, e os que sustentam que o Direito precede ao Estado, sendo certo que mesmo no denominado direito positivo existem normas que não são produzidas pelo Estado.

Existe inclusive quem afirme existir completa identidade entre o Direito e o Estado. Seriam estes uma só e mesma coisa.

11.2 Identidade completa

Com efeito, para Kelsen o Direito identifica-se com o Estado. Os três elementos essenciais do Estado, vale dizer, a população, o território e o poder, são também elementos essenciais do Direito.

Não existem ligações naturais capazes de definir uma população, de sorte que essa definição resulta simplesmente da ordem jurídica. "A população do Estado é o domínio pessoal de vigência da ordem jurídica estadual."[26]

O território, por sua vez, também não resulta definido por nenhum meio natural. Só o conhecimento especificamente jurídico pode definir os critérios de determinação das fronteiras do espaço em que vigora a ordem jurídica de um Estado. Assim, o território, como elemento do Estado, "apenas pode ser definido como o domínio espacial de vigência de uma ordem jurídica estadual".[27]

Todos os objetos materiais que são utilizados para o exercício do poder somente se tornam instrumentos de poder do Estado na medida em que são utilizados para o cumprimento das ordens dos governantes. "O poder do Estado não é uma força ou instância mística que esteja escondida detrás do Estado ou de seu Direito. Ele não é senão a eficácia da ordem jurídica."[28]

Voltaremos ao assunto na última parte deste livro, dedicada ao estudo dos conceitos fundamentais do Estado.

11.3 Relações de interdependência

Não obstante seja sedutora a tese kelseniana, não nos parece que realmente exista aquela absoluta identidade entre Estado e Direito. Aliás, o próprio Kelsen nos oferece elementos para a sua refutação.

Seja como for, é inegável a existência de estreitíssimas relações de interdependência entre o Estado e o Direito. Relações nas quais ora predomina o Direito, ora predomina o poder, em face do que a história nos oferece o testemunho da existência de estados nos quais o poder é no mais das vezes exercitado de forma arbitrária, e de estados nos quais o poder é no mais das vezes exercido segundo o Direito. Daí podermos falar em estados de arbítrio, para designar os primeiros, e em Estado de Direito, para designar os últimos.

---

[26]. Hans Kelsen, *Teoria Pura do Direito*, 3. ed., trad. João Baptista Machado, Coimbra, Arménio Amado, 1974, p. 387.
[27]. Hans Kelsen, *Teoria Pura do Direito*, 3. ed., trad. João Baptista Machado, Coimbra, Arménio Amado, 1974, p. 388.
[28]. Hans Kelsen, *Teoria Pura do Direito*, 3. ed., trad. João Baptista Machado, Coimbra, Arménio Amado, 1974, p. 390.

11.4 Estado de arbítrio

Entende-se por Estado de arbítrio aquele no qual o poder é exercitado segundo a vontade do governante, sem obediência a normas. A ideia de arbitrariedade é inseparável da ideia de vontade e pode ser associada à ideia contrária de razoabilidade. O arbitrário é o sem razão, o que não tem razão, ou é injusto. Pode ser também ligada à ideia de ilegalidade, e está presente, assim, quando os órgãos do poder atuam, de forma contrária à lei, ou utilizando indevidamente as margens de discricionariedade.[29]

Como o Estado é o maior centro de poder em todo o mundo, é no Estado onde o poder mais frequentemente enseja o arbítrio. Daí a necessidade do Direito de um sistema no qual o poder dos governantes fique limitado pela atribuição de competência, e o arbítrio seja substituído pelos princípios jurídicos. Na verdade, a possibilidade de exercício arbitrário exige previsões, mesmo que se acredite plenamente na virtude dos que exercem o poder estatal.

Progressivamente, os homens deram-se conta de que não basta a virtude pessoal dos governantes. Não se deve mais tolerar que a vontade improvisada do governante produza resultados imprevistos, nem fique a depender dela o que devemos fazer ou deixar de fazer.[30] Faz-se necessário, assim, o Estado no qual o poder dos governantes fique limitado pelo Direito.

11.5 O Estado de Direito

Em certo sentido, pode-se entender como Estado de Direito aquele que é regulado por normas jurídicas. A ser assim, porém, todo Estado seria Estado de Direito, pois todos os Estados são de algum modo regidos por normas. Na verdade, somente se deve considerar Estado de Direito aquele dotado de regramento jurídico capaz de colocar limites ao poder, evitando as práticas arbitrárias dos governantes. Não basta a existência de um estatuto jurídico do poder, pois estatuto jurídico do poder e Estado de Direito na verdade não são sinônimos.

Estado de Direito, a rigor, é somente aquele que atende a determinadas exigências do constitucionalismo moderno, no qual o poder é dividido e controlado. E esse controle é muito difícil, posto que as autoridades que corporificam o Estado, que nele exercitam o poder, tendem a fugir de alguma forma dos controles estabelecidos pela ordem jurídica. Existem as normas delimitadoras do poder, mas essas normas geralmente não são observadas.

---

29. Cf. Bidar Campos, *El Poder*, Buenos Aires, Ediar, 1985, p. 264.
30. Bidar Campos, *El Poder*, Buenos Aires, Ediar, 1985, p. 265.

Para alcançarmos, então, um verdadeiro Estado de Direito é indispensável seja aperfeiçoado o ordenamento jurídico, sob vários aspectos, dos quais dois se destacam. Primeiro, a divisão de poderes, que precisa ser melhorada, evitando-se tantas incursões, diretas e indiretas, do Executivo no Legislativo e no Judiciário, que terminam por comprometer a legitimidade e a justiça de suas prescrições. Segundo, o que diz respeito à responsabilidade civil do Estado, onde se faz necessário eliminar a irresponsabilidade dos que exercem o poder. Toda autoridade há de ser pessoalmente responsável pelos desvios de conduta que praticar.

Seja como for, a característica essencial do Estado de Direito reside na submissão deste à ordem jurídica, caracterizada especialmente pelo cumprimento das decisões judiciais. Não se pode admitir a doutrina autoritária segundo a qual se considera como Estado de Direito aquele que se submete à ordem jurídica, mesmo que esta autorize o governante a utilizar-se de mecanismos para o seu descumprimento. É um sofisma a afirmação segundo a qual se considera Estado de Direito aquele que se submete a sua ordem jurídica, ainda que esta autorize a inobservância dela própria, como acontece com uma ordem jurídica que admite a edição de normas com eficácia retroativa em detrimento do cidadão.

A irretroatividade das leis, como princípio garantia do cidadão, na verdade faz parte da própria essência do Direito. A irretroatividade das leis é o mínimo que um ordenamento jurídico pode oferecer para preservar a liberdade humana. A liberdade do ser humano, de se conduzir, conhecendo o significado jurídico e assim a consequência de seus atos. Sem o princípio da irretroatividade não existe ordenamento jurídico, mas arbítrio mascarado. E sem justiça também não existe ordenamento jurídico. Segurança, valor protegido pela irretroatividade, e justiça são valores universais e perenes que se confundem com a própria ideia de Direito. Integram a essência deste.

12. AUTORIDADE E RESPONSABILIDADE

12.1 Responsabilidade civil do Estado

A responsabilidade civil do Estado tem evoluído positivamente. Nos primórdios era a irresponsabilidade. Depois a responsabilidade subjetiva, e por último a fase em que nos encontramos, da responsabilidade objetiva do Estado, com responsabilidade subjetiva da autoridade.[31]

---

31. Constituição Federal de 1988, art. 37, § 6º:
 "As pessoas jurídicas de direito público e as de direito privado prestadoras de serviços públicos responderão pelos danos que seus agentes, nessa qualidade, causarem a terceiros, assegurado o direito de regresso contra o responsável nos casos de culpa ou dolo."

O que se observa, porém, é que o Estado, condenado a indenizar só em raríssimos casos cobra de seus agentes o ressarcimento correspondente. Como Juiz Federal durante 23 anos, só julguei uma ação em que uma pessoa jurídica de direito público pedia de um servidor, motorista responsável por dano decorrente de acidente de trânsito, o ressarcimento do valor da indenização a cujo pagamento fora condenada.

Assim, na prática, as autoridades são verdadeiramente irresponsáveis. Praticam as mais evidentes ilegalidades e ainda quando o prejudicado consiga indenização, esta é paga pelo Tesouro Público, vale dizer, pelos contribuintes, restando a autoridade que praticou o ato lesivo inteiramente livre de qualquer consequência da ilegalidade que praticou.

Merece destaque, entre as ilegalidades cometidas com muita frequência, o descumprimento de decisões judiciais, fato que é absolutamente incompatível com a ideia de Estado de Direito.

12.2 Responsabilidade pessoal da autoridade

Realmente, de suma importância para evitar o exercício arbitrário do poder estatal é a responsabilização pessoal da autoridade pelos ilícitos que cometer.

Nos dias atuais, as autoridades em geral se sentem irresponsáveis. Quando o prejudicado vai a juízo e obtém decisão determinando lhe sejam indenizados os danos sofridos, a execução do julgado é extremamente demorada e em alguns casos nunca chega a consumar-se. E mesmo quando o prejudicado consegue a execução do julgado e recebe a indenização pleiteada, esta sai dos cofres públicos, consubstanciando assim um ônus para todos nós que pagamos impostos. O efeito sancionador que a indenização pode exercer contra o responsável pelo dano não chega a existir.

Para superar tal inconveniente preconizamos a responsabilização pessoal da autoridade pelos danos que os seus atos ilegais ou abusivos venham a causar ao administrado. Tal responsabilidade pessoal nos parece ser um excelente instrumento no combate ao arbítrio. Instrumento que, ao lado do aperfeiçoamento da divisão dos poderes do Estado, poderá viabilizar a construção de um autêntico Estado Democrático de Direito.

II
O Direito como Objeto do Conhecimento

> **Sumário:** 1. O conhecimento e o seu objeto – 2. As várias formas de conhecer o direito; 2.1 Ciência do Direito; 2.2 Sociologia do Direito; 2.3 Filosofia do Direito; 2.4 Política Jurídica; 2.5 Insuficiência de uma forma isolada – 3. A questão do dever ser no direito; 3.1 O ser e o dever ser; 3.2 O ser e o dever ser na Ciência do Direito; 3.3 Imputação e causalidade – 4. As diversas disciplinas introdutórias; 4.1 Necessidade de conhecimentos básicos; 4.2 Teoria Geral do Direito; 4.3 Introdução à Ciência do Direito; 4.4 Introdução ao Estudo do Direito; 4.5 Teoria Geral do Estado – 5. Os diversos ramos da ciência jurídica; 5.1 Conveniência didática; 5.2 Direito Constitucional; 5.3 Direito Administrativo; 5.4 Direito Financeiro; 5.5 Direito Tributário; 5.6 Direito Penal; 5.7 Direito Civil; 5.8 Direito Comercial; 5.9 Direito Processual; 5.10 Direito Processual Penal; 5.11 Direito Processual Civil.

1. O CONHECIMENTO E O SEU OBJETO

O conhecimento é uma relação que se estabelece entre um objeto e um sujeito pensante, que o apreende e assim o faz seu conhecido. Como depende sempre das referências consideradas pelo sujeito, o conhecimento é sempre relativo. Essa relatividade, aliás, pode ser constatada facilmente em uma situação que costumamos colocar como exemplo em nossas aulas. Se todos os alunos, em uma sala de aula, fizerem, individualmente, a descrição da sala em que se encontram, seguramente teremos tantas descrições diferentes quantos são os alunos. Cada um dará ênfase a um aspecto do objeto, que é a sala, e por isto mesmo, embora a sala seja exatamente a mesma, teremos várias descrições diferentes.

Com o Direito, enquanto objeto do conhecimento, ocorre coisa semelhante. Vários são os aspectos pelos quais pode ser conhecido, examinado, vivenciado pelas diversas pessoas, de sorte que são várias as suas versões.

Como o conhecimento é sempre relativo, toda e qualquer apresentação que se faça de um objeto, toda e qualquer descrição dele, será sempre incompleta, será sempre uma descrição de aspectos daquele objeto. Também assim, portanto, a descrição que estamos tentando fazer deste fenômeno, vale dizer, do fenômeno do conhecimento do Direito. Por isto mesmo cada qual procura, na descrição de um objeto, colocar o que lhe parece mais importante, para determinada finalidade.

Vamos aqui destacar, então, os aspectos que nos parecem mais importantes para quem pretende estudar o Direito brasileiro, e precisa apenas de noções elementares deste assunto que lhe permitam entender melhor certas colocações geralmente feitas pelos juristas.

Destacaremos entre os diversos aspectos, sob os quais o Direito pode ser estudado, apenas quatro. Sem desconhecer outros, que podem ser até muito importantes, limitaremos o nosso estudo àqueles aspectos que consideramos indispensáveis para que se possa entender a diferença entre o estudo de uma reforma tributária e o estudo do sistema tributário tal como está posto, sem questionar sua adequação a determinados fins que se pretendem alcançar, ou sua justiça, ou injustiça, em face de certos parâmetros. Ou ainda, para que se possa saber a diferença entre o estudo do crime do ponto de vista das leis vigentes, ou para fazer uma reforma dessas leis, ou ainda para formar um ponto de vista a respeito da questão de saber se são realmente observadas, ou para saber as causas da impunidade, ou ainda para saber se nossas leis penais são justas ou injustas.

Para quem pretende um relativo domínio do Direito Tributário, consideramos indispensável uma noção mais ou menos segura da distinção, que a seguir vamos procurar estabelecer, entre disciplinas jurídicas importantes, todas abordando o mesmo objeto, que é o tributo, visto este objeto, porém, sob enfoques diversos, por cada qual dessas disciplinas.

Para quem pretende um relativo domínio do Direito Penal, é importante saber a diferença que há entre o estudo do crime e da pena, procurando saber simplesmente a consequência de certas condutas ilícitas diante das leis vigentes, e o estudo do crime e da pena, procurando determinar as causas da ineficácia das leis penais, ou causas da impunidade.

É importante, realmente, para qualquer estudioso de questões jurídicas, saber a diferença entre questionar simplesmente a consequência de uma conduta perante determinada lei e questionar se essa lei é realmente adequada para estimular, ou para impedir aquela conduta. Ou ainda, questionar se a lei é justa, ou injusta.

É o que vamos tentar explicar, estabelecendo a diferença entre conhecer o Direito como sistema de normas, sem visão crítica desse sistema, sem questionar esse sistema do ponto de vista de sua relação com os fatos da vida, ou com os ideais predominantes na comunidade, e conhecer esse mesmo sistema de normas em suas relações com os fatos, ou com os valores predominantes na comunidade.

Em outras palavras, vamos examinar as várias formas de conhecer o Direito, ou os vários aspectos sob os quais um sistema de normas pode ser estudado.

2. AS VÁRIAS FORMAS DE CONHECER O DIREITO

2.1 Ciência do Direito

O conceito de ciência é extremamente problemático, de sorte que ao falarmos de Ciência do Direito não temos a ilusão de estarmos isentos de contestações. Pelo contrário, temos consciência de estarmos andando em terreno movediço. Seja como for, pensamos ser possível fazer algumas colocações úteis para a compreensão adequada do assunto.

Muitos colocam a questão de saber se o Direito é uma ciência. Se é, ou se deve ser apenas uma ciência. Certa vez ouvi de um ministro do Supremo Tribunal Federal, que justificava determinado entendimento adotado pela Corte Maior, a afirmação categórica segundo a qual o direito não é apenas ciência. Tentava ele justificar uma decisão divorciada do texto da Constituição, argumentando com a conveniência da solução adotada, que afinal era necessária para a preservação da ordem institucional.

A verdadeira questão naquele caso, porém, era a de saber se as decisões judiciais têm, ou não, conteúdo político. Por outro lado, é certo que o Direito não é uma ciência. O que se deve questionar é se o Direito pode ser objeto de uma ciência. Ou mais exatamente, se o Direito pode ser objeto apenas da Ciência.

Como todos os objetos do conhecimento, o direito pode ser conhecido sob vários aspectos e por diversos métodos. A questão de saber se pode ser objeto de conhecimento científico depende certamente de uma prévia definição do que por *ciência* se deva entender. Estamos certos de que para um operador do Direito, tal como um juiz ou um advogado, não é suficiente o conhecimento que podemos entender como científico do Direito, mas não podemos descartar a possibilidade desse conhecimento.

Realmente, uma coisa é afirmar a impossibilidade de conhecimento científico do Direito. Coisa diversa é afirmar, como fazemos, que esse conhecimento é insuficiente, embora absolutamente necessário para o jurista.

Por outro lado, a compreensão do que seja a Ciência do Direito enfrenta desde logo a dificuldade de determinar-se o que é o Direito, a ser considerado seu objeto. Seria somente o conjunto de normas (direito objetivo), ou também o conjunto de fatos regulados por tais normas e dos efeitos deles decorrentes em face da incidência normativa?

Se entendermos que o Direito é apenas o conjunto de normas, vale dizer, o direito objetivo, restará ainda, entre muitas outras, a importante questão de saber se as normas que integram esse conjunto são apenas aquelas dotadas de hipoteticidade, o conjunto de hipóteses normativas com as prescrições estabelecidas para aquelas hipóteses, ou também os comandos jurídicos, ou prescrições de efeitos concretos, estabelecidas para casos determinados.

Certos de que estamos simplificando, e de que toda simplificação é arbitrária, diremos que o Direito, a ser considerado como objeto da Ciência do Direito, é o conjunto de todas as prescrições jurídicas. Nele se incluem tanto as prescrições hipotéticas, ou normas em sentido estrito, como também os comandos, ou prescrições jurídicas estabelecidas para os casos concretos. É todo o ordenamento jurídico. E diremos, também numa simplificação que se impõe para fins didáticos, que o conhecimento desse objeto será científico na medida em que considerar o seu objeto, vale dizer, o Direito, na sua totalidade, do modo como está posto, sem questionamento a respeito de suas virtudes ou defeitos, e tendo em vista especialmente o seu caráter sistêmico.

Cabe ao jurista, enquanto conhece do Direito cientificamente, fazer a sistematização das várias normas que compõem o ordenamento, constatar e descrever as relações entre elas, os conceitos que resultam desse relacionamento, a harmonia entre as várias normas, superando os pontos de incongruência, além de identificar e preencher os espaços vazios, de sorte que possa descrever o conjunto de normas como um verdadeiro sistema.

Nessa tarefa tem de valer-se não apenas do conhecimento das leis e outras normas postas no exercício da atividade normativa, mas também das decisões que as aplicam, que terminam sendo também verdadeiras normas construídas para os casos concretos. Normas que, ainda quando em desacordo com as leis que dizem aplicar, geralmente encartam-se no sistema porque produzidas pelos órgãos aos quais o Direito atribui competência para tais decisões.

Relevante, aqui, é a compreensão da Ciência do Direito como conhecimento do sistema normativo. Conhecimento que pretende ser isento de influências ideológicas, embora tal isenção seja na verdade impraticável. Por isto dizemos que pretende ser isento, em vez de dizermos que é isento. Pretende ser no sentido de que o cientista tem de eliminar todas as influências que percebe. Todas as influências que consegue identificar.

A Ciência do Direito, como o conhecimento que se tem do sistema de normas, expressa-se com a descrição de seu objeto, o Direito, tal como ele se apresenta ao jurista. Compõe um conjunto de enunciados simplesmente descritivos. Enunciados que não prescrevem nada. Apenas descrevem.

Por isto se diz que enquanto o legislador, com a lei, *prescreve*, o jurista, interpretando-a, *descreve*.

E quando a lei, ou qualquer outra norma, enseja mais de uma interpretação, sua descrição não pode fazer mais que o relato das várias interpretações possíveis. Na medida em que o jurista opta por uma dessas interpretações, e a defende como a única correta, na verdade não está fazendo uma descrição científica. Não está fazendo Ciência do Direito, mas política jurídica.

Esta é a ideia que se pode ter de Ciência do Direito, em face da influência do pensamento positivista. Na verdade, uma ideia que pode ter valor didático, na medida em que nos ajuda a compreender a distinção entre as disciplinas que se ocupam do Direito, mas não deve ser entendida como demarcação de um conhecimento suficiente para que alguém possa exercitar uma atividade jurídica, seja como juiz, seja como advogado. Menos ainda para que alguém possa ser considerado um jurista, posto que o advogado, o juiz e, sobretudo, o jurista não podem prescindir dos conhecimentos sociológicos e filosóficos, e não podem mesmo exercitar suas atividades sem considerações valorativas.

Kelsen teve a preocupação, justificável aliás, de evitar que se abuse da ciência do Direito para esconder opiniões pessoais e tendências ideológicas. Por isso, construiu o que denominou Teoria Pura do Direito, preconizando uma Ciência do Direito isenta de quaisquer considerações ou juízos de valor. Entretanto, quando, para mantê-la distante dos juízos de valor, negou-lhe a possibilidade de alcançar, pela interpretação, o significado correto de uma norma, anulou sua utilidade.[1]

2.2 Sociologia do Direito

Enquanto a Ciência do Direito estuda o seu objeto dando ênfase às normas, a Sociologia do Direito o estuda dando ênfase aos fatos. Enquanto o jurista considera a norma, que aplica ao caso mediante um raciocínio lógico, o sociólogo do Direito questiona a adequação da norma ao fato que regula.[2]

O objeto é o mesmo, vale dizer, o Direito, mas o modo de encarar esse objeto é diverso. Enquanto a Ciência do Direito consubstancia o conhecimento do sistema normativo, as relações lógicas entre as diversas normas que o integram, os efeitos de umas sobre as outras, e resolve questões como, por exemplo, a de

---

1. Veja-se a esse respeito o item *Interpretação e Ciência do Direito*, no Capítulo XIII da 3ª Parte deste livro.
2. No dizer de Paulo Bonavides: "O jurista se contenta com a aplicação da lei, depois de uma operação lógica em que reduz o caso concreto a uma norma extraída dos códigos ou da jurisprudência. O sociólogo jurista levanta o problema da maior ou menor eficácia da lei, medindo o grau de sua adequação à realidade, pela aceitação ou recusa que encontra na consciência social." (*Reflexões – Política e Direito*, Ceará, Imprensa Universitária – UFC, 1973, p. 1).

saber se determinada lei é ou não vigente, a Sociologia do Direito consubstancia o conhecimento do sistema normativo em relação com a realidade, com os fatos sociais, e busca solução para questões como, por exemplo, a de saber por que determinada lei é, ou não é, eficaz.

No campo do Direito Tributário, podemos dizer que cabe à Sociologia do Direito a questão de saber as causas da resistência ao cumprimento do dever tributário. Em outras palavras, é ao sociólogo do Direito que cabe investigar por que o contribuinte deixa de pagar um tributo, ou até frauda a lei tributária, expondo-se à sanção respectiva.

2.3 Filosofia do Direito

Tanto a Ciência do Direito como a Sociologia Jurídica ocupam-se do Direito como realidade. Ocupam-se do Direito que é, que está posto, sem qualquer perquirição a respeito de saber se o mesmo é ou não é adequado aos valores da humanidade, entre os quais se destacam a segurança e a justiça.

Enquanto a Ciência do Direito ocupa-se da realidade normativa, vale dizer, do sistema de normas posto, e a Sociologia do Direito ocupa-se dessa realidade normativa em confronto com a realidade dos fatos por ela regulados, a Filosofia do Direito ocupa-se do sistema normativo que deveria ser, segundo os grandes ideais da humanidade.

A Filosofia do Direito é o ramo da filosofia concernente ao Direito. Como a filosofia ocupa-se de ideias universais, a Filosofia do Direito ocupa-se de seu objeto, vale dizer, o Direito, em seu aspecto universal.[3]

No campo do Direito Tributário podemos dizer que a Ciência do Direito tem como objeto o conjunto de normas atinentes à tributação, em determinado país e numa época determinada, a Sociologia do Direito tem como objeto esse mesmo sistema de normas em suas relações com os fatos econômicos sobre os quais incidem as normas tributárias, e a Filosofia do Direito tem como objeto o

---

3. Giorgio Del Vecchio, *Lições de Filosofia do Direito*, tradução de Antonio José Brandão, Coimbra, Arménio Amado, 1972, v. 11, p. 8.
Bastante esclarecedora é a lição de Del Vecchio:
"A diferença entre a Filosofia e a Ciência do Direito reside, pois, no modo pelo qual cada uma considera o Direito: a primeira, no seu aspecto universal; a segunda, no seu aspecto particular.
Em todos os tempos e em todos os povos há um sistema positivo de Direito (isto é: um complexo de normas ou de institutos que informam e regulam, com carácter obrigatório, a vida dum povo). Há assim uma série variada de sistemas, conforme os diversos povos e as diferentes épocas.
A Ciência do Direito tem por objecto os sistemas particulares, considerados individualmente para cada povo em um dado tempo (por exemplo: direito romano, italiano, alemão, português, brasileiro etc.)."

mesmo sistema de normas em suas relações com os ideais da Justiça Tributária, que são universais e perenes.

No campo do Direito Penal, podemos dizer que a Ciência do Direito ocupa-se das leis penais existentes em determinado país e em determinada época. A Sociologia Jurídica ocupa-se das questões relacionadas aos fatos, tais como as causas dos cometimentos ilícitos, e a eficácia, ou ineficácia das penas. A Filosofia do Direito, finalmente, ocupa-se com questões universais, como, por exemplo, a de saber se é aceitável determinado tipo de pena, se a própria existência da pena como castigo justifica-se, ou não, tendo em vista o determinismo das condutas, ou o livre-arbítrio do ser humano.

2.4 Política Jurídica

A Política Jurídica ocupa-se do Direito sob o aspecto de sua adequação a determinados fins. Seu enfoque é dirigido para os fins perseguidos em determinado tempo e em determinada sociedade, e para adequação entre estes e os instrumentos destinados à realização respectiva.

A Política Jurídica tem no Direito um instrumento para a realização de objetivos específicos e questiona, especificamente, as normas como meios que o Direito proporciona para a realização daqueles objetivos. Assim, definido no âmbito da atividade política um objetivo a ser alcançado, é questão de política jurídica a de saber quais instrumentos normativos devem ser empregados para a sua realização.

No âmbito do Direito Tributário, constitui questão de Política Jurídica, entre outras, a de saber se o tributo deve ser, ou não, utilizado como instrumento para promover-se o desenvolvimento econômico regional mediante um determinado incentivo. Ou, ainda, a questão de saber se o tributo é, ou não, um instrumento adequado para realizar a redução das desigualdades econômicas. Em outras palavras, as questões de Política Jurídica, no âmbito do Direito Tributário, são aquelas relacionadas com o fim a que serve o tributo.

No âmbito do Direito Penal, constitui questão de Política Jurídica, entre outras, a de saber se deve ser buscada com a pena a ressocialização do delinquente, ou se deve a pena ser utilizada simplesmente em razão de seu efeito intimidativo. Já a questão de saber qual o tipo de pena presta-se melhor para a ressocialização, ou para a intimidação, é uma questão de Sociologia Criminal.

2.5 Insuficiência de uma forma isolada

Demonstrado o objeto específico de cada uma das disciplinas jurídicas, como forma de encarar o Direito, chega-se à conclusão de que é insuficiente o conhecimento de qualquer dessas formas isoladamente. O verdadeiro jurista, portanto, há de conhecer o Direito sob aquelas diversas formas. Embora possa aprofundar o seu conhecimento no que denominamos Ciência do Direito, ele não pode ignorar as demais disciplinas jurídicas.

3. A QUESTÃO DO DEVER SER NO DIREITO

3.1 O ser e o dever ser

É frequente, e geralmente mal compreendida, a afirmação segundo a qual a Ciência do Direito é uma Ciência do *dever ser*. Na verdade, o Direito, sob qualquer de seus aspectos, pode sempre ser considerado como algo relacionado ao dever ser. Mas aquela afirmação, muito frequente e muito mal compreendida, merece uma explicação.

Quando se diz que a Ciência do Direito é uma ciência do dever ser, e não do ser, o que se quer dizer é que a norma jurídica prescreve uma conduta que deve ser realizada, mas que nem sempre se realiza como está prescrita. Nem sempre é. Quando a lei tributária estabelece o dever de pagar imposto de renda, para quem ganhar mais do que tantos mil reais em determinado período, está prescrevendo uma conduta que deve ser. Entretanto, muitos ganham mais do que a quantia indicada e mesmo assim não pagam o imposto devido. Por isto se diz que a conduta prescrita pela norma nem sempre é, no sentido de que ela nem sempre se realiza.

Voltaremos ao assunto mais adiante, ao estudarmos a norma jurídica.

3.2 O ser e o dever ser na Ciência do Direito

O *ser* e o *dever ser* na Ciência do Direito dizem respeito, o primeiro à conduta que efetivamente se realiza, conduta que realmente *é*, que realmente acontece, e o segundo à conduta que *deve ser* porque está prescrita pela norma. O critério de distinção é a norma. Conhecer o Direito, para o jurista, é conhecer as normas, vale dizer, é conhecer as condutas prescritas por elas, e por isto mesmo se diz tratar-se de uma Ciência do Dever Ser, no sentido de que o cientista do Direito conhece apenas aquilo que deve ser. O jurista, conhecendo as normas, conhece as condutas por estas prescritas, isto é, as condutas que *devem ser*, segundo as normas.

3.3 Imputação e causalidade

Para melhor compreendermos o que se disse acima é importante esclarecer a diferença entre lei de causalidade e lei de imputação.

Na Física, ou ciência do mundo físico, na Ciência Econômica, ou ciência dos fatos e das relações que se travam na economia, e na Ciência das Finanças, ou ciência dos fatos financeiros, temos as leis de causalidade, ou leis de causa e efeito. Dada determinada causa, ocorrerá determinado efeito. Em face de determinados fatos, pode-se afirmar qual a consequência deles decorrente. Na Física, temos a denominada lei da gravidade. Na Ciência Econômica, a lei da oferta e da procura. Na Ciência das Finanças, a lei segundo a qual quanto maior seja a alíquota do tributo, maior será a tendência para a evasão.

No Direito é diferente. Temos leis de imputação. Dado determinado fato, *deve ser* determinado comportamento. Não ocorrendo tal comportamento, deve ocorrer a sanção, ou consequência do não atendimento à prescrição normativa. Dito na linguagem mais comum entre os tratadistas da Teoria Geral do Direito, temos: *dado o fato temporal deve ser a prestação, e dada a não prestação deve ser a sanção*.

Expliquemos o significado dessa expressão dos tratadistas. O *fato temporal* é a situação de fato descrita na norma em face da qual deve ocorrer o comportamento nela prescrito. Esse comportamento é a *prestação*. Se tal comportamento não ocorre, isto é, se houver desobediência à norma, deve haver uma consequência, e esta é a sanção.

Voltaremos ao assunto ao estudarmos a norma jurídica. Por enquanto, porém, é importante que se entenda a distinção entre leis de causalidade e leis de imputação. As primeiras são leis *naturais*, que expressam consequências naturais de determinados fatos. As últimas são leis *jurídicas*, são criações do homem, e expressam simplesmente a consequência que, segundo a prescrição contida na própria lei, deve ocorrer, mas de fato poderá não ocorrer, porque a lei jurídica nem sempre é obedecida.

4. AS DIVERSAS DISCIPLINAS INTRODUTÓRIAS

4.1 Necessidade de conhecimentos básicos

Quem vai iniciar o estudo do Direito certamente precisa de conhecimentos básicos. Alguns até sem relação direta com o Direito, necessários ao estudo dos objetos de conhecimento situados em qualquer área dos denominados cursos universitários. Outros, diretamente relacionados com o conhecimento do sistema jurídico, e indispensáveis à própria compreensão deste, como é o caso da Teoria Geral do Direito, da Filosofia, da Sociologia, da Política, da Teoria do Estado, entre outros.

Alguns desses conhecimentos são ministrados em disciplinas específicas. Restam, porém, diversos aspectos do conhecimento, indispensáveis à formação do jurista, que compõem uma disciplina dita introdutória, e cuja denominação tem sido objeto de muitas divergências. Durante muito tempo ela foi denominada Introdução à Ciência do Direito, constante do currículo dos cursos de bacharelado ou graduação em Direito por força de Decreto do então Presidente Getúlio Vargas, que organizou a Universidade do Rio de Janeiro.[4]

Por força dessa denominação oficial, várias obras a respeito desses estudos introdutórios foram publicadas com o título Introdução à Ciência do Direito.[5] Alguns autores, porém, preferiam a denominação Introdução ao Estudo do Direito, que foi oficializada pelo Conselho Federal de Educação em 1972.[6] Seja por fidelidade aos parâmetros oficiais, seja porque convencido da adequação dessa mudança, Paulo Dourado de Gusmão alterou o título de sua obra, que a partir da 7ª edição passou a ser *Introdução ao Estudo do Direito*.

Ainda hoje, porém, as expressões Teoria Geral do Direito, Introdução à Ciência do Direito e Introdução ao Estudo do Direito são geralmente utilizadas para designar a mesma disciplina. Não só os alunos, mas também os professores e até os autores de livros que as abordam geralmente não distinguem os objetos dessas disciplinas, consideradas introdutórias nos cursos jurídicos.

A rigor, porém, algumas distinções podem ser estabelecidas, embora não se alimente a esperança de pacificar as divergências a esse respeito já tão caracterizadas nos diversos compêndios. Vejamos como nos parece possam ser identificados os objetos de algumas das disciplinas ditas introdutórias ao estudo do Direito, a saber, Teoria Geral do Direito, Introdução à Ciência do Direito e Introdução ao Estudo do Direito, que são as mais frequentes.

4.2   Teoria Geral do Direito

A expressão *Teoria Geral do Direito* é um fruto do positivismo jurídico, que pretende extinguir a Filosofia do Direito, substituindo-a por uma teoria geral. O Direito, como objeto da Ciência, ou seria estudado como Direito Positivo, tendo-se em vista cada ordenamento jurídico, ou por uma Teoria Geral, quando se cuidasse dos conceitos comuns aos vários ordenamentos. Por isto Kelsen afirmou que a sua Teoria Geral do Direito não é a teoria de uma ordem jurídica em particular, mas uma teoria do Direito positivo em geral.[7]

---

4. Decreto 19.852, de 11 de abril de 1931, artigos 27 e 29.
5. É o caso dos livros de Paulo Dourado de Gusmão, Hermes Lima, Machado Neto, Daniel de Souza, Machado Paupério, entre outros.
6. Resolução 3, de 25 de fevereiro de 1972.
7. Hans Kelsen, *Teoria Pura do Direito*, 3. ed., trad. João Batista Machado, Coimbra, Arménio Amado, 1974, p. 17. Em suas palavras:

A teoria é a descrição de um objeto do conhecimento. Assim, a teoria do direito positivo de um determinado país é a descrição das normas que o integram. Seu objeto é a interpretação das normas que compõem o Direito positivo do país. Para fins didáticos, essas normas são agrupadas de acordo com a área de que se ocupam, do que resulta os denominados "ramos" do Direito.

4.3 Introdução à Ciência do Direito

Embora muitas vezes confundida com a Teoria Geral do Direito, a disciplina Introdução à Ciência do Direito não tem como objeto o Direito, mas a Ciência do Direito. É por assim dizer uma Ciência da Ciência. Ocupa-se dos princípios gerais aplicáveis ao conhecimento especificamente jurídico, ou conhecimento jurídico científico.

4.4 Introdução ao Estudo do Direito

A expressão *Introdução ao Estudo do Direito* designa igualmente o conjunto de noções gerais que se precisa ter para iniciar o estudo do Direito, no sentido de sistema normativo. Por outro lado, como o Direito pode ser estudado sob vários pontos de vista, na Introdução ao Estudo do Direito é razoável sejam incluídas as noções necessárias ao estudo das outras disciplinas que têm o direito como objeto, embora o considerem sob enfoques diversos daquele considerado pela denominada Ciência do Direito, tais como a Filosofia do Direito e a Sociologia Jurídica.

Introdução ao Estudo do Direito nos parece ser a denominação mais adequada para designar a disciplina que se ocupa dos estudos de conhecimentos introdutórios, necessários a todos quantos iniciam o curso jurídico, especialmente por ser expressão desprovida da influência positivista, na medida em que não considera o Direito como objeto exclusivo da Ciência, e por isto mesmo abre espaços para incursões em áreas que realmente não podem ser consideradas de nenhum modo como de conhecimentos introdutórios ao estudo de uma Ciência.

4.5 Teoria Geral do Estado

É a disciplina na qual são estudados os conceitos essenciais para o conhecimento desse importante fenômeno sociológico, político e jurídico denominado

---

"A Teoria Pura do Direito é uma teoria do Direito positivo – do Direito positivo em geral, não de uma ordem jurídica especial. É uma teoria geral do Direito, não a interpretação de particulares normas jurídicas, nacionais ou internacionais. Contudo, fornece uma teoria da interpretação."

Estado. Nela se trava conhecimento com o conceito de Estado, seus elementos, suas formas, seu poder.

Nessa disciplina é também estudada a divisão dos poderes do Estado, sua importância para o controle do arbítrio, as formas de governo e outros temas de grande relevo para quem começa a estudar o Direito.

Por reconhecermos a grande importância da Teoria Geral do Estado no âmbito de uma introdução ao estudo do Direito, resolvemos incluir neste livro uma quarta parte, na qual é feito o estudo dos conceitos fundamentais do Estado.

5. OS DIVERSOS RAMOS DA CIÊNCIA JURÍDICA

5.1 Conveniência didática

A questão da autonomia dos ramos do Direito é um problema falso, porque na verdade o Direito é uno. Mesmo aquele que se dedica profissionalmente a apenas um dos denominados ramos do Direito a rigor não pode prescindir de conhecimentos de outras áreas.

Mesmo assim, por conveniência didática, o estudo do Direito Positivo de um país geralmente é dividido em capítulos, a saber, o Direito Constitucional, o Direito Administrativo, o Direito Tributário, o Direito Penal, o Direito Civil, o Direito Comercial, entre muitos outros. Daí a necessidade de se ter uma ideia do que significa essa divisão, e do conteúdo de cada um desses Capítulos.

Dizemos *ter uma ideia*, pois é importante termos em conta que a imprecisão dos conceitos jurídicos também aqui se manifesta, de modo que a rigor não se tem uma delimitação exata de cada uma das áreas em que se divide o Direito, e assim o seu estudo também não pode ser dividido em áreas com delimitações exatas.

Assim, existem assuntos que podem ser colocados em um, ou em outro dos ramos da Ciência Jurídica. O direito à jurisdição, por exemplo, pode ser colocado no âmbito do Direito Constitucional, ou do Direito Processual. A questão da eficácia de um provimento judicial cautelar para suspender a exigibilidade do crédito tributário pode ser colocada no âmbito do Direito Tributário, e no âmbito do Direito Processual.

5.2 Direito Constitucional

Colocamos em primeiro lugar o Direito Constitucional em face de sua notável importância nos dias atuais, posto que, no dizer autorizado de Paulo

Bonavides, ele toma hoje na Ciência do Direito o lugar de hegemonia que antes coube ao Direito Civil.[8]

O Direito Constitucional, ou mais exatamente a Ciência do Direito Constitucional, tem por objeto o estudo sistemático das normas fundamentais da organização do Estado, relativas à sua estrutura, à forma de governo, ao modo de assumir e de exercer o poder, à organização dos poderes ou órgãos e aos limites de atuação destes, bem como aos princípios fundamentais da ordem jurídica, e aos direitos e garantias fundamentais do cidadão.

Na verdade a essência do Direito Constitucional está nas normas que regulam o poder público, ou poder do Estado, porque mesmo o estabelecimento de direitos e garantias individuais constitui um modo de expressar limites àquele poder. Esta compreensão é da maior importância na medida em que nos orienta a conceber como destinatários dos direitos e garantias individuais os cidadãos, e tê-las como limites oponíveis por estes às autoridades, considerando equivocada, pelo menos em princípio, a invocação das mesmas em favor do Estado, contra o particular.

Em última análise e em síntese, o Direito Constitucional é o conjunto de normas que regulam o exercício do poder público. Por isto, podemos dizer, na síntese magnífica de Prélot, que ele é "a ciência das regras jurídicas segundo as quais se estabelece, transmite e exerce a autoridade pública".[9]

Convém esclarecer que essas regras jurídicas, vale dizer, as normas de que se ocupa o Direito Constitucional, ocupam posição de supremacia no ordenamento jurídico, o que as faz distintas de outras normas que também cuidam da regulação do poder público.

5.3 Direito Administrativo

O Direito Administrativo ocupa-se também da regulação do poder público, mas não se confunde com o Direito Constitucional porque aquele ocupa posição de supremacia. As normas que integram o Direito Administrativo são como que regulamentares daquelas que compõem o Direito Constitucional.

Feita essa ressalva, podemos dizer que o Direito Administrativo é o conjunto de normas que regulam os meios e modos de ação governamental, ou ação do Estado enquanto poder público. As relações do Estado com os seus servidores, a prestação de serviços públicos e a forma de os atribuir a entidades privadas, a estrutura das diversas repartições públicas e a competência das autoridades.

---

8. Paulo Bonavides, *Curso de Direito Constitucional*, 7. ed., São Paulo, Malheiros, 1997, p. 21.
9. Apud Paulo Bonavides, *Curso de Direito Constitucional*, 7. ed., São Paulo, Malheiros, 1997, p. 22.

5.4 Direito Financeiro

É o conjunto de normas que disciplinam todas as atividades financeiras do Estado, assim entendidas as atividades relativas ao dinheiro e ao crédito. Tudo que diga respeito à gestão do dinheiro público e às despesas que o Estado realiza em suas várias atividades, bem como tudo o que diz respeito às receitas públicas não tributárias, é regulado pelas normas do Direito Financeiro.

5.5 Direito Tributário

Entre os poderes do Estado encontra-se o de instituir e cobrar tributos, estabelecendo relações com os particulares, para obter destes os recursos financeiros de que necessita para o desempenho de suas atividades e a realização de suas finalidades. O Direito Tributário é o conjunto de normas que regulam essas relações, que antes faziam parte do Direito Administrativo, ou do Direito Financeiro, mas passaram a compor uma nova disciplina jurídica em virtude de seu significativo desenvolvimento e crescente importância.

5.6 Direito Penal

Embora se possam considerar normas de Direito Penal todas aquelas que definem ilícitos e lhes cominam penalidades, mais comum é a sua compreensão como o conjunto de normas que definem os crimes, tidos geralmente como ilícitos de extrema gravidade, e as contravenções penais, bem como as penas cominadas a quem os comete.

A rigor, não existe diferença ontológica entre um ilícito situado no campo do Direito Tributário, por exemplo, e um outro ilícito, situado em qualquer outro setor da Ciência Jurídica. Mesmo assim, a tradição já está firmada no sentido da autonomia de um Direito Penal, embora existam normas punitivas em vários setores do Direito.

Essa autonomia resta caracterizada por simples preconceitos, albergados na palavra *crime*. Se um ilícito é definido como crime, a norma que do mesmo cuida passa a integrar o Direito Penal, ou Direito Criminal.

A única diferença, porém, que se pode estabelecer entre o crime e um ilícito outro qualquer é que o cometimento do crime enseja a aplicação de pena privativa de liberdade, o que em princípio não é admitido em nenhum outro setor do Direito.

Admite-se, é certo, a privação de liberdade mediante a denominada prisão civil. Esta, porém, embora se aproxime da pena criminal pelo fato de somente poder ser determinada por autoridade judiciária, não constitui penalidade, mas um meio de que se vale o Direito para, em situações excepcionais, coagir alguém a cumprir o seu dever jurídico.[10] A prisão civil não pressupõe o cometimento de crime, e por isto mesmo não depende de julgamento em ação penal, mas o simples inadimplemento de obrigação à qual o Direito oferece especial proteção. E, porque não é penalidade, sua execução pode ser impedida, ou cessa imediatamente, com o adimplemento da obrigação.

Vedando a prisão civil por dívida, a Constituição está proibindo ao legislador ordinário a criminalização do não pagamento de dívida. Por isto mesmo temos sustentado ser inconstitucional a criminalização do não pagamento de tributo. Outro entendimento amesquinharia a garantia constitucional, posto que bastaria definir como crime o inadimplemento das obrigações em geral para esvaziá-la inteiramente.

5.7 Direito Civil

O Direito Civil é certamente o mais tradicional dos ramos do Direito, e o que primeiro se formou. Pode ser definido como o ramo do Direito em que estão as normas reguladoras das relações relativas à família, à propriedade e à transmissão desta e aos direitos e obrigações que de um modo geral se estabelecem entre os indivíduos como tais considerados, vale dizer, considerados em suas relações com os demais membros da comunidade.

5.8 Direito Comercial

É o conjunto de normas que regulam as atividades privadas destinadas à realização de fins de natureza econômica. Em outras palavras, relações de produção, de circulação e de consumo de bens.

Há estreita ligação do Direito Comercial com o Direito Civil, certo que esses dois ramos do Direito compõem o que ainda hoje é denominado Direito Privado. O Direito Civil, todavia, regula as relações de natureza pessoal, relações que se estabelecem entre os indivíduos pelo simples fato de serem estes membros de uma comunidade, como consequência de circunstâncias não inerentes a atividades econômicas. Já o Direito Comercial regula exatamente relações de natureza econômica, ou empresarial.

---

10. A Constituição Federal de 1988 estabelece (art. 5º, inciso LXVII):
"Não haverá prisão civil por dívida, salvo a do responsável pelo inadimplemento voluntário e inescusável de obrigação alimentícia e a do depositário infiel."

Registre-se a tendência, hoje de certa forma abandonada, para a unificação do Direito Privado, com reunião do Direito Civil e do Direito Comercial em um ramo único.

5.9 Direito Processual

O Direito Processual é o conjunto de normas ditas adjetivas, ou instrumentais, porque disciplinam a função de aplicação das normas do direito material, ou substantivo. Como o Direito, em sua expressão dinâmica, regula a produção de suas próprias normas, em todas as áreas do Direito existem normas de processo, exatamente as normas reguladoras da produção de outras normas.

No sentido em que é mais comum, o Direito Processual não tem toda essa amplitude. Ele é apenas o conjunto de normas reguladoras da aplicação de normas para a solução de conflitos. Normas reguladoras da função jurisdicional do Estado.

5.10 Direito Processual Penal

É o conjunto de normas que regulam a conduta das autoridades tendo em vista a punição daqueles que cometem crimes, isto é, a conduta daqueles que cuidam da aplicação da lei penal. Em outras palavras, podemos dizer que o Direito Processual Penal é o ramo do Direito que se ocupa da função jurisdicional do Estado em matéria penal.

O conjunto de normas que integram o denominado Direito Processual Penal está reunido em uma lei, conhecida como Código de Processo Penal, que é inteiramente distinto do Código Penal. Enquanto o Código de Processo Penal abriga normas de direito adjetivo ou processual, o Código Penal abriga normas de direito material ou substantivo.

5.11 Direito Processual Civil

É o conjunto de normas que regulam a solução dos conflitos surgidos nas relações pessoais e patrimoniais, vale dizer, em matéria de Direito Privado.

O conjunto de normas que integram o denominado Direito Processual Civil está reunido em uma lei, conhecida como Código de Processo Civil, que é coisa distinta do Código Civil. Enquanto o Código de Processo Civil abriga normas de direito processual, ou adjetivo, o Código Civil abriga normas de direito material, ou substantivo.

III
Os Sistemas Jurídicos

Sumário: 1. O direito e a cultura – 2. Sistema e ordenamento – 3. A lei e o precedente; 3.1 O sistema do direito legislado; 3.2 O sistema do direito do caso – 4. A evolução integradora; 4.1 No sistema do direito legislado; 4.1.1 O caso da contribuição sobre o lucro; 4.1.2 O art. 138 do CTN; 4.2 No sistema do direito do caso – 5. Direito natural e direito positivo – 6. Os vários ordenamentos positivos; 6.1 As inevitáveis diferenças; 6.2 O estudo do direito comparado; 6.3 O cuidado com a doutrina estrangeira.

1. O DIREITO E A CULTURA

O Direito é um elemento da cultura dos povos. Assim, na medida em que existem as diferenças culturais, existem também diferenças no modo de conceber o Direito. Não apenas quanto a certas normas que integram o chamado direito positivo, mas e especialmente quanto ao próprio sistema jurídico.

Assim é que poderemos, com René David, catalogar os sistemas jurídicos em pelo menos quatro grandes grupos, a saber, o da família romano-germânica, o dos direitos socialistas, o da *common law*, além de um quarto que agregaria outras concepções da ordem social e do Direito.[1]

Certamente não vamos aqui analisar cada um desses grupos, mas é indispensável que se tenha pelo menos a informação da existência deles, para que não se estude o Direito pensando que ele é sempre fundado nos mesmos postulados culturais, porque na verdade o Direito, como a cultura em que se encarta, é diferente nas diversas comunidades humanas.

Importa, outrossim, desde logo afastar equívocos que poderiam decorrer do uso das expressões *sistema jurídico* e *ordenamento jurídico*. Vejamos, pois, em que sentido tais expressões são por nós utilizadas.

---

1. René David, *Os grandes sistemas do direito contemporâneo*, trad. Hermínio A. Carvalho, São Paulo, Martins Fontes, 1986.

2. SISTEMA E ORDENAMENTO

As expressões *sistema jurídico* e *ordenamento jurídico* geralmente são utilizadas como sinônimos. Preferimos a expressão *ordenamento jurídico* para designar o conjunto de normas que compõem o direito positivo de determinado país, mas entendemos que o ordenamento jurídico é sempre um *sistema* de normas.

A expressão *sistema do direito legislado* como a expressão *sistema do direito do caso* indicam o uso da palavra *sistema* para designar o modo de ser do ordenamento jurídico. Não obstante, a palavra *sistema*, na expressão *sistema jurídico*, pode ser utilizada como sinônimo de ordenamento. Assim, podemos nos referir ao sistema jurídico brasileiro, para designar o ordenamento jurídico vigente em nosso país.

Como tem feito expressivo segmento da doutrina, optamos pelo estudo dos problemas concernentes à norma jurídica separadamente daqueles concernentes ao ordenamento jurídico, dos quais o principal certamente é o que diz respeito às relações entre as diversas normas que o integram.[2] Dedicamos, pois, um capítulo deste livro ao estudo do ordenamento jurídico.

Por outro lado, embora nos pareça importante o estudo dos diversos sistemas jurídicos dentro da classificação, ou catalogação, acima mencionada, preferimos fazer uma simplificação que nos parece didaticamente conveniente, posto que nestes primeiros contatos com o Direito ainda não se tem condições de estudar esse fenômeno cultural em toda a amplitude e em todos os aspectos pelos quais se manifesta no mundo. Assim, optamos por classificar os sistemas jurídicos em apenas duas categorias, a saber, a dos sistemas do direito legislado e a dos sistemas do direito do caso.

Desde logo, portanto, vamos oferecer algumas noções sobre essas duas principais formas de como se compõem os ordenamentos, ou sistemas jurídicos. Isto nos parece importante para que se possam compreender certas instituições como, por exemplo, a da eleição de juízes, que à primeira vista, para quem somente tenha a visão do sistema jurídico brasileiro, pode parecer um verdadeiro absurdo, e a dos precedentes judiciais como fórmulas sagradas.

3. A LEI E O PRECEDENTE

3.1 O sistema do direito legislado

Conhecido como sistema romano, porque originário da antiga Roma, o sistema do direito legislado é aquele que se forma especialmente em razão da

---

2. Norberto Bobbio, *Teoria do Ordenamento Jurídico*, trad. Maria Celeste Cordeiro Leite dos Santos, Brasília, Editora da UnB, 1994, p. 34.

atividade normativa, expressão que utilizamos para designar a atividade produtora de normas dotadas de hipoteticidade, ou norma jurídica em sentido próprio, como adiante veremos, conceito no qual não se incluem os julgados, salvo quando sejam expressão da jurisprudência que ganha sentido normativo.

Em tais sistemas são importantes as coletâneas de leis, e o jurista é sobretudo um conhecedor das normas integrantes do sistema e da doutrina que as interpreta, embora deva conhecer também a jurisprudência.

A atividade de política jurídica desenvolve-se especialmente junto aos parlamentos e aos demais órgãos dotados de poder normativo. A atividade jurisdicional é ou deve ser mais técnica do que política, e tende a ser muito menos importante, pelo menos no plano da política jurídica, do que a atividade de produção normativa.

Assim, os juízes devem possuir conhecimento jurídico, devem ser juristas e por isto geralmente são admitidos em seus cargos mediante concurso público no qual devem demonstrar os seus conhecimentos.

O traço essencial dos sistemas de direito legislado revela-se a partir da Constituição, que na maior parte dos casos tende a ser minudente. Quando se quer resolver um problema qualquer, o caminho preferido é quase sempre a edição de uma norma. O governo, como maior expressão do poder político, quando não consegue influir nas decisões judiciais, consegue mudar as leis, e diante do conflito destas com a Constituição, termina por conseguir mudar a Constituição.

3.2 O sistema do direito do caso

Existem, porém, outros sistemas jurídicos, que são formados especialmente pelos julgados, pelas decisões de juízes e tribunais. São os sistemas ditos *anglo-saxônicos*, expressão que alguns dicionaristas registram com o sentido de precedente, embora registrem a expressão *anglo-saxão* como adjetivo a significar "pertencente aos povos anglo-saxões da Dinamarca que invadiram a Inglaterra".[3]

Em tais sistemas são importantes as coletâneas de julgados, e o jurista é sobretudo um conhecedor destes e da doutrina que os interpreta, embora deva conhecer também as normas editadas pelos parlamentos e outros órgãos dotados de competência normativa.

A atividade de política jurídica desenvolve-se mais intensamente junto aos juízes e tribunais, especialmente quando devem estes julgar casos novos, ainda

---

3. Silveira Bueno, *Grande Dicionário Etimológico Prosódico da Língua Portuguesa*, São Paulo, Saraiva, 1963, v. 1, p. 247.

não apreciados e, portanto, sobre os quais não existam precedentes. A atividade jurisdicional é mais política do que técnica.

Assim, os juízes não são necessariamente juristas, mas podem e devem ser políticos, pois são geralmente eleitos. A eleição, que pode nos parecer um processo inadequado de provimento de cargos de magistrados, é realmente incompatível com o sistema de direito legislado, no qual o juiz deve ser um jurista, ou técnico em Direito, mas é adequada nos sistemas de direito do caso, em que o julgamento é muito mais de cunho sociológico.

O traço essencial dos sistemas de direito do caso revela-se pelo apego aos precedentes. As leis são escassas e o texto da Constituição geralmente é apenas a expressão de princípios, cuja formatação para os casos concretos processa-se na medida em que os conflitos são apreciados pelos tribunais, e ficam sujeitos às circunstâncias políticas de cada momento histórico.

Por isto é que, repita-se, as influências e as pressões, naturais na formação do sistema jurídico, são exercidas muito mais sobre os tribunais do que sobre os parlamentos.

4. A EVOLUÇÃO INTEGRADORA

4.1 No sistema do direito legislado

Um estudo atento de nosso sistema jurídico, que é nitidamente um sistema de direito legislado, porém, mostra-nos certa tendência para o prestígio dos precedentes, que aos poucos se vão consubstanciando em súmulas dos tribunais.

Os precedentes, assim, podem funcionar, e na verdade funcionam, como verdadeiros instrumentos de alteração da ordem normativa. Não é outra a explicação que se pode dar para decisões do nosso Supremo Tribunal Federal que implicam claras modificações de textos legislados, especialmente de textos produzidos pelo legislador máximo, que é o constituinte.

4.1.1 *O caso da contribuição sobre o lucro*

Diversos julgados do Supremo Tribunal Federal oferecem eloquente demonstração dessa verdade. Quando decidiu que a contribuição de seguridade social, incidente sobre o lucro das empresas, pode ser arrecadada pelo Tesouro Nacional, para posterior repasse para o INSS, a Corte Maior alterou significativamente a Constituição Federal, firmando precedente que a partir de então passou a ser por todos obedecido.

Realmente, a Constituição Federal estabelece que a lei orçamentária anual deve separar os orçamentos da União, envolvendo a administração direta e indireta, o orçamento de investimentos e o orçamento da seguridade social, abrangendo este todas as entidades e fundos a ela vinculados, sejam da administração direta ou indireta, bem como os fundos e fundações instituídos pelo Poder Público.[4] E diz que a seguridade social terá administração própria, distinta da Administração Federal, constituindo-se em verdadeira autarquia de nível constitucional,[5] que será mantida por toda a sociedade, de forma direta e indireta, mediante recursos provenientes dos orçamentos da União, dos Estados, do Distrito Federal e dos Municípios, e das contribuições que indica.[6] Isto quer dizer que as contribuições indicadas, entre as quais aquela a que se refere o julgado em questão, constituem receita da seguridade social, são a forma pela qual a sociedade financiará aquela instituição. A forma indireta com certeza é aquela pela qual a União, e outras entidades políticas, através de seus orçamentos, destinam à seguridade recursos provenientes dos tributos em geral.

Por outro lado, a Constituição diz que a União entregará 47% do Imposto de Renda para distribuição entre Estados, Municípios e para financiamento do setor privado nas regiões que indica.

Assim, admitir que as contribuições sobre o lucro das empresas sejam arrecadadas pela Administração Pública Federal é alterar visivelmente o texto da Constituição. Tanto no que diz respeito ao sujeito ativo das referidas contribuições, como no que concerne à partilha do produto da arrecadação, pois uma contribuição que incide sobre o lucro e tem, por isto, a natureza de adicional do Imposto de Renda, deixa de ser partilhada com Estados e municípios como prescrito na Constituição.

Infelizmente, em face do forte interesse dos governantes em lançar mão dos recursos públicos, terminou sendo feita, por lei flagrantemente inconstitucional, a unificação das receitas do Tesouro e da Previdência, com a criação da Receita Federal do Brasil. Em outras palavras, o governo federal lançou mão dos recursos da Seguridade Social, ficando a autarquia previdenciária apenas com a administração dos benefícios devidos aos segurados.

4.1.2 O art. 138 do CTN

O art. 138 do Código Tributário Nacional (CTN) diz que a responsabilidade do infrator de normas tributárias é excluída pela denúncia espontânea da infra-

---

4. Constituição Federal de 1988, art. 165, § 5º, inciso III.
5. Constituição Federal de 1988, art. 194, inciso VII.
6. Constituição Federal de 1988, art. 195.

ção, acompanhada, se for o caso, do pagamento do tributo devido e dos juros de mora. Não obstante isso, a Primeira Turma do Superior Tribunal de Justiça decidiu que o "contribuinte em mora com tributo por ele mesmo declarado não pode invocar o art. 138 do CTN, para se livrar da multa relativa ao atraso".[7] Em outras palavras, disse o tribunal que a excludente da responsabilidade, prevista no art. 138 do CTN, não teria aplicação nos casos de inadimplemento puro e simples da obrigação tributária principal.

Ocorre que a norma em questão não faz a distinção que o tribunal vislumbrou e com o que na verdade terminou por construir outra norma, diversa daquela editada pelo legislador. Assim, se tal entendimento do órgão fracionário vier a prevalecer no tribunal, ter-se-á o direito do caso prevalecendo sobre o direito legislado.

4.2 No sistema do direito do caso

Também no sistema do direito do caso um estudo atento demonstra que há uma evolução no sentido do incremento da atividade legislativa.

Nos Estados Unidos, por exemplo, há uma forte pressão dos Estados para que as vendas feitas a compradores em outros Estados fiquem sujeitas à incidência do imposto sobre vendas, o *sales tax*, e a Corte Suprema, provocada pelo Estado de Dakota do Norte, decidiu que a exigência do imposto não é possível, salvo se o Congresso legislar nesse sentido.

Isto demonstra que a Corte Suprema, que podia, se quisesse, ter resolvido o problema pela via do precedente, preferiu deixar fluir a produção normativa para que, por via desta, seja equacionado o conflito.

Por outro lado, também nos Estados Unidos, nota-se uma tendência no sentido de que os cargos de juiz sejam providos mediante concurso público, o que demonstra que o sistema do direito do caso está cedendo espaço naquele país.

5. DIREITO NATURAL E DIREITO POSITIVO

Entende-se por direito natural o conjunto de princípios diretores da conduta humana, que resultam, segundo a concepção filosófica que se adote, de um poder sobrenatural ou divino, da natureza das coisas, ou da razão humana. Nos dias atuais, pode-se apontar como superadas as concepções que fundam o direito

---

7. STJ, 1ª Turma, REsp 180.918-SP, *DJU 1-E* de 14-2-00, p. 21, e *Revista Dialética de Direito Tributário*, n. 55, p. 182-183.

natural no poder divino e na natureza das coisas. O direito natural, segundo o pensamento filosófico predominante atualmente, tem origem na razão.

Seja como for, o direito natural é o conjunto de princípios fundados na razão humana, que se prestam para o direcionamento das comunidades, independentemente do que estabeleçam os órgãos ou poderes instituídos.

Em época já distante, entendeu-se que o direito natural seria integrado por princípios universais e perenes. Hoje, porém, admite-se que os princípios do direito natural variam no tempo e no espaço.

O direito positivo é o conjunto de normas postas, elaboradas por órgãos que a comunidade institui para esse fim. Tais órgãos integram o Estado, e assim podemos dizer que o direito positivo é o conjunto de normas postas pelo Estado. Mas não é só. Essas normas postas pelo Estado permitem, com maior ou menor largueza, que as pessoas regulem suas relações mediante normas que elas mesmas estabelecem, são as convenções ou contratos, que também estão incluídas no conceito de direito positivo.

A questão de saber se realmente existe, ou não, um direito natural, tem dividido os juristas em todos os tempos, em duas grandes categorias, a saber, os *jusnaturalistas* e os *positivistas*. Entendemos que se trata de disputa infundada e sem nenhum proveito. Primeiro porque o direito natural é o fundamento de legitimidade do direito positivo, mas não o faz prescindível. Segundo, porque o direito positivo é na verdade absolutamente insuficiente. Como assevera Arnaldo Vasconcelos,

> "Os positivistas, seduzidos pelo prestígio de cientificidade de suas teorias, que os situava na etapa derradeira do conhecimento humano, começaram a acreditar que, em nome dessa autoproclamada superioridade, tudo podiam. O formalismo e o fechamento de seu sistema transmitiam-lhes essa sensação. Reclusos no restrito território que se concederam, ficaram impedidos de ver que o muito de que pensavam dispor, dadas as limitações que se autoimpuseram, noutra perspectiva era pouco, senão muito pouco, quase nada."[8]

À medida que os órgãos institucionais elaborem normas divorciadas daqueles princípios que entendemos integrantes do direito natural, essas normas tendem a ter menos eficácia. No limite, perdem inteiramente a eficácia, porque perdem a legitimidade.

É certo, porém, que a perda da eficácia somente acontece quando falta legitimidade ao próprio sistema de normas, ou pelo menos às normas mais importantes que o integram. A falta de legitimidade de uma norma isolada não quer dizer necessariamente que esta deixe de ser eficaz.

---

8. Arnaldo Vasconcelos, *Direito, Humanismo e Democracia*, São Paulo, Malheiros, 1998, p. 36-37.

Por outro lado, a absoluta insuficiência do direito positivo revela-se mais claramente no campo da hermenêutica. Quando se estuda a interpretação vê-se como é indispensável o apelo aos valores, para que se possa determinar o verdadeiro significado das normas, até porque o Direito não é, nem pode ser mais do que um instrumento para a realização destes.

6. OS VÁRIOS ORDENAMENTOS POSITIVOS

6.1 As inevitáveis diferenças

O fato de dois países adotarem um mesmo sistema de direito, vale dizer, adotarem ambos o sistema do direito do caso, ou ambos o sistema do direito legislado, certamente não significa que os dois ordenamentos jurídicos sejam iguais. Suas bases culturais podem ser semelhantes, mas algumas diferenças certamente existem, que refletem na formação de seus ordenamentos jurídicos.

Assim, quem inicia os seus estudos jurídicos deve estar advertido para as inevitáveis diferenças que existem entre os ordenamentos jurídicos dos diversos países, mesmo, insistimos neste ponto, entre os ordenamentos de países que adotam o mesmo sistema de direito.

6.2 O estudo do direito comparado

Exatamente porque os ordenamentos jurídicos dos diversos países são distintos, faz-se importante, para o conhecimento seguro de certas questões jurídicas, o estudo do direito comparado.

Esse estudo é ainda mais importante quando se pretende equacionar uma questão de política jurídica, e se pretende propor mudanças no ordenamento de nosso país. Ou ainda, quando se procura entender as mudanças nele introduzidas com o argumento de que em outros países a solução legislativa encontrada mostrou-se eficiente, mais do que a fórmula consagrada em nosso ordenamento.

Nos estudos do direito comparado, porém, é necessário que se tenha especial atenção para o fato de que uma norma jurídica pode ser excelente em determinado país e ser inconveniente em outro, quer em função da diferença do meio social, quer em função das diferenças dos ordenamentos jurídicos nos quais se encarta. Exemplo disto é o dispositivo constitucional que autoriza a edição de medidas provisórias pelo Presidente da República. Norma que na Itália parece produzir bons resultados, enquanto no Brasil tem-se revelado desastrosa, especialmente em face da interpretação que lhe tem dado o Supremo Tribunal Federal, admitindo a reedição indefinida de tais medidas, com visível usurpação, pelo Executivo, da competência legislativa do Congresso Nacional.

Como se vê, o direito comparado é simplesmente um método de estudo do Direito. Não se confunde, portanto, com o direito internacional, nem com o direito estrangeiro. Como direito internacional entende-se o conjunto de normas reguladoras das relações entre Estados soberanos, ou entre pessoas jurídicas de direito privado residentes ou domiciliadas em diferentes Estados, e como direito estrangeiro entende-se o direito positivo de outros Estados.

6.3 O cuidado com a doutrina estrangeira

Por outro lado, é importante que se tenha muito cuidado com a invocação da doutrina estrangeira para demonstrar a procedência de certas teses jurídicas. Como já foi dito, os ordenamentos jurídicos dos vários países não são iguais. A doutrina estrangeira invocada pode ter sido construída com base em dispositivos legais diferentes, e no mais das vezes é construída em face de circunstâncias de fato, e de fatores culturais diversos.

Como exemplo interessante de influência equivocada de doutrina estrangeira, pode ser citada a orientação que tem prevalecido em nossa jurisprudência, quanto à questão do início da ação penal antes do julgamento da questão tributária pela autoridade administrativa.[9] O Supremo Tribunal Federal terminou por sumular o seu entendimento no sentido de não ser necessário o prévio exaurimento da via administrativa,[10] e o fez fundado na lição de Manzini, um grande penalista italiano, ao que tudo indica construída em face de preceitos legais bem diversos dos nossos.

Realmente, ao apreciar o Recurso de *Habeas Corpus* 50.5231-SP, o Supremo Tribunal Federal de certa forma acolheu a doutrina italiana, citada no acórdão do Tribunal de Alçada Criminal do Estado de São Paulo, que invocou lição de Manzini, para concluir que: (a) o juiz penal não está obrigado a aguardar a solução da instância administrativa para permitir a movimentação da ação penal, e (b) no julgamento do fato denunciado como sonegação fiscal não está vinculado à solução eventualmente dada pela instância administrativa. Isto é, pode o juiz penal condenar quando o contribuinte tenha sido liberado pela administração fiscal como absolvê-lo, na hipótese contrária (*RTJ* n. 65, p. 62). É interessante, portanto, o exame do Direito Penal Tributário italiano, a ver-se como for ali tratada a questão.

Na Itália, a reforma do direito penal tributário, realizada em 1982, teve dois objetivos: um, a abolição da "prejudicial tributária", considerada causa de retar-

---

9. Questão do prévio exaurimento da via administrativa como condição de procedibilidade, ou como questão prejudicial, nos crimes contra a ordem tributária.
10. Supremo Tribunal Federal, Súmula 609.

damento da justiça penal em matéria tributária; o outro, a redefinição do crime, consequente a essa nova realidade processual.

Antes de 1982, na Itália, era crime o não pagamento do imposto como consequência da fraude. A fraude não era suficiente. Era relevante o seu resultado, e por isto era necessário que a Administração apurasse a ocorrência desse não pagamento, inclusive com a definição do valor que o contribuinte deixou de pagar em virtude da fraude praticada. Com a reforma, passou a não ser mais necessária essa apuração, porque passou a ser crime a simples fraude, ainda que sem o resultado, isto é, passou a não ser mais importante para a definição do crime o fato de ter havido, ou não, o não pagamento do tributo.[11] É o que se vê na doutrina italiana.[12]

No Brasil, deu-se exatamente o contrário. Antes havia o crime com a simples fraude, mesmo sem que dessa fraude resultasse o não pagamento, e depois passou a só haver crime se da fraude resultasse o não pagamento.[13]

Realmente, a Lei 4.729, de 14 de julho de 1965, definiu o crime de sonegação fiscal, cujo tipo descreveu em seu art. 1º, mediante ações ou omissões todas elas relativas a obrigações tributárias acessórias, sem colocar o resultado como elemento integrativo do tipo, não obstante exigisse para a configuração deste, em qualquer caso, o dolo específico.

Já a Lei 8.137, de 27 de dezembro de 1990, define o crime contra a ordem tributária de duas formas. A primeira, em seu art. 1º, dizendo que constitui crime contra a ordem tributária suprimir ou reduzir tributo ou contribuição social a qualquer acessório, mediante as condutas que indica em seus cinco incisos. E a segunda, em seu art. 2º, dizendo que constituem crime da mesma natureza, condutas relativas e obrigações acessórias (incisos I e V); o não recolhimento de tributo cobrado ou descontado, que muitos denominam apropriação indébita de tributo (inciso II), além de reproduzir, com ligeira alteração, o tipo que estava na lei anterior, de exigir, pagar ou receber percentagem sobre incentivo fiscal

---

11. Dito em linguagem técnica, antes de 1982, na Itália, a definição do tipo penal era centrada na evasão do imposto, isto é, sobre o evento de dano ao Erário, exigindo para sua identificação o acertamento da relação tributária. Com a reforma, foram redefinidos os tipos penais de sorte a que não mais fosse necessário tal acertamento, podendo assim ser o julgamento confiado ao juízo penal, ainda que desprovido este de específica competência em matéria tributária.
12. Cf. Giovanni Fiadanca e Enzo Musco, *Diritto Penale Tributario*, Milano, Giuffrè, 1992, p. 1-3.
13. Cf. Paulo José da Costa Jr. e Zelmo Denari, *Infrações Tributárias e Delitos Fiscais*, São Paulo, Saraiva, 1995, p. 100-101; Pedro Roberto Decomain, *Crimes contra a Ordem Tributária*, Florianópolis, Obra Jurídica, 1994, p. 48; Gerd W. Rothmann, A Extinção da Punibilidade nos Crimes contra a Ordem Tributária, em *Simpósio Nacional IOB de Direto Tributário*, Volume de Apoio, p. 42-43; Aristides Junqueira Alvarenga, Crimes contra a Ordem Tributária, em *Crimes contra a Ordem Tributária*, coordenado por Ives Gandra da Silva Martins, São Paulo, Revista dos Tribunais, 1995, p. 52.

(inciso III), acrescido de outro, configurado pela conduta de deixar de aplicá-lo ou aplicá-lo indevidamente (inciso IV).

O Supremo Tribunal Federal terminou reconhecendo haver sido indevida a invocação do Direito italiano e sumulou sua jurisprudência no sentido de que a denúncia por crime de supressão ou redução de tributo, previsto no art. 1º, da Lei 8.137, depende do prévio exaurimento da via administrativa, com decisão definitiva afirmando a ocorrência do ilícito tributário.[14]

---

14. Sobre o assunto, veja-se nosso livro *Crimes contra a Ordem Tributária*, 3. ed. São Paulo, Atlas, 2011.

IV
As Fontes do Direito

Sumário: 1. A expressão *fonte do direito* – 2. Fontes materiais e fontes formais; 2.1 Noção de fonte material; 2.2 As fontes formais; 2.2.1 Formas de manifestação do direito; 2.2.2 Fontes formais estatais e não estatais; 2.3 Fontes formais estatais; 2.3.1 Noções; 2.3.2 A lei; 2.3.3 A jurisprudência; 2.3.4 A sentença; 2.3.5 Os atos administrativos; 2.4 Fontes não estatais; 2.4.1 Noção; 2.4.2 A doutrina; 2.4.3 Os estatutos e contratos; 2.4.4 O costume; 2.5 A incidência da norma.

1. A EXPRESSÃO *FONTE DO DIREITO*

A fonte de uma coisa é o lugar de onde surge essa coisa. O lugar de onde ela nasce. Assim, a fonte do Direito é aquilo que o produz, é algo de onde nasce o Direito. Para que se possa dizer o que é a fonte do Direito é necessário que se saiba de qual direito. Se cogitarmos do *direito natural*, devemos admitir que sua fonte é a natureza humana. Aliás, a natureza humana é a fonte remota de todo o Direito, vale dizer, é a fonte primeira do Direito sob seus vários aspectos.[1]

Consideramos, todavia, que a expressão *fontes do Direito* é geralmente empregada em relação ao direito positivo. A fonte, então, pode ser confundida com o fundamento de validade. A norma de hierarquia superior, que regula a produção de uma norma inferior, seria a fonte desta. Entretanto, o autor de mais alto quilate que defende tal posição considera a expressão *fonte do direito* dotada de grande equivocidade e sugere o seu abandono, passando-se a cuidar do fenômeno da dinâmica das normas jurídicas designando-o como criação do Direito, aplicação do Direito e observância do Direito.[2]

---

1. Giorgio Del Vecchio, assevera:
   "Fonte de direito *in genere* é a natureza humana, ou seja, o espírito que reluz na consciência individual, tornando-a capaz de compreender a personalidade alheia, graças à própria. Desta fonte se deduzem os princípios imutáveis da Justiça e do Direito Natural" (*Lições de Filosofia do Direito*, tradução de António José Brandão, 4. ed., Coimbra, Arménio Amado, 1972, v. 2, p. 140).
2. Cf. Hans Kelsen, *Teoria Pura do Direito*, 3. ed., trad. João Batista Machado, Coimbra, Arménio Amado, 1974, p. 324.

Mesmo assim, e sem prejuízo do oportuno exame do fenômeno da criação, da aplicação e da observância das normas jurídicas, parece-nos importante fazer algumas considerações a respeito das denominadas *fontes do Direito*, por ser esta uma expressão de uso muito frequente nos cursos jurídicos e nos compêndios.

Considerada a expressão *fonte do Direito* em relação ao direito positivo, tem-se de decidir a qual direito se está fazendo referência, porquanto existem pelo menos dois, no sentido em que a questão pode ser aqui colocada, vale dizer, o direito *objetivo* e o direito *subjetivo*.

Em se tratando do direito *objetivo*, pode-se dizer que a fonte deste é o órgão dotado de poder normativo, o órgão que produz a norma. Em sentido bem geral, pode-se dizer que esse órgão é o Estado. Mas existem normas que não são produzidas pelo Estado, como aquelas resultantes do costume e as resultantes da vontade. São as normas consuetudinárias e as normas contratuais.

É certo que o costume e os contratos encontram na lei o apoio de que precisam para ganharem positividade, isto é, para que sejam normas integrantes do sistema de direito positivo. Mesmo assim, não se pode dizer que as normas consuetudinárias, nem as normas contratuais, promanam do Estado. Elas na verdade promanam da sociedade e da vontade dos indivíduos.

Certa ou erradamente, porém, quando se fala em fontes do Direito geralmente se está cogitando do direito *subjetivo*, e por isto se diz que são fontes do Direito a *lei*, a *doutrina* e a *jurisprudência*. Mesmo em se tratando, como efetivamente se trata, de colocação tradicionalmente aceita, alguns esclarecimentos se fazem necessários porque afinal a lei, a doutrina e a jurisprudência, cada qual por si, isoladamente, na verdade não são fontes de nenhum Direito.

Fontes do direito *objetivo* elas não são, porque são, isto sim, o próprio direito *objetivo*. Já em se tratando de direito *subjetivo*, pode-se dizer que sua fonte é a incidência da norma sobre o fato. Só a norma nenhum direito *subjetivo* produz. Só o fato, também, nenhum direito *subjetivo* produz. O direito *subjetivo* na verdade nasce da incidência da norma, que ocorre quando no mundo fenomênico concretiza-se a previsão existente na norma. Norma que, conforme adiante será explicado, não se confunde com lei, e pode estar na lei, no costume, no contrato, na jurisprudência, além de poder ainda ser produto da doutrina, especialmente nos casos em que não exista norma em lei especificamente atinente ao fato de que se cuida, nem costume, nem contrato, nem jurisprudência.

2. FONTES MATERIAIS E FONTES FORMAIS

2.1 Noção de fonte material

É comum entre os juristas a divisão das fontes do Direito em *materiais* e *formais*. Como fonte é o nascedouro, a origem, há mesmo quem sustente que as verdadeiras fontes do Direito são somente as materiais, que alguns denominam, por isto mesmo, fontes *reais*. As fontes formais seriam mera forma de expressão do Direito.

No primeiro ano do curso de bacharelado em Direito tive um excelente Professor[3] que afirmava categórico: quem diz que a lei é fonte do Direito, ou não sabe o que é fonte, ou não sabe o que é Direito. Tal assertiva me pareceu, àquela época, de difícil compreensão e praticamente inaceitável, pois nos compêndios de Introdução à Ciência do Direito é corrente a referência à lei como a fonte do Direito, por excelência. Hoje, porém, vejo que o velho Mestre, um jusnaturalista extremado, quando dizia que a lei não é fonte do Direito, estava querendo reservar a palavra *fonte* para designar apenas o que se deve entender como fonte material, ou substancial. Dizia ele que a lei não é fonte do Direito tal como uma torneira não é a fonte da água. A torneira é simplesmente o terminal da canalização da água, onde a obtemos, e não prescinde das nascentes de onde a água realmente surge. Daí por que o jurista, dizia ele, não se deve contentar com a indicação da lei como fonte do Direito, tal como o engenheiro que vai estudar o abastecimento d'água de uma cidade não se pode limitar ao estudo das torneiras.

Assim, é importante que se faça referência às fontes materiais, mesmo quando se considere, como consideramos, da maior importância para o jurista o estudo das fontes formais do Direito.

Fontes materiais, reais ou substanciais do Direito são os fatores sociais, que podem ser os da natureza, como os biológicos relativos ao próprio ser humano, os religiosos, os econômicos, os políticos, os morais, bem como os fatores axiológicos, ou ideais e valores da humanidade, tais como os ideais de justiça e de segurança, entre muitos outros.

Não há dúvida de que todos esses fatores, sociais e axiológicos, fazem nascer as normas reguladoras da conduta humana, na medida em que se traduzem nas normas que afinal são adotadas pela comunidade. Todos eles, portanto, são fontes do Direito.

---

3. O Professor a que me refiro foi Solon Faria, que nos ministrou algumas aulas de Introdução à Ciência do Direito, em 1962.

É importante, porém, reconhecermos que os fatores sociais e os valores humanos fazem nascer o Direito exatamente porque se traduzem ou se manifestam pela forma de normas jurídicas. Sejam normas produzidas pelo Estado, legislador ou juiz, sejam normas postas diretamente pela vontade das pessoas.

Por isto certamente é que os juristas em geral fazem referência às fontes formais do Direito, que são as formas pelas quais este se manifesta. Na linguagem figurada de meu velho Professor, são as torneiras onde vamos apanhar a água de que necessitamos.

2.2 As fontes formais

2.2.1 Formas de manifestação do Direito

As fontes formais do Direito são os canais através dos quais se manifesta o Direito. Tanto o Direito enquanto prescrição de conduta dotada de hipoteticidade, vale dizer, prescrição destinada a produzir efeitos se e quando realizarem-se no mundo fático os pressupostos de sua incidência, como o direito enquanto prescrição destinada a produzir efeitos em casos concretos. E ainda o direito subjetivo, ou Direito enquanto faculdade de agir.

Na grande maioria dos compêndios encontram-se referidas como fontes formais do Direito a *lei*, a *jurisprudência* e a *doutrina*. Com certeza, porém, existem outras formas de manifestação do Direito, talvez tão importantes quanto estas, e das quais devem ter conhecimento todos quantos iniciam os seus estudos jurídicos.

Além disto, parece-nos mais adequado o estudo dessas fontes formais, ou formas de manifestação do Direito, tendo-se em vista sua produção, que pode ser obra do Estado, ou das pessoas não estatais. Assim, classificamos as fontes formais do Direito em estatais e não estatais.

2.2.2 Fontes formais estatais e não estatais

Modernamente o Estado é o maior centro produtor de normas. Desde sua estrutura fundamental, estabelecida estereotipada no conjunto de normas a que se dá o nome de Constituição, a produção de normas de caráter geral, como as leis e os regulamentos, e a produção de normas para casos concretos, como as sentenças, formam o conjunto maior que denominamos ordenamento jurídico. Todas as prescrições jurídicas provenientes de órgãos estatais, inclusive os órgãos jurisdicionais, sejam prescrições hipotéticas ou de efeitos gerais, sejam prescrições concretas, são fontes formais estatais.

Ao lado das fontes estatais, existem as fontes não estatais, que são o costume, a doutrina, os estatutos e contratos e os atos unilaterais de vontade. Se refletirmos a respeito de como são estabelecidas certas prescrições, tanto hipotéticas ou de efeitos gerais, como dirigidas a casos concretos, veremos quanto são importantes essas fontes não estatais do Direito.

Realmente, são incontáveis as situações da vida cotidiana às quais se aplicam prescrições jurídicas produzidas por pessoas não estatais. Por isto é que, sem negarmos a importância das fontes formais estatais, vamos examinar também as fontes formais não estatais.

2.3 Fontes formais estatais

2.3.1 Noções

Todas as prescrições jurídicas, sejam aquelas de caráter normativo, dotadas de hipoteticidade, sejam aquelas destinadas a casos concretos, são fontes formais estatais. A lei, como ato do órgão ou poder estatal incumbido da produção normativa, e a jurisprudência, como entendimento resultante de decisões do Poder Judiciário, são as fontes formais estatais por excelência. Mas o Estado produz também outras prescrições jurídicas importantes, como a sentença e a decisão administrativa, que produzem efeitos para um caso determinado.

É importante observarmos a grande diferença que há entre uma sentença e a jurisprudência, como fonte do Direito. A primeira, vale dizer, a sentença, é fonte do Direito subjetivo das partes no caso concreto,[4] mas não é propriamente uma norma, se como norma entendemos a prescrição jurídica de efeitos gerais, ou prescrição jurídica hipotética, que produz os seus efeitos se e quando concretizada a hipótese prevista. Como fonte do direito subjetivo, a sentença produz os seus efeitos, em princípio, apenas entre as partes. Já a jurisprudência constitui verdadeira norma, porque tem efeitos gerais.

Adiante voltaremos ao estudo dessas questões, geralmente não abordadas nos compêndios, mas de grande importância para a compreensão do fenômeno jurídico.

2.3.2 A lei

Nos sistemas do direito legislado, como o nosso, a lei é a fonte por excelência dos direitos subjetivos. No dizer de Del Vecchio, ela "é o pensamento jurídico

---

4. Não estamos com isto fazendo uma definitiva opção na questão de saber se o juiz cria a norma ou se simplesmente aplica a norma preexistente na lei. Queremos apenas dizer que em todos os casos levados a juízo, o direito subjetivo das partes afinal tem como fonte imediata a sentença, embora se possa dizer que esse direito tem como fonte mediata a lei.

deliberado e consciente, formulado por órgãos especiais, que representam a vontade predominante numa sociedade".[5]

A estrutura e a competência dos órgãos produtores das leis, bem como o procedimento adotado na elaboração destas, variam de país a país. Por isto a lei pode corresponder à vontade do povo, ou não, e essa correspondência pode ser em maior ou em menor grau.

Em qualquer caso, persiste a ideia de que a lei é uma expressão formal da vontade do povo, embora na verdade, em virtude das distorções decorrentes do processo de apuração dessa vontade, e da forma de sua expressão, a ela de fato não corresponda.

Quando a lei atende ao conceito de lei em sentido material, e também ao conceito de lei em sentido formal, diz que se trata de uma lei em sentido próprio, ou restrito. Quando atende apenas ao conceito de lei em sentido material, ou apenas ao conceito de lei em sentido formal, diz que se trata de uma lei em sentido amplo. Apenas em sentido amplo é uma lei, mas em sentido próprio, ou restrito, não o é. Assim é que um regulamento é lei em sentido amplo, mas não é lei em sentido restrito. É lei em sentido amplo porque expressa previsão ou modelo de conduta. Atende ao conceito de lei em sentido material. Entretanto, porque não é produzida pelo órgão competente para o exercício na função legislação, não atende ao conceito de lei em sentido formal.

A palavra *lei* pode ser ainda considerada em um sentido amplo, e em um sentido restrito. Quando uma lei pode ser como tal considerada tanto do ponto de vista *formal*, porque elaborada pelo órgão competente e com obediência ao processo para esse fim estipulado no sistema jurídico, mas não pode ser considerada lei em sentido material, porque não expressa uma previsão ou modelo de conduta, diz-se que se trata de *lei em sentido amplo*. Quando uma *lei* pode ser como tal considerada tanto do ponto de vista *formal*, como do ponto de vista *material*, tem-se a lei em sentido restrito.

Quando se diz que a lei é fonte do Direito, certamente se está fazendo referência ao Direito subjetivo. Entretanto, mesmo o direito subjetivo, a rigor, não nasce propriamente da lei, senão da incidência desta. Uma lei, se não ocorre o fato nela previsto, não gera direito subjetivo nenhum. Entretanto, quando se diz que ela é fonte do direito, se está dizendo exatamente que o direito surge em virtude da lei, mas não se está excluindo o fato como ingrediente formador do direito subjetivo. O que se faz é emprestar maior importância à lei, e menor importância ao fato.

---

5. Giorgio Del Vecchio, *Lições de Filosofia do Direito*, tradução de António José Brandão, 4. ed., Coimbra, Arménio Amado, 1972, v. 2, p. 148.

Um ser formal que é, a *lei* tem no ordenamento jurídico os condicionamentos de existência, de validade e de vigência. Sua legitimidade e sua eficácia, porém, dependem de fatores que não se encontram objetivamente postos no ordenamento jurídico. A legitimidade depende dos valores adotados pela comunidade e a eficácia depende da consciência jurídica, que alguns designam como civismo. É diretamente proporcional à consciência que as pessoas tenham de sua utilidade para a convivência em sociedade. A legitimidade da norma constitui certamente um dos elementos formadores da consciência jurídica e, assim, a legitimidade é pressuposto da eficácia.

2.3.3 A jurisprudência

A palavra *jurisprudência* pode ser empregada em sentido amplo, significando a decisão ou o conjunto de decisões judiciais, e em sentido restrito, significando o entendimento ou diretiva resultante de decisões reiteradas dos tribunais sobre um determinado assunto. É, todavia, empregada por alguns juristas de grande prestígio para designar a Ciência do Direito.[6]

Aqui não nos estamos reportando à jurisprudência no sentido de Ciência do Direito, porque a esta preferimos denominar *doutrina*, e a doutrina como fonte do Direito será adiante examinada. Reportamo-nos à jurisprudência como decisão ou conjunto de decisões judiciais, e especialmente no sentido que nos parece mais adequado, que é o de doutrina formada pelas decisões reiteradas dos tribunais sobre um determinado assunto.

Como decisão ou conjunto de decisões judiciais, a jurisprudência é inegavelmente uma fonte do Direito, posto que os precedentes são sempre uma orientação para os tribunais que neles se fundamentam para decidir os casos idênticos. A jurisprudência no sentido de doutrina formada por decisões reiteradas dos tribunais, esta com mais forte razão, constitui fonte do Direito. Tem ela, aliás, um efeito didático tão importante que até pode ser classificada como fonte mais importante do que a própria lei.

Mesmo sendo o nosso sistema jurídico um sistema de Direito legislado, a jurisprudência, no sentido de *doutrina formada por decisões reiteradas dos tribunais*, corresponde à interpretação das normas integrantes do ordenamento jurídico, ou à integração deste pela utilização da analogia, da equidade e dos princípios gerais do Direito, e tem o que poderemos denominar efeito didático,

---

6. Miguel Reale, por exemplo, em seu livro *Filosofia do Direito*, emprega a palavra *jurisprudência* como sinônimo de Ciência do Direito.

que é de grande importância na medida em que aumenta o grau de certeza quanto ao conteúdo das decisões sobre casos futuros.

2.3.4   A sentença

Como sentença, aqui, incluímos as decisões jurisdicionais em geral, sejam as proferidas pelo Juiz, como órgão monocrático, sejam as produzidas pelos tribunais, como órgãos colegiados. São decisões que aplicam o Direito ao caso concreto, e se revestem da maior importância como fontes formais do Direito.

A sentença realmente é uma importante fonte formal do Direito, tanto porque em certos casos é elaborada em face de uma lacuna do ordenamento normativo, como e especialmente porque em muitos casos modifica esse ordenamento.

Há quem sustente, é certo, que a sentença tem efeitos meramente declaratórios, porque nela o órgão aplicador do Direito nada cria. Isto, porém, está muito longe da realidade. Quem o diz certamente nunca viveu no mundo dos operadores do Direito, ou nada sabe desse mundo.

2.3.5   Os atos administrativos

Designamos, aqui, como atos administrativos todos os atos de aplicação do direito por autoridades estatais, na prática da denominada administração pública. Tanto os atos administrativos ditos normativos,[7] como os atos administrativos de efeitos concretos.[8] Todos eles são importantes fontes formais do Direito.

2.4   Fontes não estatais

2.4.1   Noção

Há quem afirme que somente o Estado produz o Direito. Há até quem identifique no Estado o Direito. Direito e Estado seriam a mesma coisa. Isto, porém, é um evidente exagero teórico, que se faz acompanhar de justificação impressionante, mas não resiste a uma análise cuidadosa e imparcial.

Embora se admita que no Estado moderno todo o Direito pode ser considerado como estatal, na medida em que, em última análise, será válido apenas enquanto em consonância com o ordenamento jurídico estabelecido pelo Estado, mesmo assim não se pode negar a existência de formas de manifestação do Direito

---

7. Os regulamentos são o melhor exemplo de ato administrativo normativo.
8. A decisão administrativa, o ato de nomeação ou de promoção de um funcionário, que pode ter a forma de decreto mas não tem conteúdo normativo.

que ocorrem sem a participação do Estado, até porque este, propositadamente ou não, na verdade deixa espaço para tais manifestações.

Por outro lado, na medida em que pessoas não estatais manifestam-se a respeito da conduta humana, procurando conhecer e traduzir o ordenamento estatal, dá-se também aí de certa forma criação do Direito. É o que acontece com a denominada doutrina jurídica.

Além disto, inúmeras são as situações da vida em que as relações interpessoais são reguladas por normas de produção não estatal. É o que acontece, por exemplo, em certos grupos sociais, que constituem sociedades, civis ou comerciais, e elaboram os estatutos ou os contratos contendo as normas aplicáveis na regulação de seus interesses. Valem-se, é certo, de permissivo legal neste sentido, mas isto não retira das normas em referência a natureza de fontes formais não estatais do Direito.

É importante, pois, que se diga alguma coisa a respeito dessas fontes formais não estatais, até porque dificilmente alguém já viveu, vive ou viverá sem ter algum interesse por elas regulado.

2.4.2 A doutrina

Se os estudiosos de um modo geral admitem pacificamente a lei como fonte do Direito, o mesmo não ocorre com a doutrina, que alguns consideram não ser fonte do Direito,[9] entre outras razões porque não teria força vinculante das autoridades que decidem, sendo mero instrumento de convencimento. Além disto, não estaria a doutrina prevista como fonte do Direito em nosso ordenamento jurídico.

Não faz sentido, porém, dizer-se que a doutrina não vincula, mas apenas convence, porque a mais efetiva vinculação resulta precisamente do convencimento. Também não faz sentido dizer-se que a doutrina não é fonte do Direito à míngua de dispositivo do ordenamento que a designe como tal. Tal exigência, exageradamente formalista, não tem fundamento porque o papel da doutrina, a rigor, independe de previsão normativa. Ainda que nenhuma norma do sistema jurídico refira-se à doutrina, não se pode negar que a ela cabe o importantíssimo papel de interpretar as normas postas. Ao descrever as normas que integram o sistema jurídico, empresta efetividade à ideia de sistema, harmonizando as diversas normas, explicando as relações entre elas, formulando os conceitos

---

9. Miguel Reale, por exemplo, assevera que a doutrina não é fonte do Direito, "mas nem por isto deixa de ser uma das molas propulsoras, e a mais racional das forças diretoras, do ordenamento jurídico". O ilustre jusfilósofo afirma a distinção "entre modelos jurídicos, que emanam das fontes, e modelos científicos, que a doutrina elabora para compreender, em toda a sua extensão, o significado dos modelos jurídicos" (*Lições Preliminares de Direito*, 10. ed., São Paulo, Saraiva, 1983, p. 178).

da lógica jurídica, e assegurando a plenitude do ordenamento jurídico com o preenchimento das lacunas existentes no sistema normativo.[10]

Há, todavia, um aspecto da questão, geralmente não abordado, que consiste no estabelecimento do que se deva entender por doutrina. É fácil dizer-se que a doutrina é a lição dos juristas, que interpretam as normas do sistema. Ocorre que as lições dos juristas geralmente são individuais e não existe forma para a superação das frequentes divergências. Não existe hierarquia entre os vários juristas, de sorte que, no confronto entre lições divergentes, não se tem como afirmar a prevalência de uma delas. Se considerarmos que essa prevalência é conferida pelos tribunais, como de fato ocorre, teremos de admitir que a fonte do Direito é apenas a jurisprudência. Não a doutrina.

Ocorre que a lição do jurista, ao ser invocada para influir na decisão do tribunal, já está funcionando como ingrediente formador do Direito. O fato de ser uma lição, e não outra, a que prevalece, não quer dizer que não foi a doutrina que influiu no julgado. Assim, no sentido de algo que participa da produção do Direito, é inegável que a doutrina é uma fonte formal deste.

2.4.3   Os estatutos e contratos

Ocupando os espaços que o ordenamento jurídico estatal lhes reserva existem, como importantes fontes formais do Direito, os estatutos e os contratos. Todos sabem que os grupos sociais são produtores de normas. Assim, formam-se clubes, fundações, associações e empresas, e no âmbito destas, estatutos, contratos sociais e regimentos internos regulam relações dos membros dessas comunidades.

Essas normas são jurídicas porque albergadas pelo ordenamento estatal. Isto, porém, não lhes retira a autonomia, nem a natureza de normas produzidas fora do Estado e independentemente deste, embora dentro de certos limites por este estabelecidos.

Essas fontes formais não estatais cuidam, em princípio, apenas de questões ditas de direito privado, em que predomina o princípio da autonomia da vontade e a consequente disponibilidade dos direitos. Aliás, em se tratando de direitos disponíveis, o ordenamento jurídico brasileiro, como o de muitos outros países, admite mesmo a produção não estatal de normas aplicáveis na solução de conflitos. Exemplo disto é o denominado Juízo Arbitral, que constitui a melhor demonstração de capacidade de autogestão dos interesses individuais.

---

10. A tese segundo a qual a doutrina é fonte do Direito é sustentada com desenvoltura pelo Professor Arnaldo Vasconcelos, em sua *Teoria da Norma Jurídica*, 4. ed., São Paulo, Malheiros, 1996, p. 195-206.

Além das prescrições ditas normativas, porque dotadas de efeitos gerais para o grupo social, que estão em geral albergadas nos estatutos e contratos, estes últimos podem também cuidar de situações específicas, assumindo natureza de norma destinada a reger caso concreto, o que nos autoriza a dizer que as fontes formais não estatais, como as fontes formais estatais, consubstanciam prescrições hipotéticas e prescrições para o caso concreto.

2.4.4 O costume

Outra importante fonte formal, não estatal, do Direito, é o costume. Fonte, aliás, bem mais antiga do que a lei escrita. O direito dos povos primitivos, que não conheciam a lei escrita, era o baseado inteiramente no costume.

Atualmente, mesmo em face das demais fontes formais do Direito, o costume segue tendo grande importância, especialmente tendo-se em vista a insuficiência da lei, diante da multiplicidade de situações que a realidade apresenta.

Nos sistemas que adotam o Direito do caso, o costume parece ter maior importância e prestígio do que nos sistemas do Direito legislado. Tanto que o costume não quer dizer Direito não escrito, e sim Direito não legislado. Assim é que algumas Juntas Comerciais fazem o assentamento de usos e costumes relativos a atividade comercial, e neste caso tem-se o costume como fonte formal escrita.

Seja como for, mesmo nos sistemas do Direito legislado o costume tem ainda o seu lugar reservado. No Brasil, por exemplo, além dos assentamentos em repartições do Registro do Comércio, o costume está expressamente previsto em lei como fonte formal, embora subsidiária, do Direito.[11] Nosso Código Comercial, aliás, coloca o costume acima das leis do Direito Civil, às quais somente se poderá recorrer na falta de lei ou uso comercial.[12]

Quando se discute a respeito de ser ou não o costume uma fonte formal do Direito, geralmente surge a questão de saber se a sua observância é obrigatória. Essa, porém, a meu ver é uma falsa questão. Também a obrigatoriedade da lei pode ser discutida, nem por isto lhe vamos negar a condição de fonte formal do Direito. O que importa é que o costume pode ser invocado, e tem sido aplicado, na solução de conflitos.

---

11. Nossa Lei de Introdução ao Código Civil estabelece:
   "Art. 4º Quando a lei for omissa, o juiz decidirá o caso de acordo com a analogia, os costumes e os princípios gerais de direito."
12. Nosso Código Comercial estabelece:
   "Art. 291. As leis particulares do comércio, a convenção entre as partes sempre que lhes não for contrária, e os usos comerciais, regulam toda a sorte de associação mercantil; não podendo recorrer-se ao direito civil para decisão de qualquer dúvida que se ofereça, senão na falta de lei ou uso comercial."

Compõem o costume elementos objetivo e subjetivo. Considera-se elemento objetivo o uso, a prática repetida de certa conduta, e elemento subjetivo a convicção ou consciência que a comunidade tem de ser adequada, boa ou justa a conduta repetidamente praticada.

Alguns consideram mais importante a convicção, que seria o elemento essencial do costume. Outros dizem que o elemento essencial do costume é o uso, a prática repetida. Na verdade esses dois elementos nos parecem tão estreitamente ligados que não se pode, a rigor, dizer que um é mais importante do que o outro. Parece que é exatamente a convicção ou consciência jurídica que provoca o uso repetido, embora não se possa de todo excluir a possibilidade de em alguns casos ocorrer o contrário.

Seja como for, resta a questão de saber o que caracteriza o costume. Qual o número de repetições, por quanto tempo a conduta deveria ser praticada, para que se possa considerá-la consagrada como norma de costume? E também a questão, a meu ver mais difícil, de saber como seria demonstrada a convicção de que a conduta em questão é adequada e efetivamente expressa a vontade do grupo social em que se encarta.

Quanto ao número de repetições, ou ao prazo em que a conduta é praticada, penso que, salvo dispositivo legal expresso, deve prevalecer o bom-senso de quem deva decidir a respeito. E penso até que não deve haver fixação legal de nenhum desses parâmetros para a convalidação do costume. Tudo se há de resolver em face das circunstâncias do caso posto em apreciação.

Quanto à demonstração da consciência, ou convicção de que a conduta é adequada, ou efetivamente desejada, penso que ela há de ser colhida através da observação dos fatos. Não há uma fórmula técnica a ser utilizada. Depoimentos de testemunhas podem ser úteis, e a própria observação de quem vai decidir se aceita, ou não, como existente o costume, certamente em muitos casos pode ser decisiva.

Quanto a sua relação com a lei, o costume pode ser de três espécies, a saber: a) de acordo com a lei; b) complementar da lei; e c) contrário à lei.

Será de acordo com a lei nos casos em que a lei autoriza expressamente sua utilização, como ocorre nos arts. 588, § 2º, 1.218, 1.219, 1.242 e 1.560, I, do Código Civil. A referência legal é expressa e específica para determinados casos.

Será suplementar à lei quando a sua utilização ocorre para suprir lacunas, exista ou não autorização legal, que se existe é apenas genérica.

Finalmente, será contra a lei quando se forma em sentido contrário ao de dispositivo legal expresso. Neste caso coloca-se a questão de saber se o dispositivo legal deve ser tido como revogado, questão que é objeto de intermináveis controvérsias doutrinárias, sendo certo que a maioria dos autores manifesta-se contrário ao costume contra a lei.

Na verdade a aceitação do costume contra a lei termina sendo uma questão política muito séria, posto que coloca em conflito o poder normativo do Estado, com o seu poder jurisdicional. Esse conflito, porém, deve ser admitido. Não propriamente um conflito entre dois poderes estatais, simplesmente, mas um conflito entre a vontade do Estado e a vontade da nação. E nestes termos colocado, parece mais adequado admitir a existência do conflito e resolvê-lo pela prevalência desta última.

Na prática, o que se vê em muitos casos é a inércia dos órgãos do Estado, responsáveis pela aplicação da lei, quando esta se mostra contrária à vontade nacional. Exemplos eloquentes dessa inércia são os que ocorrem com o dispositivo legal que define o jogo como contravenção penal, e o que proíbe a prática de operações de câmbio de moeda por pessoas a isto não autorizadas. A prática do jogo do bicho é pública e notória, e a prática de operações de câmbio de moeda por pessoas não autorizadas chega a formar um mercado, conhecido como *paralelo*, que é referido em todos os noticiários que informam o valor do dólar norte-americano em relação à moeda nacional.

2.5 A incidência da norma

Merece referência a tese doutrinária modernamente defendida por alguns professores de Teoria Geral do Direito, segundo a qual a fonte do Direito não é a norma jurídica, seja lei, jurisprudência, ou qualquer outra espécie de norma. Fonte do Direito seria, isto sim, a incidência da norma.

Realmente, o direito subjetivo não nasce da norma, simplesmente. Seu surgimento depende da ocorrência, no mundo fático, da hipótese normativa. Depende da concretização daquela situação descrita na norma como necessária e suficiente a sua incidência. Depende da incidência da norma. O direito subjetivo não nasce da norma, nem do fato, mas da incidência normativa.

Essa nova postura doutrinária é importante sob todos os aspectos, e não pode ser razoavelmente contestada. Entretanto, parece claro que a referência da doutrina tradicional às normas como fontes do Direito contém implícita a tese agora posta como novidade. Quando se diz que a lei é fonte do Direito, na verdade o que se está a dizer é que, uma vez ocorrida a sua hipótese de incidência, surgirá o direito na norma previsto.

Por isto mesmo afirmamos que a norma, seja veiculada pela lei ou por qualquer outro ato estatal ou não, não é fonte do direito subjetivo, que nasce, isto sim, da incidência da norma.

2ª Parte
A NORMA JURÍDICA

V
Conceitos Fundamentais

Sumário: 1. Conceito, estrutura e características; 1.1 Norma e lei; 1.2 Estrutura da norma; 1.3 Características da norma jurídica – 2. Existência e validade; 2.1 Distinção entre o existir e o valer; 2.2 Validade formal e material; 2.3 Existência fática e existência jurídica; 2.4 A existência e a validade da lei no direito brasileiro; 2.5 Publicidade como condição de existência das leis – 3. Vigência e eficácia; 3.1 Distinção entre vigência e eficácia; 3.2 Vigência como atributo das normas escritas; 3.3 A vigência da lei no direito brasileiro; 3.4 Publicidade como condição de vigência das leis – 4. Incidência, observância e aplicação; 4.1 Incidência: a norma e o fato nela previsto; 4.2 Fato e fato jurídico; 4.3 A relação jurídica e o direito subjetivo; 4.4 Observância e liberdade; 4.5 Aplicação, responsabilidade e coercibilidade; 4.6 Responsabilidade e autoria – 5. Sanção; 5.1 Conceito e espécies; 5.2 Sanção, coercibilidade e coação; 5.3 Sanção e prêmio – 6. A crença e a observância.

1. CONCEITO, ESTRUTURA E CARACTERÍSTICAS

1.1 Norma e lei

O ordenamento jurídico é um conjunto de prescrições, ou proposições *prescritivas*, que podem ser entendidas como conjuntos de palavras destinados a *prescrever*[1] certos comportamentos. Tais prescrições[2] jurídicas podem ser dirigidas a determinada situação, a uma situação concreta, ou podem ser um modelo, uma previsão dirigida a situações futuras. Juristas de grande prestígio utilizam a palavra *norma* como sinônimo de proposição prescritiva. Preferimos, entretanto, reservá-la para designar apenas as proposições prescritivas dotadas de caráter hipotético, vale dizer, dirigidas para o futuro.

---

1. O verbo *prescrever* aqui está no mesmo sentido que tem na frase "o médico *prescreveu* para o paciente um remédio muito bom, que o curou rapidamente".
2. A palavra *prescrição* tem aqui o mesmo sentido que tem na frase "esse remédio só deve ser usado mediante *prescrição* médica".

Não se trata de uma opção arbitrária. É muito comum dizer-se que determinada providência foi adotada *em caráter normativo*. O que se quer dizer com isto é que a providência não restou destinada apenas a determinado caso, mas fez-se aplicável a quantos venham a ocorrer, idênticos. O termo normativo, então, está a indicar que a prescrição de que trata a providência referida tem caráter hipotético e eficácia repetitiva, vale dizer, os seus efeitos se reproduzem todas as vezes que ocorrer a situação nela prevista.

Normas, portanto, são prescrições jurídicas de caráter hipotético e eficácia repetitiva. Elas prescrevem comportamentos para situações descritas em caráter hipotético. Em outras palavras, elas fazem a previsão de condutas a serem adotadas nas situações que descrevem hipoteticamente.

Há quem sustente que as normas não são apenas previsões de condutas, porque elas estabelecem também a estrutura de certos órgãos, atribuem competência, definem certos conceitos, entre outras coisas, não se limitando à previsão de condutas. Isto é certo, mas tais normas podem ser consideradas não autônomas,[3] no sentido de que só têm utilidade quando ligadas a outras normas, complementando-as na regulação de condutas.

Importante é a distinção que se há de fazer entre *norma* e *lei*. A norma pode ser veiculada através da lei, mas com esta não se confunde. Lei, em sentido formal, é o ato estatal, produzido pelo órgão do Estado, geralmente o parlamento, dotado de competência para o exercício da função legislativa. Pode albergar uma norma, e pode albergar uma prescrição jurídica concreta, vale dizer, destinada a uma situação concreta determinada. A lei, em sentido material, esta sim é uma norma. Mas a norma não é necessariamente uma lei. Pode estar na Constituição, e pode estar em um ato estatal inferior, como o regulamento, uma portaria etc. Por outro lado, uma norma pode estar em mais de uma lei. Parte em uma e parte em outra. A palavra *lei* designa o veículo, que pode conduzir uma *norma* ou um *ato de efeitos concretos*. A palavra *norma* designa a prescrição jurídica de efeito repetitivo e pode ser veiculada através da Constituição, da lei, do regulamento, da portaria etc.

A diferença entre norma e lei fica bem clara quando se constata que a *norma* é um conceito de Teoria Geral do Direito, ou de Lógica Jurídica, enquanto *lei* é um conceito de Direito Positivo. É certo que a palavra *lei* pode ser utilizada com outros significados, mas em Direito convém reservá-la para designar o ato em que se expressa a função legislativa do Estado. Assim, lei é o ato produzido pelo órgão ao qual a Constituição atribui a função legislativa, praticado com observância do procedimento previsto para esse fim. Diz-se que é um conceito de

---

3. Cf. Hans Kelsen, *Teoria Pura do Direito*, Coimbra, Arménio Amado, 1974, p. 88-92.

Direito Positivo porque em cada ordenamento jurídico a palavra *lei* pode ter um significado diverso, no sentido de que pode ser um ato unipessoal, ou coletivo, praticado com obediência a esse ou àquele procedimento. E ainda porque em cada ordenamento jurídico é que se define o que há de ser o conteúdo das leis. É possível que a prática de determinado ato dependa de autorização da lei, em cada caso concreto. A criação de cargo público, por exemplo.[4] A lei, então, não conterá uma prescrição normativa, mas um verdadeiro ato administrativo. Será lei, formalmente, mas será um ato administrativo, substancialmente. Tudo isto fica a depender de cada ordenamento jurídico. Por outro lado, em determinado ordenamento jurídico o ato legislativo pode ter outro nome. Pode ter o nome de resolução, ou de deliberação, por exemplo.

1.2 Estrutura da norma

Dizer qual é a estrutura da *norma jurídica* pressupõe a opção por uma das diversas escolas da filosofia do Direito. A nosso ver, quem melhor explica a estrutura da norma jurídica é Carlos Cossio, que considera a norma um juízo disjuntivo. Para ele a norma jurídica é expressa da seguinte forma:

> *Dado o fato temporal deve ser a prestação, ou dada a não prestação deve ser a sanção.*

Nessa fórmula, a disjuntiva *ou* separa o lícito do ilícito. Em face de determinada situação, descrita na norma, deve ser determinada conduta. Essa conduta que deve ser é o *lícito*. Conduta diversa será a *não prestação*. É o *ilícito*, que constitui o pressuposto da *sanção*.

Certamente essa estrutura só é encontrada nas normas completas. Completas desde logo ou que se completam pela reunião das normas não autônomas, que podem estar em mais de uma lei, ou em mais de uma das outras prescrições jurídicas, casos nos quais cabe ao jurista reunir as normas não autônomas que são partes da norma propriamente dita, para descrevê-la em sua completude.

1.3 Características da norma jurídica

Não é fácil dizer-se quais são as características da norma jurídica, em face de tantas divergências que existem a esse respeito.

A doutrina tradicional diz serem características da norma jurídica a *generalidade*, a *abstratividade*, a *imperatividade* e a *coatividade*. Há quem diga tratar-se de pseudocaracterísticas, e afirme serem as reais características da norma jurí-

---

4. Constituição Federal de 1988, art. 48, inciso X.

dica a *bilateralidade*, a *disjunção* e a *sanção*.[5] Certamente não são estas as únicas posturas da doutrina em torno do assunto, mas a estas nos limitamos porque nos parecem suficientes, ao nível de nosso estudo.

Mais importante do que optar por uma das duas referidas posturas doutrinárias, parece-nos que é explicá-las, sem prejuízo de fazermos algum acréscimo.

Fala-se de *generalidade* para dizer que a norma jurídica dirige-se a todos, indistintamente, e não a pessoas determinadas. Quando se fala de *abstratividade*, o que se quer dizer é que a norma jurídica preceitua *em tese*, e não para um caso concreto. Diz-se que a norma é *imperativa* porque o preceito nela contido é obrigatório, e, finalmente, com a característica da *coatividade* pretende-se expressar que a norma jurídica impõe-se contra a vontade daquele cuja conduta é por ela regulada.

Nega-se a *generalidade* como característica da norma jurídica ao argumento de que a superação do Estado Liberal pelo Estado Social substituiu a generalidade pela especialidade, e ainda assim, também a especialidade não é característica da norma jurídica porque nada diz a respeito de sua essencialidade.[6] Nega-se a *abstratividade* porque esta seria comprometida com a generalidade da qual seria um complemento. Instrumentos do individualismo jurídico já superado. Rejeita-se a *imperatividade* porque além de desprovida de fundamentos teóricos seria ilógica e inútil.[7] Ilógica porque a própria estrutura da norma está a indicar que à ideia de ordem, ou mando, na qual residiria o imperativo, contrapõe-se a faculdade de desobedecer, submetendo-se à sanção daí decorrente.[8] Nega-se a coatividade por não ser o Direito um instrumento de pressão e sim de julgamento,[9] não um instrumento do poder, mas da liberdade, o que lembra, aliás, a lição de Sáchica, a dizer que a Constituição não é mais que um modesto guia dos aprendizes da liberdade.[10]

Quando admitimos que a norma jurídica tem sua estrutura indicada na fórmula *dado o fato temporal deve ser a prestação*, ou *dada a não prestação deve*

---

5. Cf. Arnaldo Vasconcelos, *Teoria da Norma Jurídica*, 4. ed., São Paulo, Malheiros, 1996, p. 133.
6. Cf. Arnaldo Vasconcelos, *Teoria da Norma Jurídica*, 4. ed., São Paulo, Malheiros, 1996, p. 133-136.
7. Cf. Arnaldo Vasconcelos, *Teoria da Norma Jurídica*, 4. ed., São Paulo, Malheiros, 1996, p. 139-141.
8. Nas palavras de Carlos Cossio, em citação feita por Arnaldo Vasconcelos em sua *Teoria da Norma Jurídica*, p. 141, que traduzimos:
   "A própria estrutura da norma jurídica desfaz incontestavelmente a ideia de que ela seja uma ordem ou mando; pois se admitirmos que a lei manda não matar, temos de admitir também que ela faculta matar e ir para a prisão, sendo impossível conceber-se que ela ordene o contrário daquilo que por outro lado autoriza."
9. Cf. Arnaldo Vasconcelos, *Teoria da Norma Jurídica*, 4. ed., São Paulo, Malheiros, 1996, p. 141-143.
10. Luis Carlos Sáchica, *La Corte Constitucional y su Jurisdición*, Santa Fé de Bogotá, Temis, 1993, p. 6.

ser a sanção, temos de admitir que realmente são características essenciais da norma a *bilateralidade*, a *disjunção* e a *sanção*.

Essa fórmula, entretanto, comporta o que preferimos denominar *prescrição jurídica*,[11] conceito mais amplo, que compreende as *normas* e as *prescrições* não normativas, vale dizer, as prescrições concernentes a determinadas situações concretas.

As prescrições que se referem a situações concretas na verdade não são *normas*. Quem as designa como tal, "faz um uso impróprio, ou, ao menos, discutível, do termo *norma*, que significa habitualmente regra de conduta e se refere portanto não a uma ação concreta, mas a uma classe de ações, pois *regra* implica uma ação repetida elevada a modelo".[12] Normas são somente as prescrições jurídicas elevadas à condição de modelo de conduta.[13]

Resta saber como devemos indicar essa característica. Preferimos dizer que a *norma*, como espécie de jurídica tem como característica a *hipoteticidade*, que a individualiza e distingue do gênero a que pertence.[14] Característica que pode ser considerada implícita na fórmula indicativa da estrutura das prescrições jurídicas, mas não se tem indicada na *bilateralidade*, nem na *disjunção*, nem na *sanção*.

Com efeito, nas prescrições jurídicas concernentes a situações concretas estão presentes a bilateralidade, a disjunção e a sanção. Na sentença judicial, por exemplo, tem-se a bilateralidade, posto que estão envolvidos autor e réu. Também a disjunção, consubstanciada na possibilidade de cumprimento da sentença, que é a *prestação*, e de descumprimento da sentença, que é a *não prestação*. E por fim a *sanção*, que será a execução forçada da sentença.

Inexiste, porém, na sentença, como em todas as demais prescrições jurídicas concernentes a situações concretas, a hipoteticidade, que está presente nas normas, a caracterizá-las como prescrições jurídicas concernentes a fatos previstos, descritos não como fatos já concretizados, mas como *hipóteses de incidência normativa*.

Indicamos, pois, como características da norma jurídica, a *hipoteticidade*, a *bilateralidade*, a *disjunção* e a *sanção*.

---

11. Norberto Bobbio denomina o gênero com a expressão *imperativos jurídicos*, mas a palavra *imperativo* envolve a ideia de algo inexorável, que não nos parece adequada. Por isto é que preferimos designar o gênero, do qual a norma é espécie, com a expressão *prescrições jurídicas*.
12. Norberto Bobbio, *Contribución a la Teoría del Derecho*, Valência, Fernando Torres, 1980, p. 294-295.
13. A distinção entre a norma jurídica e as prescrições não normativas é de grande utilidade para facilitar a compreensão dos efeitos da declaração de inconstitucionalidade de uma lei em última instância, que opera a retirada das normas inconstitucionais do sistema, e tem, portanto, efeito normativo.
14. Sobre o caráter hipotético da norma jurídica veja-se, entre outras, a excelente lição de Karl Engish, em seu livro *Introdução ao Pensamento Jurídico*, Lisboa, Fundação Calouste Gulbenkian, 1988, p. 36-69.

2. EXISTÊNCIA E VALIDADE

2.1 Distinção entre o existir e o valer

Não está muito clara na doutrina a distinção entre a *existência* e a *validade* de uma norma jurídica. Podemos, todavia, identificar a existência tendo em vista o aspecto formal da norma, e em especial a competência do órgão que a produziu. Em se tratando de uma lei federal, em nosso ordenamento jurídico, por exemplo, podemos dizer que ela existe quando tenha sido produzida pelo Congresso Nacional, com observância do procedimento para esse fim estabelecido. Já a validade pode ser identificada tendo-se em vista a observância das normas nas quais a lei tem fundamento.

Adotamos, para esse fim, a ideia de que o ordenamento jurídico é escalonado e que uma norma tem sempre o seu fundamento de validade em uma norma superior. Assim, a norma veiculada em uma lei é válida se está em harmonia com a Constituição. A norma veiculada no regulamento é válida se está em harmonia com a lei, e assim por diante. Isto, porém, não quer dizer que duas normas que tenham fundamento de validade na Constituição não possam estar em posições hierárquicas diferentes no ordenamento. A questão da hierarquia deve ser tratada em face também de outros parâmetros.

É possível que uma lei exista, porque foi aprovada pelo órgão legislativo competente, mas não seja válida, porque não está em harmonia com a Constituição. O *existir* depende apenas da obediência ao princípio da competência e do procedimento adequado, enquanto o *valer* depende da inteira harmonia com as normas superiores.

Essa distinção entre existência e validade parece não haver sido admitida por Kelsen, para quem o fundamento de validade de uma lei tem de residir na Constituição, e de uma lei *inválida* não se pode afirmar que ela é contrária à Constituição, "pois uma lei inválida não é sequer uma lei, porque não é juridicamente existente e, portanto, não é possível acerca dela qualquer afirmação jurídica".[15]

Entendemos que essa lição do Mestre de Viena aplica-se perfeitamente aos casos de inconstitucionalidade por vício formal absoluto, atinente à competência do órgão produtor da lei. Evidentemente não pode uma Assembleia Legislativa de um Estado-Membro editar uma lei disciplinando a base de cálculo do Imposto de Renda, que é um tributo federal. Uma lei desse tipo será evidentemente inexistente, como é inexistente uma "lei" que tenha sido produzida por um grupo

---

15. Hans Kelsen, *Teoria Pura do Direito*, 3. ed., trad. João Baptista Machado, Coimbra, Arménio Amado, 1974, p. 367.

de estudantes que apenas estejam simulando, para fins didáticos, o processo legislativo desenvolvido no Congresso Nacional.

Seja como for, é importante a distinção que efetivamente há de ser estabelecida entre o *existir* e o *valer*: o *existir* diz respeito aos requisitos formais mínimos para que o ato possa ingressar no mundo jurídico. O *valer* é mais exigente. Diz respeito também aos requisitos formais, examinados estes com maior rigor, e especialmente aos requisitos de fundo, ou substanciais. Para existir, basta que a lei tenha sido produzida pelo órgão estatal dotado de competência legislativa e pelo menos ao exame sumário do caso não se vislumbrem falhas essenciais no processo de sua formação. Para valer, porém, é preciso também que a lei tenha sido produzida pelo órgão estatal dotado de competência legislativa, e mais, é preciso que tenha sido observado integralmente o processo legislativo, e ainda, que não exista incompatibilidade entre o seu conteúdo e a Constituição.

Temos de distinguir, portanto, entre validade formal e validade material.

2.2 Validade formal e material

A validade de uma norma deve ser apreciada tanto do ponto de vista formal, como do ponto de vista material. A validade formal, sob certo aspecto, confunde-se com a existência. Uma lei que tenha sido feita em uma Faculdade de Direito, em uma assembleia de estudantes, por exemplo, está de tal forma em desacordo com as exigências formais estabelecidas para a elaboração de uma lei que se há de considerar inexistente, como lei.

Mas é possível que uma lei, aprovada pelo Congresso Nacional, seja formalmente inválida porque o projeto respectivo foi apresentado por quem não tinha poderes para fazê-lo. Aparentemente válida, essa lei, entretanto, é inválida por defeito de forma. Ela não tem validade formal. É inválida por defeito de forma.

Para que a lei seja válida, do ponto de vista formal, exige-se que tenha sido produzida por quem tem competência para tanto, e com a observância do procedimento para esse fim estabelecido. A invalidade formal caracteriza-se quando tenha havido um defeito quanto à competência ou quanto ao procedimento, estabelecidos pela Constituição, para a elaboração da lei.

Para que uma lei seja válida, do ponto de vista material, ou substancial, exige-se que o seu conteúdo esteja em harmonia com a Constituição. A invalidade material caracteriza-se quando o conteúdo da norma inferior está em conflito com o conteúdo da norma superior.

É importante observar que a validade formal de uma norma jurídica deve ser verificada mediante o confronto dessa norma com a norma superior que lhe dá fundamento, na data em que a norma em avaliação foi editada; não com a norma superior vigente na data da avaliação. Por isto é que, embora a vigente Constituição Federal não albergue a figura do decreto-lei, temos várias e importantes normas em nosso sistema jurídico, veiculadas por tal espécie normativa, que permanecem válidas e vigentes. É caso, por exemplo, do Código Penal, do Código de Processo Penal, do Código Civil, entre muitas outras leis.

Já a validade material, ou substancial, é aferida pelo confronto da norma em avaliação com a norma superior, vigente na data em que a avaliação é feita. Assim, se um dispositivo do Código de Processo Civil, editado na época da ditadura, está em conflito com a vigente Constituição, esse dispositivo é materialmente inválido. É o caso, por exemplo, do dispositivo segundo o qual "o juiz observará ao réu que, embora não esteja obrigado a responder às perguntas que lhe forem formuladas, o seu silêncio poderá ser interpretado em prejuízo da própria defesa".[16] Como a Constituição de 1988 garante o direito ao silêncio, não se compreende que o exercício desse direito possa resultar danoso para o réu que o exercita.

Diz-se então que o dispositivo de lei anterior, em conflito com a vigente Constituição, não está em nosso sistema jurídico porque não foi por este recepcionado. É importante portanto conhecer a distinção entre a existência fática e a existência jurídica.

2.3 Existência fática e existência jurídica

A existência fática não se confunde com a existência jurídica. Em nosso sistema jurídico, uma lei que tenha sido votada e aprovada em praça pública, numa assembleia de trabalhadores, por exemplo, existe *de fato*, mas não tem existência *jurídica*. É algo que está no mundo fenomênico, mas não tem existência especificamente jurídica, porque para o Direito não existe como tal. Não é uma lei, embora esteja escrita como tal.

A existência fática pode ser constatada independentemente do conhecimento especificamente jurídico. Em outras palavras, para que alguém saiba da existência fática de uma lei, não precisa conhecer o Direito, nem ter sequer informações mínimas a respeito das normas de nossa Constituição atinentes à atribuição de competência legislativa, nem das normas relativas ao processo de elaboração das leis.

A existência jurídica, porém, só pode ser constatada por quem tenha conhecimento especificamente jurídico. Para que uma pessoa possa afirmar que uma lei

---

16. Código de Processo Penal, art. 186.

existe, ela há de conhecer pelo menos os dispositivos da Constituição atinentes à atribuição de competência legislativa e os que disciplinam o processo legislativo.

É possível o existir fático, ou *de fato*, sem o existir jurídico, ou *de direito*. E embora não se possa dizer o mesmo em relação às leis, pelo menos no ordenamento jurídico brasileiro, certo é que em relação a muitos outros objetos do conhecimento jurídico é possível também o existir juridicamente, ou o existir *de direito*, sem o existir fático, ou o existir *de fato*. É o que denominamos ficções jurídicas. Objetos do conhecimento jurídico que no Direito existem apenas por ficção, porque não existem no mundo dos fatos.

2.4 A existência e a validade da lei no Direito brasileiro

Em nosso ordenamento jurídico uma lei existe quando tenha sido aprovada pelo Congresso Nacional,[17] mediante projeto apresentado por quem, nos termos da Constituição, tenha a atribuição para tomar a iniciativa do respectivo processo, e seja a final publicada no órgão oficial.

Como vimos acima, porém, mesmo existente, essa lei pode não ser válida. A validade depende de que em seu texto não exista nenhuma contrariedade com a Constituição. Nem contrariedade no que concerne ao procedimento, nem no que concerne ao conteúdo normativo da lei, com o conteúdo normativo da Constituição.

Uma lei pode existir e ser aplicada durante muito tempo, sem ser válida. Sua existência é afirmada em face de sua publicação no órgão oficial, como tal, isto é, como uma lei. Sua validade, porém, só é afirmada quando, uma vez contestada, os órgãos do Poder Judiciário, e, em última instância, o Supremo Tribunal Federal, decidem que a mesma não está em conflito com a Constituição.

Uma lei que existe e vem sendo aplicada há muito tempo pode ser inválida. Sua invalidade, porém, depende de afirmação pelos órgãos do Poder Judiciário e, em última instância, pelo Supremo Tribunal Federal.

2.5 Publicidade como condição de existência das leis

Já nos pareceu que a publicidade seria condição de vigência das leis. A doutrina tradicional ensina que a *publicação da lei é requisito essencial da obrigatoriedade*.[18] Em outras palavras, diz-se que a publicação de uma lei é condição

---

17. Certamente estamos a nos referir à lei federal.
18. Hermes Lima, *Introdução à Ciência do Direito*, 28. ed., Rio de Janeiro, Freitas Bastos, 1986, p. 124.

indispensável para que esta entre em vigor. É condição de vigência da lei.[19] Na verdade toda lei, para ter vigência, precisa antes ser publicada. A publicidade, porém, é condição da própria existência da lei. É a última etapa de seu processo elaborativo. Com a publicação, a lei ingressa no mundo jurídico. Passa a existir para o Direito.

A necessidade de publicação é intuitiva. Enquanto esta não ocorre, "o que existe, até então, é uma lei em potencial, despida de força obrigatória".[20] Despida – dizemos nós – de possibilidade de vigência, posto que, sem publicação, a vigência não pode começar. Por isto hoje entendemos que a publicação faz parte do processo legislativo, sendo, assim, um requisito para a própria *existência* da lei. "A lei existe desde a sua publicação", assevera Oscar Tenório.[21]

A publicação não faz a lei conhecida de todos. A ideia de que todos conhecem a lei porque esta é publicada está muito longe da realidade. No Brasil, por exemplo, nem mesmo os melhores juristas conhecem todas as leis. Segundo a doutrina tradicional, haveria uma presunção de conhecimento geral das leis, em face da publicação. Não nos parece, porém, que a publicação seja importante porque autoriza essa presunção. Como esclarece Del Vecchio, a publicação destina-se menos a obter o conhecimento geral e efetivo da lei por todos do que a dar a cada um a *possibilidade* real de obter esse conhecimento. E essa possibilidade fica inequivocamente assegurada com a publicação.[22]

A publicação das leis geralmente é feita mediante jornal oficial. No dizer de Oliveira Ascensão, a publicidade dos textos de leis por outros meios, como a fixação destes à porta das igrejas, por exemplo, teve função idêntica. Pouco a pouco, diz o eminente jurista lusitano, "sobressaiu de entre todos um processo que, se não oferece o máximo de eficácia, oferece um máximo de certeza: a publicação num jornal oficial".[23]

A necessidade de publicação situa-se no plano da Teoria Geral do Direito, e entre nós é dever do Presidente da República fazer publicar as leis.[24] A forma de publicação é regulada pelo próprio direito positivo. No Brasil, tal publicação há de ser feita no *Diário Oficial da União* que é o órgão oficial de publicação dos atos

---

19. José de Oliveira Ascensão, *O Direito – Introdução e Teoria Geral*, Lisboa, Fundação Calouste Gulbenkian, 1978, p. 249.
20. Hésio Fernandes Pinheiro, *Técnica Legislativa*, 2. ed., São Paulo, Freitas Bastos, 1962, p. 131.
21. *Lei de Introdução ao Código Civil Brasileiro*, 2. ed., Rio de Janeiro, Borsoi, 1955, p. 29.
22. Giorgio Del Vecchio, *Lições de Filosofia do Direito*, 4. ed., trad. Antonio José Brandão, Coimbra, Arménio Amado, 1972, t. II, p. 153.
23. José de Oliveira Ascensão, *O Direito – Introdução e Teoria Geral*, Lisboa, Fundação Calouste Gulbenkian, 1978, p. 248.
24. CF, art. 84, item IV.

do Poder Público. "Vale o texto que nele se publica."[25] É inteiramente irrelevante a publicação por outros meios, ainda que mais eficientes, pois o direito positivo brasileiro optou pela presunção de conhecimento, que todos devem ter, de tudo quanto é publicado no *Diário Oficial*.

Pela mesma razão que se presume de todos conhecida uma lei publicada no *Diário Oficial*, presume-se desconhecida uma outra nele não publicada, embora publicada por outros meios. No dizer de Oliveira Ascensão, "sempre que for estabelecida uma forma de publicação que condicione a entrada em vigor, essa não pode ser substituída por nenhuma outra. Pode a aprovação da lei ter sido divulgada amplamente pela imprensa e pelo rádio, mesmo que com a indicação do dia em que entra em vigor, que isso não se verificará enquanto a forma legal de publicação se não observar. Inversamente, uma lei cuja publicação legal tenha passado despercebida não deixa por isso de ser plenamente vinculante".[26]

Questão de grande interesse prático reside em saber se a data a ser considerada, para demarcar o início da vigência, é aquela inserida no *Diário Oficial*, ou aquela na qual o mesmo efetivamente é levado ao público.

Há quem sustente que a data impressa no órgão oficial deve ser admitida como a da publicação.[27] Não nos parece correto tal entendimento. A data da publicação é a data da efetiva circulação do órgão oficial. Se esta é diversa da que consta impressa no órgão oficial, suscita-se uma questão de fato a ser superada pelos meios de prova geralmente aceitos. A data impressa no órgão oficial presume-se seja a de sua circulação, mas é sempre possível a prova em sentido contrário.[28]

---

25. Oscar Tenório, *Lei de Introdução ao Código Civil Brasileiro*, 2. ed., Rio de Janeiro, Borsoi, 1955, p. 28.
26. José de Oliveira Ascensão, *O Direito – Introdução e Teoria Geral*, Lisboa, Fundação Calouste Gulbenkian, 1978, p. 249.
27. José de Oliveira Ascensão, *O Direito – Introdução e Teoria Geral*, Lisboa, Fundação Calouste Gulbenkian, 1978, p. 253.
28. Segundo Oliveira Ascensão, o Supremo Tribunal Administrativo português já decidiu que "a data de publicação de uma lei não é a que figura no jornal oficial onde é inserta, mas sim a data em que esse jornal é posto à disposição do público", pois "publicar, não significa inserir ou imprimir, mas fazer saber ao público, dar a conhecer a todos". Opõe-se, é certo, àquele entendimento, sustentando que o mesmo implica a "desproteção de quem porventura confiou na data formalmente atribuída ao diploma e actuou na convicção de que ele estava já em vigor". Para ele, "a data impressa no jornal é um atestado oficial, que deve merecer crédito". Seus argumentos, como facilmente se percebe, são insubsistentes. O primeiro, porque a situação nele figurada é logicamente impossível. Se alguém toma conhecimento da data que consta da publicação oficial é porque já está de posse do jornal oficial. Isto só acontece depois de sua efetiva circulação, não se podendo, portanto, cogitar daquela situação. O segundo porque o "merecer crédito" é simples situação de fato. O "atestado oficial" merece crédito, não há dúvida, até que se prove o contrário.

3. VIGÊNCIA E EFICÁCIA

3.1 Distinção entre vigência e eficácia

As palavras *vigência* e *eficácia* são utilizadas nos compêndios, nas manifestações jurisprudenciais e até em textos de lei de forma inadequada,[29] de sorte que se faz conveniente esclarecer a distinção entre elas existente. Vigência é a aptidão para incidir. É atributo dado à lei pelo direito positivo. Uma lei, elaborada com observância do procedimento próprio, que se completa com a respectiva publicação, é existente. Sua vigência, porém, depende do que a esse respeito dispuser ela própria, ou outra norma integrante do ordenamento jurídico-positivo.

Não se deve confundir, outrossim, a vigência com o período de vigência da lei, embora a palavra *vigência* também designe tal período. A vida, como atributo do homem, não se confunde com a sua duração, com a sua dimensão temporal.

Bem entendido o que é vigência vê-se logo que esta não se confunde com eficácia, que é a aptidão para produzir efeitos no plano da concreção jurídica. A vigência é afirmada pelo próprio sistema jurídico, independentemente do que, no mundo fenomênico, possa ser tido como efeito da norma. Eficácia é efeito da norma do mundo dos fatos, situando-se, portanto, no plano da concreção jurídica. A norma pode ser eficaz porque é espontaneamente observada, e pode ser eficaz porque é aplicada.

Vigência é qualidade que não admite graduação. Está ou não está na lei. Não existe lei mais vigente do que outra. A eficácia, diversamente, é qualidade sempre relativa. Existem leis mais eficazes do que outras. Pode-se dizer que não existe lei absolutamente desprovida de eficácia, como não existe lei absolutamente eficaz.

Saber se uma lei é vigente, quando tem início e quando termina sua vigência são questões pertinentes à Ciência do Direito, que podem ser esclarecidas com o simples conhecimento do sistema de normas. Saber se uma lei é eficaz, ou não, ou por que é mais, ou menos eficaz, são questões pertinentes à Sociologia Jurídica, cujo esclarecimento depende da observação dos fatos, depende da observação daquilo que, no mundo fenomênico, pode ser considerado como efeito da norma.

3.2 Vigência como atributo das normas escritas

A vigência é um atributo das normas escritas. Pelo menos é assim se entendermos vigência no sentido formal, como atributo conferido à norma pelo próprio direito positivo. Pode-se, é certo, utilizar o termo *vigência* para indicar a prevalência

---

29. Cf. Hugo de Brito Machado, Vigência e Eficácia da Lei, em *Revista Forense*, v. 313, p. 45-47.

de determinada norma costumeira. Podemos dizer, por exemplo, que em determinada época vigorava determinado costume. Neste sentido, porém, a vigência confunde-se com a eficácia. Como atributo formal da norma jurídica, distinto da eficácia porque não decorrente dos fatos, só está presente nas normas escritas.

No que diz respeito às normas não escritas, a vigência é decorrência da eficácia. Não é um atributo da norma decorrente de um dispositivo do sistema. Não é um atributo formal, existente no plano da abstração jurídica.

3.3 A vigência da lei no Direito brasileiro

No direito brasileiro a lei entra em vigor quarenta e cinco dias depois de sua publicação oficial, salvo dispositivo em sentido contrário.[30] Esta é a regra geral. Se a própria lei nada dispõe a respeito, ela entra em vigor quarenta e cinco dias depois de oficialmente publicada. Ocorre que geralmente nas leis é colocado um dispositivo a dizer: "esta lei entra em vigor na data de sua publicação, revogadas as disposições em contrário". Por isto, nesses casos a vigência começa na data da publicação. Ou, mais exatamente, no dia seguinte ao da publicação.

Se antes de entrar em vigor uma lei ocorrer nova publicação de seu texto, destinada a correção, o prazo que estava em curso para o início da vigência começará novamente a fluir, a partir da nova publicação.[31] As correções de texto de lei já em vigor consideram-se lei nova, isto é, o texto corrigido entra em vigor quarenta e cinco dias depois de publicado, ou na data em que a própria lei republicada determinar.[32]

A vigência da lei pode ser por prazo determinado, que ela própria estabelece, ou por prazo indeterminado. Não se destinando à vigência temporária, a lei permanecerá em vigor até que outra a modifique ou revogue.[33] A revogação nem sempre é expressa, isto é, nem sempre a lei estabelece que está revogando determinada outra lei. As leis em geral dizem que ficam *revogadas as disposições em contrário*, embora às vezes ocorram indicações expressas de dispositivos revogados.

Uma lei revoga outra em três hipóteses, a saber:

a) quando expressamente o declare;

b) quando seja com ela incompatível;

c) quando regule inteiramente a matéria tratada na anterior.[34]

---

30. Lei 4.657, de 4-9-42 (Lei de Introdução ao Código Civil), art. 1º.
31. Lei 4.657, de 4-9-42 (Lei de Introdução ao Código Civil), art. 1º, § 3º.
32. Lei 4.657, de 4-9-42 (Lei de Introdução ao Código Civil), art. 1º, § 4º.
33. Lei 4.657, de 4-9-42 (Lei de Introdução ao Código Civil), art. 2º.
34. Lei 4.657, de 4-9-42 (Lei de Introdução ao Código Civil), art. 2º, § 1º.

A lei nova que estabelece disposições especiais não revoga a lei anterior que continha sobre a matéria apenas disposições gerais. Também a lei nova que estabeleça disposições gerais não revoga a anterior que contenha sobre a matéria apenas disposições especiais.

A revogação de uma lei não restabelece a vigência da lei que tenha sido por ela revogada. Explicando melhor, se a lei 1 é revogada pela lei 2, a revogação desta lei 2 não restabelece a vigência da lei 1. Salvo se a própria lei o determinar expressamente. Diz-se, por isto, que em nosso sistema jurídico não existe a repristinação.

3.4 Publicidade como condição de vigência das leis

Já dissemos que a publicação da lei é condição de sua existência. É a última etapa de seu processo elaborativo. Para os que entenderem que a publicação não é parte do processo legislativo, e em consequência admitirem que a lei uma vez sancionada está perfeita e acabada como ato jurídico, é forçoso concluir que a publicidade é uma condição da vigência da lei.

4. INCIDÊNCIA, OBSERVÂNCIA E APLICAÇÃO

4.1 Incidência: a norma e o fato nela previsto

Diz-se que ocorre a incidência da norma quando se concretiza a hipótese nela prevista, vale dizer, no mundo fenomênico acontece o fato na norma descrito como sua hipótese de incidência.

Quando estudamos a estrutura da norma jurídica vimos que esta se expressa assim:

Dado o fato temporal deve ser a prestação, ou dada a não prestação deve ser a sanção.

A *hipótese de incidência* da norma é precisamente o que nessa fórmula denominamos o *fato temporal*. Toda norma tem a sua hipótese de incidência, isto é, a descrição do fato que, se a quando acontece, faz com que se produza, ainda que apenas no mundo da abstração jurídica, o efeito jurídico previsto na norma.

Dado o fato temporal, quer dizer, ocorrida no mundo fenomênico a situação hipoteticamente descrita na norma, *dever ser a prestação*, isto é, deve dar-se de fato o efeito previsto, e *dada a não prestação*, isto é, se de fato não ocorrer aquele efeito previsto na norma, *deve ser a sanção*.

Em Direito Tributário podemos dizer que a hipótese de incidência de uma norma tributária em sentido estrito, vale dizer, uma norma que institui um tributo, é o que os tributaristas denominam *hipótese de incidência tributária*. Sua concretização, no mundo dos fatos, é o que os tributaristas denominam o *fato gerador do tributo*.

A norma albergada na lei que institui o Imposto de Renda pode ser assim analisada: dado *o fato temporal*, isto é, o fato de *alguém ganhar renda acima de certo limite, deve ser a prestação*, isto é, *esse alguém deve pagar o imposto*, e dada *a não prestação*, isto é, se esse alguém *não paga o imposto*, deve ser a *sanção*, isto é, *a imposição de penalidades e a execução forçada da dívida tributária*.

Diz-se que ocorre a incidência, então, quando alguém ganha renda acima de certo limite. Incide *a norma*, ou, na linguagem dos tributaristas, incide o *tributo*.

4.2 Fato e fato jurídico

A incidência da norma transforma o *fato em fato jurídico*. Em outras palavras, a incidência da norma qualifica juridicamente o fato. Atribui a este um significado jurídico.

Dizer-se que determinado fato é *fato gerador* de um tributo significa dizer que aquele fato recebe da lei esse significado jurídico, vale dizer, o significado de fonte da relação jurídica tributária, que se instaura com a sua concretização.

Os fatos têm significado *não jurídico*, que resulta de seu conhecimento sob outros aspectos, conhecimento próprio de outras áreas do saber humano, e significado *jurídico*, que resulta de seu conhecimento no mundo do Direito, vale dizer, conhecimento especificamente jurídico. Esses significados, o não jurídico e o jurídico, podem coincidir, ou não. Quando não coincidem é que surge a dificuldade para os que não são dotados de conhecimento jurídico.

4.3 A relação jurídica e o direito subjetivo

Toda relação, toda interação entre duas ou mais pessoas, pode ser examinada em sua significação para o direito. A relação vista assim denomina-se *relação jurídica*.

Podemos estudar a relação jurídica *em tese*, como algo colocado no plano da abstração. Simples ideia. Podemos também estudar determinada relação jurídica, uma relação jurídica que efetivamente se estabeleceu entre "a" e "b". Neste caso, examina-se a relação jurídica como algo que alberga direitos subjetivos, efeitos de incidência de normas sobre fatos.

Quando se promove ação simplesmente declaratória, pede-se ao juiz que declare a existência, a inexistência, ou o modo de ser de uma relação jurídica.

Na verdade o que se quer é a certeza sobre um direito subjetivo naquela relação albergado. O juiz então vai examinar a norma na qual existe uma descrição hipotética de uma situação de fato, e a previsão do efeito que se produzirá se e quando tal situação se concretizar. E vai examinar também o fato, buscando constatar se este ocorreu tal como descrito na hipótese normativa. Em outras palavras, o juiz vai examinar se a norma incidiu. E vai dizer quais os efeitos da incidência. Vai dizer qual o direito subjetivo existente.

Toda relação tem objeto e sujeitos. O objeto é o que se pode entender como o direito subjetivo, enquanto os sujeitos são os titulares dos direitos e deveres correspondentes. O titular do direito diz-se sujeito ativo e o titular do dever diz-se sujeito passivo.[35]

4.4 Observância e liberdade

A *observância* é diferente da *aplicação*, embora na maioria dos compêndios não se veja registrada essa diferença. A observância, como o dever jurídico, situa-se na esfera da liberdade. Cumpre-se o dever, observa-se a norma, querendo. Quem não quer não cumpre o dever. Não observa a norma. Todos temos liberdade para tanto.

Por isto é que se diz que a *observância* está na esfera da liberdade.

Se aquele que aufere a renda tributável paga espontaneamente o tributo devido, diz-se que se deu a *observância* da norma. Observância, portanto, é o cumprimento espontâneo do dever que a norma atribui àquele que se encontra em sua hipótese definido como sujeito passivo da relação jurídica correspondente.

O dever jurídico, porém, não se confunde com a responsabilidade, que enseja a coercibilidade e a aplicação da norma e a sanção.

4.5 Aplicação, responsabilidade e coercibilidade

Se aquele que aufere a renda não observa a prescrição normativa, e não paga o tributo devido, a autoridade competente deve fazer o lançamento e a respectiva cobrança, do tributo e da penalidade correspondente, com o que estará ocorrendo a *aplicação* da norma. A aplicação, portanto, é a conduta de alguém que impõe a outro a consequência prevista na norma.

---

35. Utilizamos as expressões *sujeito ativo*, *sujeito passivo*, *direito subjetivo* e *dever jurídico*, em atenção à doutrina tradicional, mas temos dúvidas quanto à adequação das mesmas, na medida em que para nós direito subjetivo e dever jurídico são a mesma realidade, e se distinguem apenas valorativamente. Tem-se como direito aquilo do que se gosta, e como dever aquilo do que se não gosta.

Dada a não prestação, isto é, quando aquele que auferiu a renda não pagou espontaneamente o tributo, deve ser a sanção, isto é, a multa e a execução forçada.

Note-se que a conduta daquele que *aplica* uma norma é, ao mesmo tempo, uma *observância* de outra norma. A autoridade da Administração Tributária que faz o lançamento do tributo com a penalidade correspondente está *observando* a norma que lhe atribui o dever de agir em tais circunstâncias. Está aplicando a *norma tributária*, de cuja incidência resultou devido o imposto não pago espontaneamente, e está *observando* a *norma administrativa* que lhe atribui o dever de lançar e cobrar o tributo.

Para que seja cabível o lançamento, com a consequente cobrança do tributo e da penalidade pecuniária correspondente, o sujeito passivo há de ter, além do dever de pagar o tributo, que não cumpriu, também a *responsabilidade*, que é o estado de sujeição, e assim não está na esfera da liberdade, mas na esfera da coerção.

A *responsabilidade* é o estado de sujeição. Alguém é juridicamente responsável na medida em que está sujeito às consequências do não cumprimento do *dever* jurídico. Já a coercibilidade consiste na possibilidade de coagir-se alguém para que cumpra o seu dever. Sua existência liga-se diretamente à responsabilidade, e só indiretamente ao dever.

4.6 Responsabilidade e autoria

Em princípio, a responsabilidade é atribuída ao autor do ato. É razoável mesmo que só sejamos responsáveis por nossos próprios atos. Não pelos atos que outras pessoas praticam. A falta de atenção para a distinção que existe entre responsabilidade e autoria tem levado alguns a confundirem responsabilidade penal objetiva com responsabilidade por fatos de outrem.

Veja-se a respeito deste assunto o que está na primeira parte deste livro, onde estudamos Noções Fundamentais e entre estas estudamos o dever jurídico e a responsabilidade.

5. SANÇÃO

5.1 Conceito e espécies

A palavra *sanção*, como tantas outras, tem vários significados. Destaquemos alguns deles, ligados ao nosso direito positivo. Sanção pode significar o ato pelo qual o Chefe do Poder Executivo subscreve uma lei aprovada pelo Parlamento, e pode significar uma penalidade, e ainda a execução forçada da obrigação.[36]

Podemos dizer que a sanção é uma consequência indesejável que a norma jurídica estabelece para a hipótese de descumprimento ou inobservância da conduta que prescreve. Em outras palavras, a sanção é a consequência da não prestação.

As sanções podem ser classificadas por vários critérios, e assim as suas espécies podem ser as mais diversas. Optamos por classificar as sanções apenas quanto à área do Direito em que estão situadas, e quanto ao direito subjetivo atingido. Para esse fim dividimos o Direito em apenas duas áreas, a saber, civil e penal, e consideramos apenas duas categorias de subjetivos, a saber, a dos direitos pessoais e a dos direitos patrimoniais.

Essa divisão do Direito em apenas duas áreas pode ser insuficiente, como pode ser insuficiente a consideração de apenas duas categorias de direitos subjetivos. São, todavia, de inegável utilidade para a compreensão da indicação que fazemos das espécies de sanção, referidas na generalidade da doutrina jurídica.

Quanto à área do Direito em que estão situadas, as sanções podem ser de duas espécies, a saber, sanções *cíveis ou administrativas*, e sanções *penais*. E quanto à categoria dos direitos subjetivos por elas atingidos, as sanções podem ser também de duas espécies, a saber, as sanções *pessoais* e as sanções *patrimoniais*.

Embora outros critérios possam ser apontados para distinguirmos as sanções cíveis ou administrativas das sanções penais, na verdade o que as distingue é a competência de quem as aplica e o processo de sua aplicação. As sanções cíveis ou administrativas podem ser aplicadas por autoridades em geral, enquanto as sanções penais somente as autoridades judiciárias podem aplicar.

As sanções pessoais são aquelas que atingem diretamente a pessoa do inadimplente, como as penas prisionais, as de prestação de serviços à comunidade e as de restrições a certos direitos pessoais, por exemplo. Já as sanções patrimoniais atingem o patrimônio do inadimplente, como é o caso das multas.

5.2 Sanção, coercibilidade e coação

A ideia de sanção está diretamente ligada à de coercibilidade. Na medida em que o ordenamento jurídico alberga uma organização capaz de aplicar as

---

36. É certo que alguns sustentam que a sanção é simplesmente a consequência, boa ou má, de uma atitude perante o Direito, e assim incluem no conceito de sanção o prêmio. Preferimos, porém, admitir que a sanção é apenas a consequência geralmente indesejável, que, exatamente por ser indesejável, é cominada como forma de compelir o devedor a cumprir o seu dever jurídico.

sanções, estas podem ser tidas como instrumento da eficácia jurídica, vale dizer, as sanções funcionam como instrumentos com os quais o Direito pretende impor-se aos inadimplentes.

A sanção pode então ser entendida como o instrumento com o qual, em um ordenamento jurídico, trata-se de preservar as leis em face do desgaste que lhes provoca a inobservância de suas prescrições. A sanção é na verdade uma característica da lei em sentido jurídico, ou norma jurídica, que a distingue das leis das ciências naturais, ou causais. Tanto no sistema jurídico, como no sistema de ciências naturais, a lei é sempre uma relação entre o que podemos considerar *causa*, e o que podemos considerar *efeito*. Entretanto, enquanto no sistema de ciências da natureza as denominadas leis de causalidade não podem ser transgredidas, no sistema jurídico existe sempre a possibilidade de transgressão das leis, donde se fazer necessária a sanção.[37]

É razoável entender-se que a afirmação segundo a qual *a lei jurídica é um imperativo* quer significar exatamente que a sua inobservância enseja a sanção. Por isto mesmo não vemos sentido na controvérsia entre imperativistas e anti-imperativistas, se estes aceitam que a sanção organizada é uma característica do Direito, pois "quem sustenta que a sanção organizada é característica distintiva dos ordenamentos jurídicos não nega a eficácia das normas deste ordenamento através da simples adesão espontânea, mas afirma que o ordenamento conta, em última instância, com a eficácia obtida através do aparato das sanções".[38]

Quando afirmamos que as sanções funcionam como instrumentos com os quais o Direito *pretende* impor-se aos inadimplentes, deixamos claro que ele nem sempre se impõe através de tais instrumentos. A própria norma que atribui a alguém o dever de aplicar uma sanção pode ser inobservada. É certo que tal inobservância também enseja uma sanção, mas a norma que a determina também pode ser inobservada, de sorte que se estabelece uma série de inobservâncias sem que se aplique nenhuma sanção. Por outro lado, muitas normas são observadas mesmo quando a sanção correspondente é evidentemente insuficiente ou inadequada, ou inexistente.

Como o Direito prescreve apenas o que *deve ser*, e não o que inexoravelmente *será*, a possibilidade do *não ser* está sempre presente, sendo assim de sua essência. Por isso mesmo, é importante a distinção que se há de fazer entre a coercibilidade, como *possibilidade* de coação, e a coação. A coercibilidade está na norma jurídica. A coação está fora dela. É alheia ao Direito.

---

37. Cf. Norberto Bobbio, *Teoría General del Derecho*, trad. Jorge Guerrero, Bogotá, Temis, 1997, p. 105.
38. Norberto Bobbio, *Teoría General del Derecho*, trad. Jorge Guerrero, Bogotá, Temis, 1997, p. 114 (o texto original de onde extraímos a transcrição está em castelhano, a tradução é nossa).

Coação é força, que só eventualmente pode ser colocada a serviço do Direito, mas não o integra, exatamente porque também eventualmente pode ser colocada contra o Direito. Aliás, a simples observação dos fatos cotidianos nos mostra que a coação tanto pode funcionar para fazer eficaz uma norma jurídica, como para fazê-la ineficaz, e isto é suficiente para demonstrar que não pode a coação integrar a essência do Direito.

5.3 Sanção e prêmio

Alguns juristas sustentam que a palavra *sanção* designa também o prêmio. Qualificam o prêmio como espécie de sanção, denominando-o *sanção premial*. A sanção, para eles, não seria uma consequência da *não prestação*, mas "uma consequência, boa ou má, agradável ou desagradável, de uma atitude perante o Direito".[39]

Esta é a posição de Arnaldo Vasconcelos, que ensina:

> "Em face de uma exigência jurídica, há três condutas possíveis: a) a normal, ou o cumprimento voluntário do preceito normativo; b) a anormal, ou sua inobservância; e c) a sobrenormal, ou a adesão a um *mais*, que ultrapassa o ordinariamente estabelecido para todos.
>
> No primeiro caso, a possibilidade de sancionamento fica de todo afastada, por se haver consumado de modo regular o dever-ser da prestação. Nos dois últimos, ou não houve realização alguma, ou uma prestação a maior. Nessas hipóteses, deverão ocorrer uma sanção penal ou punitiva e uma sanção premial ou recompensatória. Mas tanto a pena como o prêmio necessitam estar previamente fixados."[40]

A consideração do prêmio como sanção teria o mérito de demonstrar que o Direito não é coativo, no sentido de que prescinde da coação para existir, pois não é de sua essência.

O argumento é de validade apenas aparente, e, na verdade, abriga dois equívocos. Um, relativo à própria estrutura da norma, e o outro, relativo à motivação que invoca.

No que concerne à estrutura da norma, vê-se que a colocação do prêmio como sanção leva a uma complicação inútil, que nada acrescenta ao conhecimento do Direito. A estrutura da norma é assim expressa:

> *Dado o fato temporal deve ser a prestação, dada a não-prestação deve ser a sanção.*

Concebendo-se o prêmio como espécie de sanção, a estrutura da norma já não poderia ser assim enunciada. Os defensores da denominada sanção premial

---

39. Arnaldo Vasconcelos, *Teoria da Norma Jurídica*, 4. ed., São Paulo, Malheiros, 1996, p. 155.
40. Arnaldo Vasconcelos, *Teoria da Norma Jurídica*, 4. ed., São Paulo, Malheiros, 1996, p. 155.

propõem, então, soluções diversas, que na verdade nada resolvem. Nada esclarecem. Em nada contribuem para o conhecimento do Direito.

No que concerne à motivação, o equívoco consiste em supor que o uso do prêmio como forma de estimular condutas desejáveis depende de concebê-lo como espécie de sanção, quando na verdade assim não é. Toda a argumentação desenvolvida para justificar a consideração do prêmio como espécie de sanção, fundada na utilidade do prêmio como instrumento para estimular condutas desejáveis, é absolutamente impertinente, porque o prêmio pode e deve ser utilizado para esse fim como uma categoria própria, diversa da sanção.

Por outro lado, o prêmio pode existir para quem simplesmente observa a norma, sem qualquer *plus*. Não é indispensável, para que exista o prêmio, que a conduta seja numa adesão a um *mais*, que ultrapasse a conduta ordinariamente estabelecida para todos. Tem sido comum o oferecimento, pelo fisco, de prêmios a pessoas que simplesmente pedem a nota fiscal quando fazem compras. Não se trata de fazer mais do que o normal, mas de conduta que na verdade cada um de nós, como cidadão, deve ordinariamente adotar.

O prêmio, na verdade, não é *sanção*, mas simplesmente uma *prestação* integrante da estrutura de outra norma, a isto não quer dizer que a coação integre a estrutura normativa.

É comum, na legislação tributária, a previsão de desconto no valor do tributo, quando este é pago até determinada data, antes do vencimento. Também é comum a previsão de pagamento parcelado do tributo, e a previsão de um desconto para quem pagar de uma só vez, até a data do vencimento da primeira parcela.

O exemplo geralmente citado de "sanção premial" é o desconto que nesses casos é concedido ao contribuinte, é um *plus* no cumprimento do dever jurídico pelo contribuinte. No dizer de Arnaldo Vasconcelos, o pagamento no prazo prefixado tem como recompensa indireta a liberação do devedor, enquanto "o pagamento antes do prazo assinado, se permitido, configura a prestação *a maior* com duas recompensas: uma *direta*, o prêmio da dedução de tantos por cento, e uma *indireta*, que é a liberação do devedor, comum a ambas as hipóteses".[41]

Certo, porém, é que o prêmio é uma prestação. E para se chegar a tal conclusão não é necessário rejeitar a estrutura da norma, preconizada pela teoria egológica. Basta que, advertido da diferença entre *norma jurídica e dispositivo de lei*, admita-se que um dispositivo de lei pode conter mais de uma norma, assim como uma norma pode estar dividida, parte em um e parte em outro, ou em

---
41. Arnaldo Vasconcelos, *Teoria da Norma Jurídica*, 4. ed., São Paulo, Malheiros, 1996, p. 89-90.

outros dispositivos de lei. E isto está longe de ser novidade para os estudiosos da Teoria Geral do Direito.

Mesmo quando o prazo para o pagamento de um tributo e a previsão de desconto para quem efetuar o pagamento antecipadamente estejam em um mesmo dispositivo de lei, na verdade aí existem duas normas. Uma, a que estabelece o prazo, que inclusive pode estar incompleta, pois a sanção correspondente pode estar em outro dispositivo. Outra, a que estabelece o prêmio, vale dizer, o desconto para quem efetuar o pagamento antecipado. E nessa norma que estabelece o prêmio, o pagamento antecipado outra coisa não é senão o que se tem denominado *fato temporal*, ou pressuposto de incidência dessa norma.

Assim, dado o *fato temporal* (pagamento antecipado), deve ser a *prestação* (o prêmio), dada a *não prestação* (não entrega do prêmio), deve ser a *sanção* (execução forçada da prestação).

A sanção, neste exemplo, pode parecer desnecessária, porque as prestações são simultâneas, dando-se o pagamento do tributo já com o desconto respectivo. Na verdade, porém, não é bem assim. Se o pagamento não corresponde à totalidade da dívida, havendo, portanto, remanescente, não se pode presumir a quitação, vale dizer, a extinção total do crédito tributário.[42] Assim é possível, em princípio, que o contribuinte faça o pagamento com o desconto, e depois o fisco lhe exija a diferença, desconsiderando aquele desconto. Neste caso, o contribuinte poderá fazer valer a norma que lhe concede a prestação, vale dizer, o desconto, compelindo o fisco e lhe outorgar quitação. Presente, pois, a possibilidade de sanção, caracterizadora da norma jurídica.

Pode ocorrer, também, que o pagamento com desconto não seja aceito pelo credor, que se esteja negando a conceder tal desconto. Isto não é comum no Direito Tributário, mas pode de fato ocorrer. E no Direito Privado essa possibilidade é evidente. Em face da recusa do credor, que se nega a receber com desconto, vale dizer, nega-se a *prestar* o desconto, o credor dessa prestação pode promover ação de consignação em pagamento do valor líquido.

Por outro lado, inúmeros exemplos podem ser citados, nos quais uma norma estabelece um prêmio, que é a prestação, e esta não vem a ser efetivada, abrindo-se a possibilidade de sua execução forçada.

Dúvida, portanto, não pode haver de que se tem, na previsão de um prêmio para a conduta que excede a prestação, duas normas, com duas prestações distintas. O equívoco da doutrina, que deve ser evitado, resulta da lamentável indistinção entre norma jurídica e dispositivo de lei.

---

42. Cf. Aliomar Baleeiro, *Direito Tributário Brasileiro*, 10. ed., Rio de Janeiro, Forense, p. 543.

Considere-se, ainda, a inutilidade da colocação do prêmio na categoria das sanções. Se a consideração do prêmio como sanção tem por fim demonstrar que a coação não integra a norma jurídica, vê-se que tal consideração é inteiramente inútil, porque evidentemente desnecessária. O prêmio é um estímulo à prestação, certamente, mas isto não significa que se possa prescindir da sanção, porque a não prestação será sempre uma possibilidade.

Considerando-se existentes duas normas, como é correto, tem-se que o credor da prestação, em uma delas, é o devedor na outra. Haverá sempre o *momento de liberdade*, para ambos, que podem cumprir, ou não, suas obrigações.

Além de inútil, a consideração do prêmio como sanção é inconveniente, porque torna necessária essa esdrúxula qualificação: sanção *premial*.

A palavra *sanção* presta-se para designar a consequência da não prestação. Seu uso para designar coisa diversa será sempre inconveniente. Especialmente quando se tem a palavra *prêmio*, para designar o estímulo que o Direito oferece àqueles que adotam as condutas desejáveis, melhores do que aquelas ordinariamente exigidas.

Aliás, em qualquer caso, a ampliação de conceitos de sorte a fazer com que nestes se incluam coisas diversas desserve à Ciência do Direito, porque prejudica a compreensão de seu objeto.

Finalmente, não se pode desconhecer que um prêmio pode ser estipulado para quem adota a conduta ordinariamente exigida de todos, e isto demonstra em definitivo que o prêmio na verdade não tem a natureza de sanção.

6. A CRENÇA E A OBSERVÂNCIA

A sanção e o prêmio são mecanismos que podem contribuir para aumentar a eficácia das normas, vale dizer, podem contribuir para a observância destas. Entretanto, são de nenhuma utilidade se não existir nas pessoas a crença no Direito.

Realmente, a cada dia se faz mais forte a convicção que alimentamos de que a crença no Direito é o fundamento de sua eficácia. E essa crença é proporcional à observância das normas por parte daqueles que dispõem de poder suficiente para escapar das sanções prescritas pela ordem jurídica, especialmente aqueles que, investidos de poder estatal, como autoridades, deixam de observar as normas que não atendem a seus interesses pessoais, ou mesmo a um suposto interesse público. Aliás, o argumento do interesse público é usado com muita frequência, especialmente no âmbito da Administração Tributária, e até por alguns juízes imaturos ou vocacionados para o arbítrio, para justificar o descumprimento da norma jurídica da qual decorrem direitos para o particular.

A crença no Direito é também afetada pela banalização da lei, que ocorre quando a ordem jurídica admite a edição de leis por órgãos monocráticos sem a necessária representação popular, que no mais das vezes tendem a abusar de sua atribuição e produzir normas aos montes, desordenadamente, criando situação na qual mesmo os mais dedicados ao conhecimento das leis não conseguem sequer ler as que são editadas.

VI
Classificação e Principais Espécies

Sumário: 1. Classificação; 1.1 As várias classificações possíveis; 1.2 As classificações de Kelsen e de Bobbio; 1.3 Nossa proposta – 2. As várias espécies normativas no direito interno brasileiro; 2.1 A Constituição e suas emendas; 2.2 Leis complementares; 2.3 Leis ordinárias; 2.4 Medidas provisórias; 2.5 Leis delegadas; 2.6 Decretos legislativos; 2.7 Resoluções; 2.8 Os regulamentos e outros atos administrativos normativos.

1. CLASSIFICAÇÃO

1.1 As várias classificações possíveis

Várias são as classificações possíveis para as normas jurídicas. Importa, então, escolhermos aquela que nos parece mais útil, ou empreendermos a tarefa de elaborar as várias classificações, porque, como ensina Daniel Coelho de Souza, elas "classificam-se quanto ao sistema a que pertencem, quanto às fontes donde emanam, quanto ao seu âmbito de validade, à sua hierarquia, quanto à sua sanção, quanto às relações de complementação e quanto à vontade das partes". Segundo o referido autor, "são sete critérios distintos, podendo a mesma norma eventualmente ser classificada sob todos eles".[1]

Na verdade poderemos classificar as normas jurídicas ainda quanto a outros critérios, que são praticamente infinitos. O que importa é verificarmos se as classificações serão úteis, ou inúteis para o conhecimento do Direito.

Para evitar equívoco na definição de critérios para a classificação das normas jurídicas, devemos ter presente a distinção entre normas e leis, de sorte que na classificação das primeiras não sejam apontados critérios somente adequados

---
1. Daniel Coelho de Souza, *Introdução à Ciência do Direito*, 3. ed., São Paulo, Saraiva, 1980, p. 121.

em face das últimas, vale dizer, critérios relacionados com peculiaridades de determinado ordenamento jurídico positivo.[2]

1.2 As classificações de Kelsen e de Bobbio

Segundo Kelsen, as normas jurídicas são *gerais* e *individuais*. São gerais aquelas aplicáveis a todos indistintamente, e individuais as que resultam da aplicação de uma norma geral a determinada situação individualmente considerada.[3]

Essa classificação, entretanto, como assevera Bobbio, está longe de ser satisfatória, porque, por um lado, enquanto destaca uma distinção importante como a que existe entre normas gerais e normas individuais, esquece a distinção não menos útil, que existe entre normas *gerais* e normas *abstratas*, e respectivamente a que existe entre normas *individuais* e normas *concretas*.[4]

A crítica é procedente, assim como é notável a classificação formulada por Norberto Bobbio, que divide as normas jurídicas em oito categorias. Desde logo, porém, observamos que essa classificação é adequada para as *prescrições jurídicas* em geral e não para as *normas*, tal como nós as concebemos, com apoio, aliás, na própria doutrina do grande Mestre italiano[5] e de seu discípulo Arnaldo Vasconcelos.[6]

Assim, temos de concluir que as prescrições jurídicas concernentes a situações concretas, por não serem normas, não devem ser consideradas na classificação destas. Além disto, ousamos tentar o que nos parece ser um aperfeiçoamento na terminologia de Bobbio, como adiante será explicado.

---

2. Esse equívoco parece haver sido cometido, por exemplo, pelo Professor Paulo Hamilton Siqueira Jr., em seu livro *Lições de Introdução ao Direito*, São Paulo, Oliveira Mendes, 1998, p. 123-132.
3. Cf. Hans Kelsen, *Teoria Pura do Direito*, trad. João Baptista Machado, 3. ed., Coimbra, Arménio Amado, p. 334.
4. Norberto Bobbio, *Contribución a la Teoría del Derecho*, Fernando Torres, Valência, 1980, p. 294.
5. Na verdade, Norberto Bobbio nos autoriza a entender como norma apenas as prescrições concernentes a situações abstratas, quando em sua classificação distingue normas de ordens, em *Contribución a la Teoría del Derecho*, p. 298-301.
6. Vasconcelos autoriza a compreensão das normas como sendo apenas as prescrições jurídicas dotadas de hipoteticidade quando, ao criticar a classificação de Kelsen, assevera:
"O relacionamento, que Kelsen estabelece entre norma geral (constitucional) e norma individual (sentença), peca por imprecisão. Na verdade, a sentença só assume a qualidade de norma jurídica quando o direito, que ela revela, torna-se, por sua uniformidade e constância, modelo de conduta social. Portanto, a norma jurisprudencial, e não a sentença, é que constitui norma jurídica. Excetue-se a sentença normativa, proferida na jurisdição do Direito do Trabalho" (*Teoria da Norma Jurídica*, 4. ed., São Paulo, Malheiros, 1996, p. 16).

Destacamos como aspecto extremamente positivo da classificação feita por Norberto Bobbio a distinção que estabelece, respectivamente, entre *generalidade* e *abstração*, e entre *individualidade* e *concreção*.

Há *generalidade* quando a prescrição dirige-se a todos os indivíduos de determinada classe, indistintamente. A generalidade não quer dizer *abstração*, nem se opõe à *concreção*, mas à *individualidade*. Uma prescrição jurídica *geral*, vale dizer, dotada de *generalidade*, pode ser também dotada de *abstração*, como pode ser dotada de *concreção*.

À generalidade opõe-se a *individualidade*, que está presente nas prescrições jurídicas dirigidas a um único destinatário. Assim será uma norma que trata da competência do Presidente da República, por exemplo. A individualidade não quer dizer concreção, nem se opõe a *abstração*, mas à *generalidade*. Uma prescrição jurídica *individual*, vale dizer, dotada de *individualidade*, pode ser também dotada de *abstração*, como pode ser dotada de *concreção*.

Bobbio considera também em sua classificação das prescrições jurídicas o órgão que as emite. Qualifica como *coletivas* aquelas emanadas de órgãos colegiados, e de *pessoais* aquelas emanadas de órgãos monocráticos.

Segundo sua classificação temos, então, oito tipos de prescrições jurídicas, a saber:

1) prescrições coletivas gerais abstratas;

2) prescrições coletivas gerais concretas;

3) prescrições coletivas individuais abstratas;

4) prescrições coletivas individuais concretas;

5) prescrições pessoais gerais abstratas;

6) prescrições pessoais gerais concretas;

7) prescrições pessoais individuais abstratas; e

8) prescrições pessoais individuais concretas.

Bobbio apresenta sua classificação em forma de esquema, de duas maneiras, assim:

Ou então:

Consideramos da maior importância a distinção entre as prescrições jurídicas abstratas, ou normas, e as prescrições jurídicas concretas, ou ordens. Assim, e tendo em vista que a nossa preocupação aqui é apenas com a classificação das normas jurídicas, preferimos cuidar apenas destas, até porque a classificação das ordens, ou prescrições concretas, é exatamente a mesma.

1.3 Nossa proposta

Nossa proposta, então, é no sentido de fazermos a classificação das normas jurídicas, ou prescrições ditas abstratas, limitando-nos, quanto às ordens, ou prescrições concretas, a afirmar que estas se classificam da mesma forma que são classificadas as normas. Na verdade, em face da própria doutrina do Mestre italiano só identificamos quatro tipos de normas, porquanto as outras quatro não são normas, mas prescrições concernentes a situações concretas.

Fazemos, outrossim, pequenos reparos quanto à terminologia. Nas expressões *imperativo abstrato* e *imperativo concreto*,[7] substituímos a palavra *imperativo* pela palavra *prescrição*,[8] e na expressão *prescrições abstratas* substituímos a palavra *abstratas* pela palavra *hipotéticas*. Finalmente, na expressão *prescrições pessoais*; preferimos a qualificação *singulares*.

Ao substituirmos a palavra *imperativo* pela palavra *prescrição*, estamos prestigiando a própria doutrina do Mestre italiano, que na maioria das vezes a utiliza, em vez da palavra *imperativo*. Por outro lado, o emprego da palavra *imperativo* nos parece ter o inconveniente de marcar uma posição na querela entre imperativistas e não imperativistas, que nos parece sem importância no âmbito de uma Teoria Geral do Direito.[9]

---

7. Expressões utilizadas no item 4, que contém o título desta parte de seu estudo, na p. 298, de sua *Contribución a la Teoría del Derecho*.
8. A palavra *prescrição*, aliás, é frequentemente utilizada por Bobbio, de sorte que apenas estamos uniformizando a terminologia, sem qualquer novidade.
9. Isto não quer dizer que a querela entre imperativistas e não imperativistas seja irrelevante. Quer dizer apenas que ela deve ser deslocada para o plano da Filosofia do Direito.

Substituímos a palavra *abstratas* pela palavra *hipotéticas* para evitar a confusão, aliás denunciada por Bobbio, entre a abstração e a generalidade. E ainda porque nos parece que é mais adequado falar-se de hipoteticidade como característica da norma jurídica, do que falar-se de abstratividade, porque já é comum na doutrina jurídica a referência a *hipótese* normativa, e a hipótese de incidência da norma, de sorte que fica mais fácil de entender-se a referência a prescrições *hipotéticas* quando queremos nos referir às normas.

Finalmente, preferimos a palavra *monocráticas*, em lugar da palavra *pessoais*, para qualificar as normas que emanam de um órgão integrado por uma única pessoa, e a palavra *poliárquicas*, em lugar da palavra *coletivas*, para qualificar as normas que emanam de um órgão integrado por várias pessoas. Ao produzir a norma o órgão exerce poder, e a palavra *monocrático* me parece etimologicamente mais adequada, na medida em que significa poder exercido por uma única pessoa. Também a palavra *poliárquica* nos parece que melhor expressa a ideia de que a norma, como expressão de poder estatal, é originada de um órgão coletivo.

Assim, e limitados à classificação das *normas jurídicas*, podemos dizer que estas se dividem em quatro espécies, a saber:

1) normas monocráticas individuais;

2) normas monocráticas gerais;

3) normas poliárquicas individuais; e

4) normas poliárquicas gerais.

Em forma de esquema, temos então:

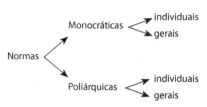

Considerada a utilidade da classificação, porém, talvez melhor seja classificar as normas jurídicas em apenas duas espécies, a saber, *gerais* e *individuais*. Teríamos, neste caso, retornado à classificação de Kelsen? Pode parecer que sim, mas aqui as palavras *geral* e *individual* apresentam-se com significados inteiramente diversos daqueles com os quais aparecem na classificação formulada por Kelsen, até porque aquela se refere não apenas às normas, mas também às prescrições jurídicas.

Realmente, na teoria kelseniana as palavras *geral* e *individual* significam, respectivamente, o que na terminologia que preferimos quer dizer *hipotética* e *concreta*. Em outras palavras, quando Kelsen faz referência a uma norma individual, em nossa linguagem diríamos *ordem*, ou prescrição *concreta*, ou não *normativa*. Já o que está designado por Kelsen como norma *geral* é, na terminologia que preferimos, simplesmente a *norma*, vale dizer, a prescrição jurídica hipotética, que por ser assim tem eficácia que se repete todas as vezes em que no mundo fenomênico se reproduz o seu suporte fático.

2. AS VÁRIAS ESPÉCIES NORMATIVAS NO DIREITO INTERNO BRASILEIRO

2.1 A Constituição e suas Emendas

As Emendas à Constituição constituem a mais importante das espécies normativas de nosso sistema jurídico, abaixo, é claro, da própria Constituição. Constituem obra do poder reformador, por alguns denominado poder constituinte derivado que, embora se encartem no texto da própria Constituição, na verdade não se confundem com as normas produzidas pelo poder constituinte.

A distinção essencial entre as normas produzidas pelo poder constituinte e as constantes de Emendas à Constituição reside em que a edição destas está subordinada a limitações jurídicas, no que concerne ao órgão produtor, ao procedimento de elaboração, e ainda quanto às denominadas cláusulas de imodificabilidade.

Caracterizam-se as Emendas por exigências procedimentais específicas, mais rigorosas, quanto à iniciativa do processo legislativo;[10] quanto ao modo de votação, que é em dois turnos, em cada uma das casas do Congresso e ao quórum para aprovação, que é de três quintos dos membros de cada uma das casas legislativas;[11] quanto aos momentos de crise nos quais a Constituição não poderá ser emendada;[12] e quanto à impossibilidade de nova deliberação na mesma sessão legislativa em que emenda cuidando da mesma matéria houver sido rejeitada.[13]

Caracterizam, ainda, as Emendas à Constituição a inexistência de sanção, entendida a palavra *sanção*, aqui, como o ato pelo qual o Presidente da República subscreve o projeto de lei aprovado pelo Congresso Nacional, e o fato de ser a

---

10. Constituição Federal, art. 60, itens I, II e III.
11. Constituição Federal, art. 60, § 2º.
12. Constituição Federal, art. 60, § 1º.
13. Constituição Federal, art. 60, § 5º.

promulgação realizada no próprio Congresso Nacional, em ato conjunto das mesas das duas casas legislativas.[14]

Limitação de cunho material, da maior importância, diz respeito às denominadas cláusulas de imodificabilidade, segundo as quais não será objeto de deliberação a proposta de emenda tendente a abolir:

a) a forma federativa de Estado;

b) o voto direto, secreto, universal e periódico;

c) a separação dos Poderes;

d) os direitos e garantias individuais.

Ao cuidarmos da Constituição como espécie de norma estudamos as Emendas à Constituição em texto ao qual agora nos reportamos.

2.2 Leis complementares

As leis complementares caracterizam-se como tal pela exigência de quórum especial de aprovação. Enquanto as leis ordinárias podem ser aprovadas pela maioria simples dos Deputados e dos Senadores, nas casas respectivas a aprovação das leis complementares exige maioria absoluta.

Alguns doutrinadores consideram, ainda, um elemento material, ou de conteúdo, na caracterização das leis complementares. Somente seriam leis complementares aquelas que tratassem das matérias reservadas pela Constituição a essa espécie normativa. Geraldo Ataliba, líder dessa corrente doutrinária, afirmava que "a lei complementar, fora de seu campo específico – que é aquele expressamente estabelecido pelo constituinte – nada mais é que lei ordinária". Seriam necessários à configuração daquela espécie normativa a forma e o conteúdo.[15]

Tal entendimento, porém, presta-se para desprestigiar a lei complementar, reduzindo-lhe o âmbito de supremacia relativamente à lei ordinária, e compromete a segurança jurídica, na medida em que torna questionável, em muitos casos, a superioridade hierárquica da nova espécie normativa, em face da imprecisão do objeto regulado.[16] Mesmo assim, em razão do prestígio de seu autor, sem reflexão alguma nós o adotamos, asseverando que, se a lei complementar disciplinar matéria fora do campo que lhe foi reservado pela Constituição, neste ponto, segundo

---

14. Constituição Federal, art. 60, § 3º.
15. Geraldo Ataliba, *Lei Complementar na Constituição*, São Paulo, Revista dos Tribunais, 1971, p. 36.
16. Em casos como o estabelecido no art. 146, inciso III, será sempre problemática a questão dos limites do objeto a ser regulado pela lei complementar.

conceituados juristas, poderá ser alterada, ou revogada, por lei ordinária.[17] E no mesmo sentido manifestaram-se diversos tributaristas e constitucionalistas.[18]

Mesmo sustentando, enfático, a superioridade da lei complementar em relação à lei ordinária, Ives Gandra da Silva Martins declara ter razão a doutrina que afirma ter a lei complementar campo próprio de atuação.[19] E com isto, ao que parece, adota a tese segundo a qual, dispondo fora desse campo, a lei complementar perde sua natureza específica e por isto pode ser revogada pela lei ordinária.

Meditando sobre o tema, relendo as referidas lições da doutrina, e especialmente relendo os dispositivos da Constituição, modificamos nosso ponto de vista. Na verdade a lei complementar é espécie normativa superior à lei ordinária, independentemente da matéria que regula. Mesmo que disponha sobre matéria a ela não reservada pela Constituição, não poderá ser alterada ou revogada por lei ordinária.

A superioridade hierárquica da lei complementar tem sido afirmada, sem qualquer questionamento, por eminentes constitucionalistas.[20] O problema na verdade não está nessa superioridade, de resto reconhecida sem qualquer objeção razoável, mas na questão de saber se a própria caracterização da lei complementar, como espécie normativa autônoma, depende da matéria regulada. Em outras palavras, o que se pode razoavelmente questionar é se uma lei complementar, pelo fato de tratar de matéria a ela não reservada pela Constituição, tem a natureza de lei ordinária.

Ressalte-se, em primeiro lugar, que a identidade específica, e consequente posição hierárquica das normas jurídicas em geral, é conferida pelo elemento formal. Não pelo elemento material, vale dizer, não pelo conteúdo da norma. É certo que, segundo alguns eminentes constitucionalistas, a Constituição tem conteúdo próprio. Ninguém, todavia, nega a uma norma incluída no texto de uma Constituição a postura hierárquica desta, qualquer que seja o seu conteúdo. E as

---

17. *Curso de Direito Tributário*, 2. ed., Rio de Janeiro, Forense, 1981, p. 25.
18. Antonio Carlos Rodrigues do Amaral, Lei Complementar, em *Curso de Direito Tributário*, Coord. de Ives Gandra da Silva Martins, Belém-PA/São Paulo, CEJUP/CEEU, 1993, p. 95; José Souto Maior Borges, *Lei Complementar Tributária*, São Paulo, Revista dos Tribunais/EDUC, 1975, p. 26; Paulo de Barros Carvalho, *Curso de Direito Tributário*, São Paulo, Saraiva, 1985, p. 109; Hamilton Dias de Souza, Lei Complementar em Matéria Tributária, em *Curso de Direito Tributário*, Coord. de Ives Gandra da Silva Martins, São Paulo, Saraiva, 1982, p. 29; Eduardo Marcial Ferreira Jardim, *Manual de Direito Financeiro e Tributário*, São Paulo, Saraiva, 1993, p. 103; Edgar Lincoln de Proença Rosa, *A Questão do Decreto-lei sobre Tributos*, São Paulo, Revista dos Tribunais, 1982, p. 56; Celso Ribeiro Bastos, *Curso de Direito Financeiro e de Direito Tributário*, São Paulo, Saraiva, 1991, p. 164-166; e *Dicionário de Direito Constitucional*, São Paulo, Saraiva, 1994, p. 99; Michel Temer, *Elementos de Direito Constitucional*, 10. ed. 2. tir., São Paulo, Malheiros, 1994, p. 142.
19. *Sistema Tributário na Constituição de 1988*, 2. ed., São Paulo, Saraiva, 1990, p. 84-85.
20. Raul Machado Horta, *Estudos de Direito Constitucional*, Belo Horizonte, Del Rey, 1995, p. 649.

leis complementares, cuja existência fora afirmada mesmo antes de a Constituição de 1967 as haver adotado formalmente, só ganharam superioridade hierárquica quando ganharam identidade específica em razão de requisitos formais para sua aprovação.

Quando a lei ordinária trata de matéria que não está compreendida no campo da denominada reserva legal, e que por isto mesmo poderia ser tratada por um ato normativo inferior, não se desnatura por isto. Nem poderá ser alterada, ou revogada, a não ser por outra lei. A fixação de prazo para o recolhimento de tributo, por exemplo, foi considerada pela jurisprudência como matéria alheia ao campo da reserva legal. Entretanto, no caso do IPI, considerou a jurisprudência que, existindo, como era o caso, dispositivo de lei estabelecendo tal prazo, não poderia este ser alterado por ato de hierarquia inferior.

A rigor, não há na vigente Constituição qualquer norma, ou princípio, que expressa ou implicitamente autorize a conclusão de que a lei complementar somente pode cuidar das matérias a estas reservadas pela Constituição. Existem, é certo, dispositivos que tornam determinadas matérias privativas de lei complementar, o que é coisa rigorosamente diversa. A existência de um campo de reserva de lei complementar, todavia, não quer dizer que não possa a lei complementar cuidar de outras matérias. Pode, sim, e deve, o legislador adotar a forma de lei complementar para cuidar não apenas das matérias a este entregues, em caráter privativo, pelo constituinte, mas também de outras, às quais deseje imprimir maior estabilidade, ao colocá-las fora do alcance de maiorias ocasionais, ou até dos denominados acordos de lideranças.

Não se diga que a existência de dispositivos da Constituição, asseverando que a lei complementar cuidará de tal matéria, implica vedação ao trato de matéria diversa. Não implica. Basta ver-se que alguns dispositivos da constituição reportam-se a lei, sem qualificação, e isto não quer dizer que a lei ordinária só possa cuidar daquelas matérias expressamente referidas pela Constituição.

Aliás, o mestre Paulo de Barros Carvalho o admite, asseverando:

"Os assuntos que o constituinte reservou para o campo da lei complementar estão quase sempre expressos, inobstante possamos encontrar, em alguns passos, a simples alusão à lei, desacompanhada do qualificativo *complementar*. Em circunstâncias como essa, a bem empreendida análise do comando supremo apontará que a grandeza do tema somente pode ser objeto de lei complementar, visto que estão em pauta regulações diretas de preceitos da Lei Maior, que por outros estatutos não poderiam ser versados."[21]

---

21. *Curso de Direito Tributário*, 7. ed., São Paulo, Saraiva, 1995, p. 136.

É razoável admitir-se que uma lei ordinária anterior à Constituição de 1967, que ganhou *status* de lei complementar em virtude de seu conteúdo, se contiver algum dispositivo versando matéria alheia ao campo reservado à lei complementar, poderá, nesse dispositivo, ser alterada por lei ordinária. Mas isto é coisa diversa, que restará bem compreendida se entendermos a razão pela qual a lei *ordinária* passou a ser tratada como lei complementar.[22]

Quando se diz que uma lei *ordinária*, editada antes da Constituição de 1967, com o advento desta passou a ser uma lei complementar, o que se quer dizer é apenas que aquela matéria, no regime da referida Constituição, só por lei complementar poderá ser tratada.

A validade formal de uma norma jurídica é verificada em função da norma reguladora de sua produção, vigente no momento em que tal produção ocorreu. Por isto mesmo é que o nosso Código Penal é um decreto-lei, não obstante hoje inexistente tal figura legislativa. Nosso Código Tributário é uma lei ordinária, não obstante hoje a matéria nele tratada seja reservada à lei complementar.

Como as matérias constantes do Código Penal atualmente só por lei podem ser tratadas, é evidente que o Código Penal só por lei poderá ser alterado. De igual modo, como as matérias constantes do Código Tributário Nacional, em face da vigente Constituição Federal só por lei complementar podem ser tratadas, evidentemente o Código Tributário Nacional só por lei complementar poderá ser alterado.[23]

A doutrina segundo a qual a lei complementar, naquilo em que cuida de matérias a ela não reservadas pela Constituição, pode ser alterada por lei ordinária amesquinha o princípio da segurança jurídica, na medida em que o campo das matérias atribuídas pela Constituição à lei complementar é impreciso. Abre ensejo a que muitas questões sejam suscitadas, por exemplo, a respeito do que se deve entender por *normas gerais de direito tributário*.

A vida e o espírito postulam um direito *justo*, mas pedem também, e *antes de tudo*, segurança, e portanto um direito certo, ainda que menos justo. "A certeza do direito, sem a qual não pode haver uma regular previsibilidade das decisões dos tribunais, é na verdade condição evidente e indispensável para que cada um

---
22. Essa questão é da maior relevância, sobretudo em razão do anteprojeto de Código de Processo Tributário, em elaboração por um Grupo de Trabalho da Secretaria da Receita Federal, no qual alguns dispositivos conflitam com normas do vigente Código Tributário Nacional.
23. Salvo, é claro, alguma norma do Código Tributário Nacional que esteja fora do campo reservado às leis complementares.

possa ajuizar das consequências de seus actos, saber quais os bens que a ordem jurídica lhe garante, traçar e executar os seus planos de futuro."[24]

Como ensina Radbruch, os elementos universalmente válidos da ideia de direito são só a *justiça* e a *segurança*. São relativos não somente à ideia do *fim*, mas também à própria determinação da hierarquia ou das relações de primazia a serem estabelecidas entre esses três elementos.[25]

Segurança e justiça, portanto, são as únicas ideias universalmente válidas para o verdadeiro jurista. E uma não deve excluir a outra. "Sem ordem não há como fazer justiça, e sem justiça não há como manter a ordem."[26] Cuida-se, na verdade, de valores que se completam para viabilizar a convivência.

Penso que a interpretação estritamente jurídica da vigente Constituição, sem qualquer preconceito, leva ao reconhecimento da superioridade hierárquica das leis complementares, independentemente da matéria por estas versada. De todo modo, mesmo que se entenda que a escolha entre a tese que ora colocamos e a prevalente na atual doutrina será um ato político, não tenho dúvida de que esse ato deve ser inspirado pela busca de realização dos valores fundamentais do direito.

Não se pode dizer que uma, ou outra solução, realiza, ou deixa de realizar, o valor justiça. O valor segurança, todavia, é induvidosamente melhor preservado pela compreensão segundo a qual a superioridade hierárquica da lei complementar é sempre ditada pelo elemento formal que a distingue.

Geraldo Ataliba, que combatia os argumentos calcados em doutrinas estrangeiras, ao sustentar a inexistência de hierarquia entre lei complementar e lei ordinária, nada mais faz do que reproduzir a doutrina de Enterría,[27] desenvolvida no sentido de demonstrar que a lei ordinária não pode modificar uma lei orgânica, não porque a sua categoria normativa seja inferior à desta, mas porque a Constituição lhe proíbe o acesso às matérias reservadas às leis orgânicas.

Na doutrina estrangeira, porém, encontramos também, e preferimos, a lição de Marcello Caetano, assim expressa:

> "O nosso país rege-se por uma Constituição escrita, cuja elaboração e modificação obedecem a um processo legislativo diverso do adaptado para o comum das leis: temos, portanto, uma Constituição *rígida*.

---

24. Manuel A. Domingues de Andrade, *Ensaio sobre a Teoria da Interpretação das Leis*, Coimbra, Arménio Amado, 1978, p. 54.
25. Gustav Radbruch, *Filosofia do Direito*, 5. ed., trad. Prof. L. Cabral de Moncada, Coimbra, Arménio Amado, 1974, p. 162.
26. Arnaldo Vasconcelos, *Teoria da Norma Jurídica*, 2. ed., Rio de Janeiro, Forense, 1986, p. 11.
27. Eduardo Garcia de Enterría, *Curso de Direito Administrativo*, trad. Arnaldo Setti, São Paulo, Revista dos Tribunais, 1991, p. 163-165.

Materialmente só deveriam ser constitucionais as normas relativas à instituição e competência dos órgãos da soberania e aos limites do poder político. Porém, a existência de processo especial de produção das leis constitucionais leva o jurista a considerar compreendidas nessa categoria todas as normas definidas e impostas por via desse processo."[28]

Em síntese, são leis complementares aquelas como tais aprovadas pelo Congresso Nacional, ainda que versem assunto não reservado a tal espécie normativa.

Nota do Atualizador

Não foi esse o entendimento que prevaleceu na jurisprudência do Supremo Tribunal Federal, segundo o qual a lei complementar não é superior à ordinária, tendo apenas âmbitos de atuação diferentes e reservados pelo texto constitucional, posição cujos equívocos Hugo de Brito Machado indica com clareza:

> Ementa direito constitucional e tributário. Cofins. Isenção. Revogação mediante medida provisória. Possibilidade. Ausência de hierarquia entre lei complementar e lei ordinária. Consonância da decisão recorrida com a jurisprudência cristalizada no supremo tribunal federal. Recurso extraordinário que não merece trânsito. Acórdão recorrido publicado em 16.03.2011. O entendimento adotado pela Corte de origem, nos moldes do que assinalado na decisão agravada, não diverge da jurisprudência firmada no âmbito deste Supremo Tribunal Federal, no sentido de que inexistente reserva de lei complementar para dispor sobre isenção pertinente à Cofins, bem como ausente relação hierárquica entre lei complementar e lei ordinária (arts. 59 e 69 da Constituição) porquanto, em matéria tributária, a reserva de lei complementar é definida em razão da matéria. As razões do agravo regimental não se mostram aptas a infirmar os fundamentos que lastrearam a decisão agravada. Agravo regimental conhecido e não provido.
> (ARE 669074 AgR, Relator(a): Rosa Weber, Primeira Turma, julgado em 24.02.2015, Acórdão Eletrônico DJe-045, Divulg 09.03.2015, Public 10.03.2015).

2.3 Leis ordinárias

Leis ordinárias, a expressão bem o diz, são os atos legislativos comuns. São as prescrições jurídicas produzidas pelo Poder Legislativo, no desempenho ordinário de sua atividade essencial.

A lei, já o sabemos, pode albergar uma prescrição jurídica dotada de hipoteticidade, vale dizer, uma norma, e pode albergar uma prescrição jurídica dirigida a uma situação concreta, vale dizer, uma ordem, ou comando. O que caracteriza a lei, em nosso sistema jurídico pelo menos, é o aspecto formal. É o

---

28. Marcello Caetano, *Manual de Direito Administrativo*, 1ª edição brasileira, Forense, Rio de Janeiro, 1970, t. 1, p. 88.

fato de tratar-se de ato produzido pelo Poder Legislativo, na forma estabelecida pelo ordenamento jurídico, vale dizer, pelo Congresso Nacional, com observância do procedimento próprio, para esse fim estabelecido pela Constituição Federal. Ou pelas Assembleias Legislativas, no âmbito estadual, com observância do procedimento próprio, para esse fim estabelecido pela Constituição estadual. Ou, ainda, pelas Câmaras de Vereadores, no âmbito municipal, com observância do procedimento próprio, para esse fim estabelecido pela Lei Orgânica respectiva.

2.4 Medidas provisórias

Estabelece a Constituição que em casos de relevância e urgência, o Presidente da República poderá adotar medidas provisórias, com força de lei, devendo submetê-las de imediato ao Congresso Nacional.[29]

As medidas provisórias perderão a vigência, desde a edição, se não forem convertidas em lei no prazo de sessenta dias de sua publicação. Se não votadas nesse prazo, poderá ser o mesmo prorrogado, uma única vez por igual período. O Congresso Nacional deve disciplinar, mediante decreto legislativo, as relações jurídicas decorrentes de medidas provisórias que não forem convertidas em lei.[30]

Para melhor conhecimento das medidas provisórias como espécie normativa, sugerimos a leitura da Emenda Constitucional 32, de 11 de setembro de 2001, que alterou os dispositivos da Constituição Federal concernentes ao assunto.

Admitindo-se que o Presidente da República obedece rigorosamente à Constituição, e por isto mesmo jamais abusa de suas competências, as medidas provisórias não causam nenhum problema. Entendidas como preconiza Marco Aurelio Greco, no melhor texto que se conhece sobre tal espécie normativa, as medidas provisórias são instrumentos excepcionalíssimos. Sua utilização pelo Presidente da República somente estaria justificada nos casos em que, mesmo inexistente a permissão constitucional, a pressão fático-normativa fosse de tal ordem que o Presidente da República se disporia a resolver a questão mediante um ato, ainda que este pudesse configurar um ilícito pelo qual poderia ser responsabilizado, pois poderia em seu favor alegar o *estado de necessidade*, a excluir a ilicitude de sua conduta.[31]

Tal entendimento, entretanto, é extremamente ingênuo, posto que todo titular de poder tende a dele abusar. Por isto mesmo é que o sistema jurídico deve, ao atribuir competências, estabelecer mecanismos de controle de possíveis abusos.

---

29. Constituição Federal, art. 62.
30. Constituição Federal, art. 62, parágrafo único.
31. Cf. Marco Aurelio Greco, *Medidas Provisórias*, São Paulo, Revista dos Tribunais, 1991, p. 11-12.

E isto, por alguma razão, foi esquecido pelo constituinte de 1988 ao cuidar das medidas provisórias.

O resultado está visto. Temos hoje medidas provisórias cuidando de tudo. Os conceitos de relevância e urgência foram há muito desconsiderados, sob o olhar complacente do Supremo Tribunal Federal, que só recentemente deu tímidas indicações da possibilidade de vir a controlar a observância de tais requisitos constitucionais.

2.5 Leis delegadas

O Congresso Nacional pode, mediante solicitação do Presidente da República, delegar a este a elaboração de leis.[32] Não pode, porém, ser objeto de delegação de matéria:

a) da competência exclusiva do Congresso Nacional,[33] ou privativa da Câmara dos Deputados[34] ou do Senado Federal;[35]

b) que deva ser tratada por lei complementar;[36]

c) que seja concernente à organização do Poder Judiciário e do Ministério Público, à carreira e à garantia de seus membros; a nacionalidade, cidadania, direitos individuais, políticos e eleitorais; a planos plurianuais, diretrizes orçamentárias e orçamentos.

A delegação de atribuições legislativas ao Presidente da República tem a forma de resolução do Congresso Nacional, que especificará seu conteúdo e os termos de seu exercício.[37] Poderá, outrossim, a resolução, determinar que a matéria seja apreciada pelo Congresso, que o fará em procedimento especial, com votação única e sem possibilidade de emendas.[38]

A lei delegada ocupa a mesma posição hierárquica das leis ordinárias. Pode, portanto, uma lei delegada revogar uma lei ordinária, assim como pode uma lei ordinária revogar uma lei delegada. A delegação tem por finalidade dar ao Poder Executivo oportunidade para a elaboração de leis de conteúdo estritamente técnico, versando matérias nas quais a própria linguagem a ser utilizada seja muito especializada, e que por isto se pressupõe seja melhor elaborada pelo Presidente

---

32. Constituição Federal, art. 68, *caput*.
33. Constituição Federal, arts. 68, § 1º, e 49.
34. Constituição Federal, arts. 68, § 1º, e 51.
35. Constituição Federal, arts. 68, § 1º, e 52.
36. Constituição Federal, arts. 68, § 1º, e diversos dispositivos da Constituição, que reservam certas matérias à lei complementar.
37. Constituição Federal, art. 68, § 2º.
38. Constituição Federal, art. 68, § 3º.

da República, com o auxílio direto dos burocratas de determinadas áreas do Poder Executivo, do que pelo Congresso Nacional.

2.6 Decretos legislativos

O decreto legislativo é ato do Congresso Nacional, no trato de matérias de sua competência exclusiva, previstas no art. 49 da Constituição. Atos que geralmente assumem feição normativa, vale dizer, albergam normas, prescrições jurídicas dotadas de hipoteticidade.

Diversamente da lei, em cuja feitura geralmente participa o Presidente da República, o decreto legislativo é ato produzido no âmbito exclusivo do Congresso Nacional.

Não existem decretos legislativos da Câmara dos Deputados, nem do Senado Federal. Tais atos são da competência exclusiva do Congresso Nacional, e se distinguem das *resoluções* por veicularem normas, estando assim mais próximos das leis enquanto aquelas veiculam atos de concreção do Direito, e assim estão mais próximas dos atos administrativos.

2.7 Resoluções

As *resoluções* são atos do Congresso Nacional, do Senado Federal ou da Câmara dos Deputados, que geralmente veiculam matéria de conteúdo próprio dos atos administrativos, vale dizer, atos de concreção do Direito.

São exemplos de atos veiculados através de resoluções:

a) a suspensão, pelo Senado Federal, da vigência de lei declarada inconstitucional pelo Supremo Tribunal Federal;[39]

b) a delegação ao Presidente da República de atribuições legislativas;[40]

c) o estabelecimento de alíquotas máximas e mínimas para o ICMS.[41]

2.8 Os regulamentos e outros atos administrativos normativos

São também espécies normativas os regulamentos, além de outros atos administrativos normativos inferiores, como portarias, ordens de serviço, instruções normativas, entre outros.

---

39. Constituição Federal, art. 52, inciso X. O dispositivo reporta-se à suspensão da execução. Na verdade a suspensão que se opera é da vigência, vale dizer, da aptidão para incidir e assim produzir efeitos jurídicos.
40. Constituição Federal, art. 68, § 2º.
41. Constituição Federal, art. 155, § 2º, inciso V, alíneas "a" e "b".

Os regulamentos são atos administrativos baixados pelo Presidente da República no exercício da atribuição que lhe confere a Constituição, geralmente denominada *poder regulamentar*.

Nos termos da Constituição, compete ao Presidente da República sancionar, promulgar e fazer publicar as leis, bem como *expedir decretos e regulamentos para sua fiel execução*.[42] O decreto é geralmente um ato administrativo de efeito concreto, vale dizer, não normativo. Existem, todavia, decretos que em sua articulação já estabelecem normas destinadas a viabilizar a fiel execução das leis. Existem, todavia, casos nos quais o regulamento se expressa de forma autônoma, com uma série de artigos, e o Decreto é apenas o instrumento de sua aprovação pelo Presidente da República.

Seja como for, a palavra *regulamento* é mais adequada para designar o ato normativo, enquanto a palavra *decreto* designa mais adequadamente o ato administrativo de efeito concreto.

Questão controvertida na doutrina reside em saber se temos, ou não, em nosso Direito positivo o denominado *regulamento autônomo*, vale dizer, o regulamento que não se destine simplesmente à fiel execução da lei.

Há quem sustente a existência do regulamento autônomo, argumentando no sentido de que não obstante o princípio da legalidade, segundo o qual ninguém é obrigado a fazer ou a deixar de fazer alguma coisa senão em virtude de lei, existem espaços jurídicos nos quais o Presidente da República, no uso de sua competência administrativa, pode estabelecer normas. E, se assim é, pode baixar regulamento que as contenha.

A maioria dos autores, porém, sustenta que não temos em nosso Direito positivo o regulamento autônomo. Argumentam que a Constituição não o contempla, posto que se refere simplesmente ao regulamento para fiel execução das leis.

Existem, ainda, outros atos administrativos de natureza normativa, entre os quais as portarias, as instruções normativas, os pareceres normativos, além de muitos outros. São, todos eles, atos administrativos e, assim, submissos à lei. Quem administra pode fazê-lo mediante a prática de atos concretos, e pode também estabelecer critérios para a prática desses atos no futuro. É a chamada competência normativa dos órgãos executivos.[43]

---

42. Constituição Federal, art. 84, inciso IV.
43. Cf. Celso Ribeiro Bastos, *Curso de Direito Administrativo*, São Paulo, Saraiva, 1994, p. 17.

VII
A Constituição

Sumário: 1. Poder constituinte e poder reformador; 1.1 Poder e direito; 1.2 O direito como limite do poder; 1.3 O poder constituinte; 1.4 O poder reformador; 1.5 Validade e legitimidade – 2. Constituição e emendas; 2.1 A Constituição como obra do poder constituinte; 2.2 As emendas como obra do poder reformador – 3. As denominadas cláusulas de imodificabilidade na CF/88; 3.1 O art. 60, § 4º, da CF/88; 3.2 Eficácia das cláusulas de imodificabilidade; 3.3 Vedação de reexame na mesma sessão legislativa – 4. A Constituição e o ordenamento jurídico.

1. PODER CONSTITUINTE E PODER REFORMADOR

1.1 Poder e Direito

O poder é a aptidão de alguém para decidir e fazer valer as suas decisões. Seus fundamentos são diversos, tais como a força física, a riqueza, o carisma. Como fato social que é, o poder é objeto de estudo da Sociologia, e no que concerne a suas relações com o Direito, podemos dizer que se encarta no objeto da Sociologia Jurídica.

As dimensões do *poder* podem ser consideradas de um ponto de vista objetivo, e de um ponto de vista subjetivo. Do ponto de vista objetivo, diz-se que o poder é dimensionado tendo-se em vista o assunto sobre o qual versam as decisões de seu titular. Do ponto de vista subjetivo, dimensiona-se o poder tendo-se em vista a quantidade de pessoas alcançadas por aquelas decisões.

Como as pessoas são essencialmente desiguais, inclusive no que diz respeito a suas aptidões para decidir e fazer valer suas decisões, vale dizer, para serem titulares de poder, fez-se necessário para preservar a harmonia na convivência social o estabelecimento de regras que limitam o poder das pessoas, fazendo que os conflitos entre estas sejam resolvidos racionalmente, com a observância e com a aplicação das prescrições jurídicas. Essas prescrições compõem o que entendemos ser o Direito, que é fruto e instrumento da racionalidade humana.

A eficácia das prescrições jurídicas certamente depende do respeito que se tenha pelas instituições, respeito que repousa na crença de que a existência destas é um bem para todos, na medida em que se evita o arbítrio dos poderosos.[1] As instituições são como que os órgãos vitais da sociedade, sem as quais esta entrará em processo de desagregação e degeneração.

As doutrinas modernas apontam como fonte primária do poder o povo. Assim, diz-se que tais doutrinas são democráticas. Ocorre que o poder do povo existe apenas como algo em estado potencial. Não é efetivo, à míngua de unidade. Por isto é que Karl Marx concitava os operários à união, sem a qual efetivamente estes não têm nenhum poder.

Diante da natural falta de unidade do elemento que denominamos *povo*, surge o que é geralmente designado como *elite governante*, composta pelas pessoas mais dotadas de poder efetivo, por qualquer das causas ou fundamentos do poder, acima apontadas.

Essa elite governante é que afinal termina sendo titular do poder em uma comunidade, e termina decidindo e fazendo valer suas decisões sobre os demais, inclusive e especialmente na formação do Direito. Não devemos, entretanto, confundir o poder com o Direito, pois este, repita-se, é sempre um limite daquele.

1.2 O Direito como limite do poder

Toda norma jurídica é, com certeza, uma limitação ao poder. Mesmo aquelas normas elaboradas pelos ditadores terminam sendo limites aos poderes de quem as edita. Por isto mesmo é que os governantes geralmente não gostam de normas. Gostam de poder. Não de normas.

Naturalmente dinâmicas, as relações sociais são sempre muito ricas em facetas novas, de sorte que uma norma em determinadas situações de repente já não corresponde ao que deseja o governante, que por isto termina tendo nesta uma limitação de seus poderes. É certo que o titular de poder, nestes casos, vai procurar modificar as normas. Por isto é que se pode dizer que a rapidez na alteração das leis é um índice do maior poder dos governantes, mas não se pode esquecer que, mesmo nesses casos, o Direito é um limite do poder, na medida em que as alterações devem ser processadas com observância das normas de procedimento albergadas pelo sistema.

---

1. Poderosos, aqui, no sentido de pessoas dotadas de maior aptidão para decidir e fazer valer suas decisões.

Como instrumento de limitação do poder dos governantes, vale dizer, do poder do Estado, o Direito pode ser mais ou menos eficaz, na medida em que consagre o princípio da divisão de poderes.

Realmente, a melhor técnica para limitar o poder consiste em dividi-lo. E a melhor forma de divisão do poder estatal ainda é a divisão clássica deste, que o segmenta em três parcelas, correspondentes às três funções essenciais do Estado, vale dizer, a legislativa, a administrativa e a jurisdicional.

1.3 O poder constituinte

Os estudiosos da Ciência Política e do Direito Constitucional costumam falar em poder constituinte originário e poder constituinte derivado, ou reformador. O primeiro seria aquele que elabora a Constituição, enquanto o último seria o poder competente para fazer emendas no seu texto. Preferimos, porém, as denominações *poder constituinte* a *poder reformador*, simplesmente. O qualificativo originário é dispensável na medida em que não existe outro, do qual se deva distinguir, enquanto a designação *reformador* já expressa que não se trata de poder constituinte, mas de poder constituído, que deriva da própria Constituição, como adiante será explicado.

O poder constituinte é aquele poder que desconhece limites propriamente normativos. Seus limites são de ordem moral, religiosa, econômica etc. Não jurídicos, no sentido de que não existe norma jurídica nenhuma que se contraponha a ele. Há quem sustente, com apoio em juristas consagrados, que o poder constituinte sofre duas limitações estritamente jurídicas. Uma de ordem internacional, ditada pela soberania que dita limites espaciais, e a outra de ordem humana individual, ditada pelos princípios gerais de direito, entre os quais os que dizem respeito às liberdades individuais.[2]

---

2. Cf. Nelson Saldanha, *O Poder Constituinte*, São Paulo, Revista dos Tribunais, 1986, p. 85. Em suas palavras:
   "Num sentido espacial ou físico, o limite básico de todo poder constituinte é a soberania (a qual por outro aspecto é exatamente sua fonte); pois ele ao atuar pode fazê-lo apenas na órbita da soberania a que corresponda. Necessária a toda manifestação do poder, a técnica também representa um limite a este, ao lhe impor uma série de refrações, encaminhamentos, contenções. Limite fundamental ao mesmo são ainda os princípios gerais do direito, que fornecem o ponto de vista da justiça e da qualitatividade jurídica que vão contrabalançar o elemento fático contido em todo poder jurídico. Entre estes princípios cabe destacar os concernentes às liberdades individuais, hoje consagradas em setor especial por todas as Constituições de quaisquer matizes políticos ou ideológicos.
   É lícito portanto pensar que os limites do poder constituinte, ou seja, os tipos de exigências que se contrapõem a uma liberdade absoluta que fosse pretendida, no ato de fazer-se uma Constituição, por quem a fizesse, podem ser esquematizados em dois polos: num os de ordem internacional e noutro os de ordem humana individual. Sendo que o tipo de limite sugerido pela soberania se enquadra naquele primeiro polo, e o constituído pelos princípios jurídicos desemboca no segundo. A limitação pelas solicitações da técnica, meramente formais, aparece acompanhando todos os tipos de limites substanciais."

A primeira dessas limitações efetivamente é ditada pelo direito positivo, na medida em que como tal se considera o Direito Internacional. Já a outra pode ser considerada jurídica apenas se considerarmos que os princípios gerais de direito podem ser, em determinado tempo e lugar, invocados independentemente do ordenamento jurídico ali vigente. Se colocarmos os princípios gerais de direito a depender do ordenamento jurídico, as limitações deles decorrentes serão então tidas como metajurídicas.

Quando afirmamos que o poder constituinte não sofre nenhum limite jurídico estamos nos referindo aos limites decorrentes do ordenamento jurídico que ele próprio vai constituir. O objetivo único do poder constituinte, então, consiste em organizar juridicamente o Estado. Fazer a Constituição. Ele deriva da ruptura da ordem jurídica, seja pela força, exercida por meio de revolução armada, ou exercida por outros meios quaisquer. É uma forma pela qual a sociedade manifesta sua insatisfação com a ordem constitucional e busca a elaboração de outra. Elaborada a nova Constituição o poder constituinte se exaure, ou mais exatamente, ele permanece com o seu titular, o povo, em estado latente.

Há quem sustente que ao elaborar a Constituição o poder constituinte se transforma em poder constituído. Porque não admitimos poder constituinte *constituído* ou reformador, preferimos dizer que o poder constituinte extingue-se com a entrada em vigor da Constituição que elaborou, embora permaneça em estado latente e possa ressurgir quando a ordem estabelecida não suportar a pressão dos fatos e vier a romper-se.[3]

A nosso ver, as manifestações do poder constituinte são essencialmente episódicas. O poder constituinte é o poder que tem o povo de constituir juridicamente a sociedade. Seu exercício ocorre sempre que o nível de insatisfação com a ordem jurídica vigente atinge o grau suficiente para produzir sua ruptura.

A ordem jurídica certamente estabelece mecanismos adequados para as suas alterações, posto que a sociedade é dinâmica e a ordem jurídica tam-

---
3. Cf. Nelson Saldanha, *O Poder Constituinte*, São Paulo, Revista dos Tribunais, 1986, p. 85. Em suas palavras:
"É relevante colocar a questão da situação em que fica o *poder* constituinte, uma vez posta em vigor a (nova) Constituição. É inteiramente incorreto considerar que ele se transforma (ou deve transformar-se) num poder constituído, no caso o legislativo: primeiro, porque esta ideia substancializa o poder constituinte, fazendo dele uma coisa, ou toma-o por uma função estatal permanente; segundo porque, de um ponto de vista político, não é conveniente que a conversão dos constituintes em legisladores ordinários seja considerada decorrência necessária de nominação recebida do eleitorado. O poder constituinte no caso permanece, com seus titulares, em latência. O próprio caráter do ordenamento jurídico, embasado sobre a norma constitucional, pede que não se confundam as coisas. Se algum dispositivo estabelece que o constituinte – por uma espécie de economia eleitoral – se transforme em legislador, isto pode ocorrer; mas não como decorrência necessária e essencial do exercício do poder constituinte."

bém deve ser dinâmica. Os anseios por mudanças na ordem jurídica podem e devem ser atendidos sem a ruptura desta. Em certas ocasiões, todavia, os mecanismos de mudança revelam-se, por alguma razão, incapazes de atender àqueles anseios, e quando estes são muito fortes dá-se, então, a ruptura da ordem jurídica.

Diante das rupturas da ordem jurídica é que ressurgem as manifestações de poder constituinte. Manifestações muita vez discretas, que se apresentam apenas como inobservância de certos limites impostos ao poder reformador.

1.4 O poder reformador

O poder reformador é um poder jurídico, no sentido de que ele está regrado, tem limites no sistema normativo. Como poder de legislar, é a Constituição que estabelece a sua dimensão. A assembleia constituinte, como órgão, atribui a um órgão inferior o poder de reformar sua própria obra, a Constituição, mas ao fazê-lo impõe limites ao órgão inferior.[4]

A diferença essencial entre o poder constituinte e o poder reformador está em que o primeiro é um poder político episódico, enquanto este é um poder jurídico e permanente. Como poder jurídico se há de entender aquele que é exercitado com estrita obediência a normas preestabelecidas.

O poder constituinte geralmente proíbe a reforma da parte essencial da Constituição, colocando nela as denominadas cláusulas pétreas ou cláusulas de imodificabilidade, objetivando a preservação dos valores fundamentais.

A preservação do valor segurança é da essência do Direito. Assim, não se pode admitir que o Estado, valendo-se do seu poder de criar a norma jurídica, modifique relações nas quais é parte. Pode, é certo, modificar a norma. Não, porém, os efeitos que a incidência desta já produziu, fazendo nascer relações jurídicas nas quais é parte. A não ser assim a ideia de Direito como instrumento que permite a previsibilidade dos efeitos jurídicos dos fatos estaria inteiramente destruída.

Quando o poder reformador deixa de respeitar os direitos produzidos pela incidência de normas anteriores, e estabelece normas que alcançam situações

---

4. Cf. Norberto Bobbio, *Teoria do Ordenamento Jurídico*, trad. Maria Celeste Cordeiro Leite dos Santos, 4. ed., Brasília, Editora da UnB, 1994, p. 52. Em suas palavras:
"Quando um órgão superior atribui a um órgão inferior um poder normativo, não lhe atribui um poder ilimitado. Ao atribuir esse poder, estabelece também os limites entre os quais pode ser exercido. Assim, como o exercício do poder de negociação ou o do poder de jurisdicional são limitados pelo Poder Legislativo, o exercício do Poder Legislativo é limitado pelo poder constitucional."

já constituídas, o que na verdade se tem é verdadeira manifestação de poder constituinte, e não de poder reformador.[5]

1.5 Validade e legitimidade

Relativamente ao Direito, às normas jurídicas, fala-se de validade. Uma norma é válida quando esteja de conformidade com a norma superior que lhe empresta fundamento. Conformidade quanto à competência e ao procedimento, ou validade *formal*, e conformidade quanto ao conteúdo, ou validade *material* ou substancial.

Relativamente ao Poder, fala-se de legitimidade. O poder constituinte, portanto, não é válido, ou inválido, mas legítimo ou ilegítimo.

Dizer-se o que é a legitimidade é questão que fica a depender da posição filosófica adotada. Nos dias atuais, pode-se afirmar que prevalece a doutrina democrática, e, em face desta, legítimo é o que atende à vontade do povo.

A legitimidade pode ser originária, como tal entendida aquela decorrente da escolha popular dos membros de uma assembleia constituinte, e adquirida pelo exercício do poder. Assim como uma assembleia legitimamente eleita pelo povo pode perder essa legitimidade, uma outra, que não tenha sido legitimamente constituída, pode adquirir legitimidade ao elaborar a Constituição, se esta, ao estabelecer o conjunto de normas fundamentais do Estado, o fizer de sorte a atender à vontade popular.

2. CONSTITUIÇÃO E EMENDAS

2.1 A Constituição como obra do poder constituinte

A Constituição pode ser entendida em sentido formal, e em sentido material. Em sentido formal, é o conjunto de normas editadas pelo poder constituinte, a pretexto de organizar juridicamente o Estado e definir os direitos que a seu juízo devem ter maior prestígio na ordem jurídica. Nem todas as normas que integram esse conjunto podem ser consideradas normas de uma Constituição em sentido material.

---

5. Diante de situações nas quais o poder reformador, ou até mesmo o poder legislativo ordinário, edita normas que atingem situações jurídicas já constituídas, os prejudicados buscam amparo na própria ordem jurídica, que atribui competência a algum órgão, geralmente à Corte Suprema, para dizer se a manifestação do poder reformador, ou do legislador ordinário, é violadora de seu direito. E quando o órgão titular da competência para resolver a questão afirma não ter havido violação do direito adquirido, se esta realmente ocorreu, o que se tem aí é simples manifestação do poder constituinte, ainda que de forma disfarçada.

Em sentido material, a Constituição é o conjunto de normas fundamentais de organização jurídica do Estado, aquelas que distribuem o poder estatal e regulam o seu exercício, nos seus aspectos essenciais, bem como estabelecem os direitos e garantias fundamentais, vale dizer, limitam os poderes do Estado.

Muitas normas que não integram o que se pode entender como uma Constituição em sentido material, eventualmente, são encartadas na Constituição. Pode ocorrer também que algumas normas concernentes à estrutura e à atuação do poder estatal não figurem na Constituição formal de um país, na medida em que o trato da matéria tenha sido deixado pelo constituinte para o legislador ordinário.

Para o efeito da posição que a norma ocupa no sistema prevalece o conceito de Constituição em sentido formal, posto que a hierarquia das normas em um sistema jurídico é definida por critérios formais.[6]

Como o poder constituinte não sofre limitações jurídicas, é comum a afirmação de que *não existe direito adquirido contra a Constituição*. Esta afirmação, que é correta, há de ser entendida em termos. O que não existe contra a Constituição é a *garantia constitucional* do direito adquirido, como limitação ao poder constituinte.

Valem, portanto, as disposições da Constituição que estabelecem a retroatividade de suas normas. Neste sentido, realmente não existe o direito adquirido contra a Constituição. Entretanto, se a Constituição nada diz a respeito da retroatividade de suas normas, estas somente vigoram para o futuro. Não alcançam situações jurídicas constituídas em face do Direito anterior. O poder constituinte, embora não sofra limitações, pode ser exercido de sorte a preservar, tacitamente, as situações anteriormente constituídas. Embora as normas à luz das quais sejam contrárias a preceitos da Constituição nova, e portanto não sejam por esta recepcionadas, as situações jurídicas já consolidadas subsistem, se a respeito delas é silente a Constituição. Isto é uma decorrência do princípio geral de Direito segundo o qual os direitos são criados nos termos das leis vigentes na data dos fatos que os produzem. Na tradicional expressão latina, *tempus regit actum*.

2.2 As Emendas como obra do poder reformador

As emendas à Constituição, instrumentos de alteração de seu texto, não são obras do poder constituinte, mas do poder reformador. Poder que é definido pela Constituição e, portanto, juridicamente limitado.

---

6. Por isto mesmo é que temos sustentado que, em nosso sistema jurídico, a lei complementar ocupa posição hierárquica superior à da lei ordinária, seja qual for o seu conteúdo, vale dizer, ainda que trate de matéria que não lhe está reservada pela Constituição.

Assim, também a propósito das emendas à Constituição, é importante que a afirmação segundo a qual *não existe direito adquirido contra a Constituição* seja entendida em termos. Contra a Constituição, em seu texto originário, sim, como já por nós há pouco examinado. Contra disposições introduzidas na Constituição mediante emendas, porém, poderá existir a garantia constitucional do direito adquirido. Para resolver a questão de saber se existe, ou não, a garantia do direito adquirido contra as emendas à Constituição, é necessário o exame do Direito positivo vigente.

É importante observar que a irretroatividade das normas jurídicas é da própria essência do Direito, de sorte que somente como exceção, e na medida em que não destrua inteiramente a segurança jurídica, é que se pode admitir normas com eficácia retroativa.

Entre essas exceções, porém, não se pode admitir normas que cuidem de relações jurídicas de cunho patrimonial nas quais seja parte o próprio Estado. Se o Estado pudesse valer-se de seu poder de criar normas jurídicas para alterar relações patrimoniais nas quais ele próprio é parte, na verdade se estaria abrindo ensejo para verdadeiras expropriações. Por isto é que mesmo os autores que admitem a retroatividade das leis consideradas *de ordem pública* rejeitam a retroatividade das normas pertinentes a relações jurídicas nas quais o Estado é parte.

Seja como for, a questão da garantia dos direitos adquiridos contra emendas constitucionais há de ser examinada em face do direito positivo de cada Estado. Como o poder reformador é um poder jurídico, tem-se de examinar, em cada caso, quais são os limites que a Constituição lhe impõe. Em outras palavras, tem-se de examinar se a Constituição estabeleceu cláusulas de imodificabilidade.

3. AS DENOMINADAS CLÁUSULAS DE IMODIFICABILIDADE NA CF/88

3.1 O art. 60, § 4º, da CF/88

A Constituição brasileira de 1988, em seu art. 60, § 4º, estabeleceu que:

"Não será objeto de deliberação a proposta de emenda tendente a abolir:

I – a forma federativa de Estado;

II – o voto direto, secreto, universal e periódico;

III – a separação dos poderes;

IV – os direitos e garantias individuais."

Estas são as denominadas cláusulas de imodificabilidade. O Estado brasileiro, enquanto vigorar a Constituição de 1988, há de ser uma federação republicana, com governo representativo eleito mediante voto direto, secreto, universal e periódico. Suas atividades essenciais, a saber, a legislativa, a administrativa e a judiciária, serão exercidas por segmentos independentes dos denominados Poder Legislativo, Poder Executivo e Poder Judiciário. E, finalmente, os direitos e garantias individuais estabelecidos na Constituição não podem ser eliminados nem reduzidos.

3.2 Eficácia das cláusulas de imodificabilidade

A eficácia dessas cláusulas de imodificabilidade depende da interpretação que a elas seja dada. Depende de como se entenda a expressão *tendente a abolir*. Uma proposta de reforma tributária, por exemplo, que reforça o poder central em detrimento da competência dos Estados e dos Municípios,[7] certamente, é *tendente a abolir* a federação.

Realmente, o que é *tendente a abolir* ainda *não aboliu*. Não é razoável, portanto, entender-se como proposta que não deva ser apreciada somente aquela que *abolir* qualquer das características do Estado brasileiro, enumeradas nos incisos I a IV do § 4º, do art. 60, de nossa Constituição. Como *tendente a abolir* qualquer daquelas características deve ser entendida a emenda que a restrinja significativamente.

Pode-se, todavia, entender que o *tendente a abolir* quer dizer que a proposta é mesmo de abolição. O *tendente a* teria, neste caso, o significado de *com o objetivo de*. Assim, a proposta de emenda constitucional, para incorrer na vedação em tela, teria de ser realmente uma proposta de abolição de qualquer das referidas características do Estado brasileiro. Não nos parece que seja assim. Qualquer restrição a uma daquelas características é uma tendência para sua abolição.

3.3 Vedação de reexame na mesma sessão legislativa

Nos termos da Constituição de 1988, a matéria constante de proposta de emenda constitucional que tenha sido rejeitada, ou havida por prejudicada, não pode ser objeto de nova proposta na mesma sessão legislativa.[8]

Diz-se que essa limitação visa preservar a coerência do sistema, e do legislador, pois o reexame na mesma sessão legislativa, de matéria recusada, revelaria insegurança ou despreparo para o exercício da função normativa da maior

---

7. A propósito, a PEC-175, apresentada ao Congresso Nacional pelo Poder Executivo, é um exemplo típico de proposta de emenda tendente a abolir a federação, na medida em que praticamente extingue a competência tributária dos Estados e Municípios, abolindo seus principais impostos, vale dizer, o ICMS e o ISS.
8. Constituição Federal de 1988, art. 60, § 5º.

relevância.[9] Seja esta, ou não, a razão de ser dessa limitação, certo é que se trata de mais uma dificuldade a ser transposta por quem pretenda ver emendada a Constituição.

4. A CONSTITUIÇÃO E O ORDENAMENTO JURÍDICO

A Constituição é o fundamento de todo o ordenamento jurídico, cuja harmonia se forma a partir dela. Todas as normas que integram um ordenamento jurídico devem ser conforme com ela e o sistema deve albergar mecanismos de controle dessa conformidade.

Por questão de ordem didática, deixamos para abordar este assunto na parte deste livro dedicada ao *ordenamento jurídico*, onde o controle de constitucionalidade das leis e outros atos normativos é tratado como instrumento destinado a preservar a unidade e a coerência deste.

---

9. Cf. Josaphat Marinho, Poder de Revisão Constitucional, em *Revista Jurídica dos Formandos em Direito da UFBA*, Ano 3, v. 4, Salvador, s/d, p. 140-141.

VIII
A Lei

Sumário: 1. Lei em sentido formal e em sentido material; 1.1 Os vários significados da palavra lei; 1.2 Lei apenas em sentido formal; 1.3 Lei apenas em sentido material; 1.4 Lei em sentido amplo e em sentido restrito – 2. O processo legislativo; 2.1 Processo e procedimento; 2.2 Técnica legislativa; 2.3 A iniciativa; 2.4 Discussão e votação; 2.5 Emendas – 2.6 Sanção e veto; 2.7 Promulgação e publicação; 2.8 Publicação e vigência; 2.9 Alterações e revogação – 3. Apreciação judicial de vícios do procedimento – 4. Lei complementar e lei ordinária; 4.1 Distinção essencial; 4.2 Reserva de lei complementar; 4.3 A questão da hierarquia.

1. LEI EM SENTIDO FORMAL E EM SENTIDO MATERIAL

1.1 Os vários significados da palavra lei

A palavra *lei* tem vários significados.

Pode significar uma relação de causalidade. É assim nas ciências causais, como a Ciência Econômica, a Física etc. Neste caso a palavra *lei* expressa uma relação entre uma causa e um efeito. Dada determinada causa, ocorrerá determinado efeito. Fala-se, então, da *lei da oferta e da procura* e da *lei da gravitação universal*, por exemplo. Pela primeira tem-se que o preço de um bem, ou serviço, aumenta na razão direta da procura e na razão inversa da oferta. Pela segunda, tem-se que matéria atrai matéria na razão direta das massas e na razão inversa do quadrado das distâncias.

Na Ciência do Direito, porém, a palavra *lei* não significa uma relação de causalidade, mas uma relação de imputação, ou uma prescrição de conduta. E mesmo no âmbito da Ciência do Direito tem um sentido amplo e outro restrito.

Como cuidamos de uma introdução ao estudo do Direito, deixemos de lado o significado da palavra *lei* em outras ciências e cuidemos dos significados que ela pode ter apenas no âmbito da Ciência do Direito.

No estudo do Direito podemos dizer que a palavra *lei* pode ser entendida em um sentido *amplo* e em outro *restrito*. Para melhor compreendermos o que é lei em sentido amplo e lei em sentido restrito, vejamos primeiro o que significa lei em sentido *formal* e em sentido *material*.

1.2 Lei apenas em sentido formal

Em sentido formal, lei é o ato jurídico produzido pelo órgão competente para o exercício da função legislativa, com observância do procedimento para tal fim estabelecido nos termos da Constituição. A lei, neste sentido, pode albergar ou não uma norma. Se não alberga, diz-se que é lei apenas em sentido formal.

Lei apenas em sentido formal é, portanto, o ato que tem a forma de lei, porque produzido pelo órgão competente para o exercício da função legislativa, com observância do procedimento próprio para a feitura das leis, mas não contém uma *norma jurídica*, e sim uma prescrição dirigida a uma determinada situação concreta.

1.3 Lei apenas em sentido material

Em sentido material lei é sinônimo de norma. É o ato jurídico que expressa uma relação de causalidade: dada determinada situação de fato, deve ser determinado o efeito. Ou então, dado o fato temporal, deve ser a prestação, ou dada a não prestação, deve ser a sanção. A lei, neste sentido, pode estar albergada por um ato produzido pelo órgão competente para o exercício da função legislativa, com observância do procedimento próprio. E pode não estar. Se não está, diz-se que é lei apenas em sentido material.

Lei apenas em sentido material, portanto, é a norma jurídica que não está expressa através de uma lei em sentido formal.

1.4 Lei em sentido amplo e em sentido restrito

Em sentido *amplo*, é lei todo ato jurídico que se compreenda no conceito de lei em sentido *formal*, ou em sentido *material*. Basta ser lei *formalmente* ou ser lei *materialmente* para ser lei em sentido *amplo*. Basta ter a forma de lei, ou o conteúdo de lei, para ser lei em sentido amplo.

Em sentido *restrito*, é lei somente aquele ato jurídico que tenha a forma e também o conteúdo de lei. É preciso que seja uma norma, vale dizer, seja uma lei em sentido material, e seja produto do órgão competente para o exercício da função legislativa, elaborado com observância do procedimento próprio para a elaboração das leis, segundo a Constituição.

A distinção entre lei em sentido amplo e lei em sentido restrito é da maior importância para a compreensão do princípio da legalidade, particularmente relevante no âmbito de alguns setores da Ciência Jurídica, como o Direito Penal e o Direito Tributário.

2. O PROCESSO LEGISLATIVO

2.1 Processo e procedimento

Entende-se por *processo legislativo* o conjunto de atos praticados com o objetivo de produzir uma espécie normativa prevista pela Constituição. Por procedimento legislativo entende-se esse mesmo conjunto de atos, encarados, porém, tendo-se em vista a forma pela qual são praticados. No processo cuida-se dos atos, enquanto no procedimento cuida-se da forma de praticá-los.

O processo legislativo tem por objeto a produção de espécies normativas previstas na Constituição, a saber, emendas constitucionais, leis complementares, leis ordinárias, leis delegadas, medidas provisórias, decretos legislativos e resoluções.

O regramento do processo legislativo compreende os princípios fundamentais, albergados pela Constituição, e as normas destinadas à complementação destes, que estão nos regimentos das casas legislativas.

Entre os atos que integram o processo legislativo destacam-se a iniciativa, a discussão e a votação, as emendas, a sanção e o veto, a promulgação e a publicação. Sobre tais atos a Constituição estabelece algumas normas, que serão adiante examinadas.

Nos termos do parágrafo único do art. 59, cabe à lei complementar dispor sobre a elaboração, redação, alteração e consolidação das leis. Não se trata, porém, de regrar o processo legislativo, como pode parecer, mas de estabelecer normas concernentes à técnica legislativa.

2.2 Técnica legislativa

Entende-se por técnica legislativa o estudo das formas de redação de normas jurídicas. Não se confunde, assim, com o processo, nem com o procedimento legislativo. Não diz respeito ao modo de proceder para que determinada espécie normativa seja editada, mas ao modo de expressar o Direito em normas.

É no estudo da técnica legislativa que se aprende como ordenar a matéria tratada na lei, como expressar essa matéria, desde o preâmbulo, a ementa, os artigos, o desdobramento destes em parágrafos, alíneas e incisos e agrupamento em seções, capítulos, títulos etc.

A Lei Complementar 95, de 26-2-98, cumprindo o disposto no parágrafo único do art. 59 da Constituição, estabeleceu normas sobre a redação, a alteração e a consolidação das leis. Importante, porém, é registrar que as normas na mesma contidas são meras indicações para o legislador, posto que "eventual inexatidão formal de norma elaborada mediante processo legislativo regular não constitui escusa válida para o seu descumprimento".[1]

Não obstante se trate de meras indicações para o legislador, o conhecimento da técnica legislativa é da maior importância, porque em certas situações o uso de uma ou de outra das formas de expressão normativa pode produzir consequências notáveis quanto ao significado das normas e quanto à vigência destas, especialmente no que diz respeito às hipóteses de revogação, como adiante será explicado, quando estudarmos a alteração e a revogação (item 2.9).

2.3 A iniciativa

Afirmam alguns que a iniciativa é a competência,[2] ou a faculdade,[3] que a Constituição atribui a alguém, ou a algum órgão, para apresentar projetos de lei ao Legislativo. A rigor, porém, a *iniciativa* é o ato de apresentar o projeto. A faculdade de praticar esse ato, vale dizer, de apresentar o projeto, é atribuída pela Constituição de forma diversa, a depender da espécie normativa.

Em se tratando de emendas à Constituição, podem tomar a iniciativa:

a) um terço, pelo menos, dos deputados ou dos senadores;

b) o Presidente da República; e

c) mais de metade das Assembleias Legislativas das unidades da Federação, manifestando-se, cada uma delas, pela maioria de seus membros.

Em se tratando de leis complementares ou ordinárias, a Constituição estabelece a competência concorrente para as leis em geral e a competência privativa, ou reservada, para aquelas que tratem de certas matérias, expressamente indicadas.

A iniciativa dos projetos de lei em geral pode ser exercida:

a) por qualquer membro, ou comissão, da Câmara dos Deputados, do Senado Federal, ou do Congresso Nacional;

---

1. Lei Complementar 95, de 26-2-98, art. 18.
2. Celso Ribeiro Bastos, *Dicionário de Direito Constitucional*, São Paulo, Saraiva, 1994, p. 165.
3. José Afonso da Silva, *Curso de Direito Constitucional Positivo*, 15. ed., São Paulo, Malheiros, 1998, p. 523.

b) pelo Presidente da República; e

c) pelos cidadãos.

O Presidente da República pode apresentar projetos de lei complementar ou ordinária que trate de qualquer assunto. Além disto, tem ele reservada a competência para a apresentação de projetos de lei que a Constituição expressamente indica.[4]

Os cidadãos podem também apresentar projetos de lei complementar, ou ordinária, à Câmara Federal, que trate de qualquer assunto, mas para tanto devem representar pelo menos um por cento do eleitorado nacional, distribuído pelo menos por cinco Estados, com não menos de três décimos por cento dos eleitores de cada um deles.

A Constituição reserva aos tribunais a iniciativa do processo legislativo, em se tratando de matérias que indica, com eles relacionadas.

2.4 Discussão e votação

Os projetos de lei são objeto de discussão e depois de votação. Durante a discussão cada membro do Congresso Nacional tem oportunidade de formular seus pontos de vista sobre o projeto, contra ou a favor de sua aprovação. A votação é o ato maior do processo legislativo, no qual os membros do Congresso Nacional manifestam a vontade popular, aprovando ou não o projeto.

A discussão e a votação dos projetos têm início na Câmara dos Deputados, ou no Senado Federal, conforme seja de uma ou da outra das casas do Congresso o membro ou a comissão que teve a iniciativa. Uma vez aprovado, o projeto é remetido à outra casa, que se considera então revisora. Em se tratando de projeto de lei da iniciativa de alguém estranho ao Congresso, a discussão e votação começam na Câmara dos Deputados.[5]

As leis ordinárias consideram-se aprovadas se contarem com o voto favorável da maioria *simples*[6] dos membros da casa onde estão sendo apreciadas (CF, art. 47). Já a aprovação das leis complementares exige a maioria absoluta (CF, art. 69).[7]

---

4. Constituição Federal de 1988, § 1º do art. 61.
5. É o caso dos projetos de lei de iniciativa popular (CF, art. 61, § 2º), de iniciativa do Presidente da República ou dos tribunais (CF, art. 64).
6. Maioria simples é a metade mais um dos membros, deputados ou senadores, presentes na ocasião.
7. Maioria absoluta é a metade mais um dos membros da Casa. Na Câmara, metade mais um dos deputados. No Senado, metade mais um dos senadores.

A discussão dos projetos de lei pode dar-se qualquer que seja o número de deputados, ou de senadores, presentes. A votação, porém, exige a presença da maioria absoluta (CF, art. 47).

Não se deve confundir o quórum para a votação com o quórum para a aprovação das leis. Para a votação de qualquer projeto de lei o quórum é maioria absoluta. Para aprovação, porém, o quórum é maioria simples para as leis ordinárias, maioria absoluta para as leis complementares e pelo menos três quintos dos votos dos membros da Casa respectiva para as emendas à Constituição.

2.5 Emendas

No processo legislativo existe uma fase própria para a propositura de emendas, que podem ser oferecidas por qualquer dos membros da casa em que está tramitando o projeto de lei.

Tendo sido o projeto aprovado em uma das duas Casas, objeto de emenda aprovada na outra, retornará à Casa de origem para apreciação da emenda. A não observância dessa regra fundamental para preservar o caráter bicameral do Congresso implica inconstitucionalidade formal da lei. Há, todavia, quem entenda que inconstitucional será apenas a disposição objeto da emenda. Assim, aliás, já decidiu o Supremo Tribunal Federal.[8]

Ocorre que a emenda pode ter sido supressiva de um dispositivo e, neste caso, não existirá o dispositivo a ser considerado inconstitucional. Em se tratando de supressão que não altera o sentido dos demais dispositivos é razoável admitir-se que efetivamente não haverá problema de constitucionalidade. A supressão de um dispositivo, porém, pode alterar o sentido de outros, ou até da própria lei, em sua totalidade. Imaginemos um dispositivo constante de um parágrafo, a dizer que *o disposto neste artigo não se aplica a casos tais, ou a tais situações*. Ou então um artigo a dizer que *esta lei não se aplica a tais casos, ou a pessoas em tais situações*. A supressão de um dispositivo assim implica evidente alteração no alcance de outro, que não foi objeto da emenda supressiva, ou da própria lei em sua totalidade.

A tese segundo a qual a invalidade afeta apenas o dispositivo objeto da emenda é problemática, na medida em que faz necessária a apreciação casuística, além de enfraquecer significativamente o bicameralismo. Penso, portanto, que,

---

8. STF – Plenário, ADIn 2.031-5, Medida Liminar, decisão do dia 29-9-99, *DJU* 1, de 6-10-99, p. 2, na qual foi questionada a Emenda Constitucional 21, que reinstituiu a CPMF. O Supremo Tribunal deferiu medida liminar para suspender apenas o dispositivo que fora alterado durante a votação na Câmara dos Deputados. Veja-se sobre o assunto o interessante estudo de Andrei Mininel de Souza e Fabiana Ferreira Forster, em *Revista Dialética de Direito Tributário* n. 49, p. 35-39.

uma vez ocorrida a emenda, seja de que natureza for, o projeto deve retornar à Casa em que se iniciou sua votação.

Mais problemática, ainda, é a tese segundo a qual não é necessário o retorno do projeto à Casa em que fora aprovado se a mudança na outra Casa do Congresso Nacional for simplesmente redacional. Mais problemática porque é extremamente difícil definir os limites nos quais a alteração de um dispositivo legal pode ser considerada simplesmente redacional, sendo certo que em alguns casos o que parece ser assim na verdade implica alteração substancial do dispositivo.

Ressalte-se que nem todos os projetos de lei podem receber emendas. Como se trata de exceção, posto que a regra é a possibilidade de emendas, as vedações estão expressamente previstas no texto constitucional.

2.6 Sanção e veto

Aprovado o projeto, a Casa onde foi concluída a votação o remete ao Presidente da República, para sanção, promulgação e publicação.

A sanção é a adesão do Chefe do Poder Executivo ao projeto. Por isto mesmo temos sustentado que nenhuma autoridade do Poder Executivo pode deixar de aplicar uma lei por considerá-la inconstitucional. Isto implicaria subversão do princípio da hierarquia.

A sanção pode ser expressa, se ocorre a subscrição do projeto, ou tácita, se não ocorre o seu veto no prazo de 15 dias (CF, art. 66, § 3º).

O veto é a forma pela qual o Chefe do Poder Executivo manifesta sua discordância com o projeto, por considerá-lo total ou parcialmente inconstitucional, ou contrário ao interesse público.

Assim, o veto pode ser total, atingindo todo o projeto, ou parcial, atingindo um ou alguns de seus dispositivos. Inadmissível, porém, o veto de palavras ou expressões, pois isto daria ao Presidente da República o poder de alterar dispositivos de lei, dando-lhes sentido diverso daquele aprovado pelo Congresso. O veto parcial abrange pelo menos uma das unidades em que se decompõe formalmente o projeto, vale dizer, um artigo, um parágrafo, um inciso ou uma alínea (CF, art. 66, § 2º).

O veto há de ser sempre fundamentado, e deve ser comunicado dentro de 48 horas ao Presidente do Senado Federal, com a necessária fundamentação (CF, art. 66, § 1º).

O Congresso Nacional, dentro de 30 dias, em sessão conjunta,[9] apreciará o veto, podendo rejeitá-lo pelo voto secreto da maioria absoluta dos deputados

---

9. Diz-se que a sessão é *conjunta* porque nela reúnem-se deputados e senadores.

e senadores. Se o fizer, enviará o texto novamente ao Presidente da República, para promulgação e publicação.

2.7 Promulgação e publicação

A partir da sanção, expressa ou tácita, ou da rejeição do veto, já é possível falar-se em lei, e não mais em projeto. A promulgação é a declaração solene de que o projeto foi convertido em lei. Por isto há quem sustente que os atos de promulgação e de publicação, a rigor, não integram o processo legislativo.[10]

A promulgação é obrigatória. Em se tratando de projetos sancionados expressamente pelo Presidente da República, esta se faz em seguida à sanção. No caso de sanção tácita, ou de rejeição de veto, o Presidente da República tem o prazo de 48 horas para fazer a promulgação. Se não o faz, a promulgação deve ser feita pelo Presidente do Senado, em 48 horas. Se este também se omitir, caberá ao Vice-Presidente do Senado fazer a promulgação, nas quarenta e oito horas seguintes.

A publicação é o ato pelo qual se torna do conhecimento de todos o texto da lei. Não obstante as opiniões em sentido contrário, temos a promulgação e a publicação como atos do processo legislativo, necessários à existência jurídica da lei. Sem estes atos há lei ainda em processo de elaboração. Já aprovada, é certo, mas ainda não completa, e por isto mesmo ainda sem condições de entrar em vigor.

A publicação, que completa o processo de formação das leis, é ato oficial, ou ato estatal, a ser praticado na forma prevista pelo ordenamento. Não vale se feita por outra forma, ainda que de fato a outra forma de publicação possa ser mais eficaz, no sentido de tornar a lei conhecida por um maior número de pessoas. A publicação é ato formal e por isto deve ser feita no órgão oficial, não sendo válida a publicação na denominada imprensa comum.

Diz-se geralmente que da publicação decorre a presunção de que todos conhecem a lei. Preferimos entender que da publicação decorre a certeza de que a lei existe e, assim, pode ser conhecida por quem o desejar. "A publicação destina-se menos a obter o conhecimento geral e efetivo da lei por todos do que a dar a cada um a *possibilidade* real de obter esse conhecimento, quer por si, quer com a ajuda de técnicos (juristas)."[11]

---

10. Cf. José Afonso da Silva, *Curso de Direito Constitucional Positivo*, 15. ed., São Paulo, Malheiros, 1998, p. 527.
11. Giorgio Del Vecchio, *Lições de Filosofia do Direito*, Coimbra, Arménio Amado, 1972, v. 2, p. 152.

2.8 Publicação e vigência

Com a publicação, completa-se o processo legislativo e a lei ingressa no ordenamento jurídico. A data em que se inicia a vigência deve ser indicada expressamente de modo a contemplar prazo razoável para que dela se tenha amplo conhecimento, mas pode a vigência iniciar-se na data da publicação, em se tratando de leis de pequena repercussão.[12]

Denomina-se *período de vacância* o tempo decorrido entre a data da publicação e a data do início da vigência. A lei pode indicar a data em que entrará em vigor, ou indicar um prazo para que se inicie sua vigência, contando-se este a partir da data da publicação.

Questão interessante diz respeito à republicação de lei para correção de erro havido na publicação.

A republicação da Lei 9.639, de 25.5.98, com supressão do dispositivo que anistiou os autores do crime previsto no art. 95, alínea *d*, da Lei 8.212/91 (não recolhimento ao INSS de contribuições descontadas de empregados), despertou-nos a atenção para um tema da maior importância, que é a publicação das leis. A natureza jurídica da publicação, seus efeitos, o efeito de uma lei publicada de forma diversa daquela aprovada pelo órgão legislador e o efeito da republicação retificadora de seu texto, tudo isso constitui matéria de notável importância que, talvez, em virtude da raridade da situação criada com a republicação da questionada lei de anistia, não havia ainda suscitado o interesse dos juristas.

Na verdade, a questão consiste apenas em saber qual a natureza jurídica da publicação oficial da lei. As demais são simples desdobramentos desta. E não se trata de uma simples questão de Direito Positivo brasileiro. É questão fundamental do Direito, cujo deslinde interessa especialmente à segurança jurídica, sabidamente um dos valores essenciais a serem preservados por qualquer sistema de Direito Positivo. Uma questão, portanto, radicada no âmbito da Teoria Geral do Direito.

A publicação oficial é mais do que uma condição de vigência; é um ato constitutivo, indispensável à própria existência da lei.

> "A publicação oficial, que faz fé, impede que os destinatários da lei objeto da mesma possam discutir sua existência e conteúdo com base em outras possíveis fontes de conhecimento. Existe, pois, algo mais, bastante mais que uma mera divulgação ou informação condicionante da eficácia (entenda-se, *vigência*) da norma. É, portanto, legítimo neste sentido qualificar a publicação oficial como ato constitutivo. O cumprimento das formalidades internas (*interna corporis*) para que a lei tenha se produzido como tal (procedimento legislativo, votações e, no seu caso quórum parlamentar etc.) e o conteúdo exatamente aprovado, não são controláveis

---

12. Lei Complementar 95, de 1998, art. 8º.

pelos destinatários da mesma, nem sequer pelos tribunais", embora tal controle possa ser feito pelo Tribunal Constitucional.[13]

Justifica-se, portanto, plenamente, a norma do § 4º, do art. 1º, da Lei de Introdução ao Código Civil Brasileiro, a dizer expressamente que *as correções a texto de lei já em vigor consideram-se lei nova.*

O argumento segundo o qual isto converte o servidor da Imprensa Oficial em potencial legislador é aparentemente procedente, mas só aparentemente. Na verdade, não subsiste a um só de três argumentos que lhe podem ser contrapostos. Primeiro, o de que aquele servidor não se pode investir na condição de legislador impunemente. Segundo, o de que a adoção de um intervalo entre a publicação e o início da vigência pode substituir a praxe atual de determinar que a lei entra em vigor na data de sua publicação. Terceiro, o da prevalência do valor segurança, para cuja preservação a publicação oficial há de merecer crédito, pois a não ser assim se terá, em face da lei publicada, de *discutir sua existência e conteúdo com base em outras possíveis fontes de conhecimento*, criando-se situação de intolerável insegurança jurídica.[14]

2.9 Alterações e revogação

Uma lei pode ser alterada ou revogada por lei posterior de diversas formas e nessa questão é de grande importância a técnica legislativa utilizada.

Uma lei pode ser alterada por outra mediante reprodução integral em novo texto, ou mediante revogação parcial, ou ainda por meio de substituição, no próprio texto, do dispositivo alterado, ou do acréscimo de dispositivos novos. Se a alteração ocorre com a reprodução integral em novo texto, que trata de toda a matéria tratada na lei anterior, a lei anterior fica inteiramente revogada. Se a alteração é feita mediante revogação parcial, isto é, se a lei nova apenas revoga um ou alguns dos dispositivos da lei anterior, certamente as partes da lei anterior, não revogadas, continuam vigentes. Se a alteração ocorre mediante substituição, no próprio texto da lei anterior, de dispositivos aos quais a lei nova dá nova redação, a lei anterior continua vigente por inteiro, com as alterações introduzidas pela lei nova.

É importante considerarmos que a escolha de uma das técnicas de alteração das leis tem decisiva importância para o fim de se saber a consequência da

---

13. Eduardo García de Enterria e Tomás Ramón Fernández, *Curso de Direito Administrativo*, trad. Arnaldo Setti, São Paulo, Revista dos Tribunais, 1991, p. 155.
14. O Supremo Tribunal Federal, todavia, preferiu considerar que a publicação feita com erro não produziu efeitos por ser inconstitucional. Teria havido um procedimento indevido do qual decorreu vício de inconstitucionalidade formal a invalidar a lei publicada.

revogação da lei que introduziu aquelas alterações. Se as alterações foram feitas no próprio texto da lei, a revogação da lei que fez essas alterações é inteiramente irrelevante, pois a lei vigente é a lei anterior, embora contendo em seu texto as alterações.

Quanto à revogação, sabe-se que esta pode ser expressa ou tácita. É expressa quando a lei nova diz expressamente a lei, ou os dispositivos da lei que está revogando. É tácita quando a lei mostra-se incompatível com a lei anterior, e ainda quando a lei nova trata de toda a matéria que estava tratada na lei anterior. A revogação tácita, portanto, opera-se de duas formas, a saber, por incompatibilidade e pelo trato abrangente de toda a matéria da lei anterior.

Para implicar revogação da lei anterior, a incompatibilidade desta com a lei nova há de ser absoluta. Se é relativa e assim pode ser superada pelo intérprete, se pode este conciliar as duas, não há revogação. Assim, se a lei nova estabelece disposições gerais sobre um assunto, não revoga as disposições especiais sobre o mesmo assunto existentes em lei anterior. E se estabelece disposições especiais sobre o assunto, não revoga as disposições gerais existentes sobre o mesmo assunto em lei anterior.

A revogação pelo trato abrangente de toda a matéria constante da lei anterior verifica-se com facilidade quando se trata de matéria codificada. Quando se trata de assunto regulado em leis especiais, a solução oferece problemas, especialmente porque as leis geralmente tratam de vários assuntos. Para evitar esse inconveniente, além de facilitar a pesquisa legislativa, a Lei Complementar 95, de 26.02.1998, em seu artigo formula importantes recomendações[15] ao legislador, nestes termos:

> "Art. 7º O primeiro artigo do texto indicará o objeto da lei e o respectivo âmbito de aplicação, observados os seguintes princípios:
>
> I – exceutadas as codificações, cada lei tratará de um único objeto;
>
> II – a lei não conterá matéria estranha a seu objeto ou a este não vinculada por afinidade, pertinência ou conexão;
>
> III – o âmbito de aplicação da lei será estabelecido de forma tão específica quanto o possibilite o conhecimento técnico ou científico da área respectiva;
>
> IV – o mesmo assunto não poderá ser disciplinado por mais de uma lei, exceto quando a subsequente se destine a complementar lei considerada básica, vinculando-se a esta por remissão expressa."

---

15. Diz-se que são apenas recomendações ao legislador porque a Lei Complementar 96/98 estabelece, em seu art. 18, que eventual inexatidão formal de norma elaborada mediante processo legislativo regular não constitui escusa válida para o seu descumprimento.

3. APRECIAÇÃO JUDICIAL DE VÍCIOS DO PROCEDIMENTO

Há quem sustente que o Judiciário não pode apreciar a alegação de vícios no procedimento legislativo, porque se trata de matéria *interna corporis* do Congresso Nacional. Na verdade, porém, assim não é. Onde há norma, o Judiciário pode e deve apreciar a questão de sua observância.

Seja como for, tem-se de distinguir entre as situações nas quais é inobservada apenas uma norma do regimento interno do Congresso Nacional ou de uma de suas Casas, e aquelas nas quais é descumprida norma da própria Constituição. Em se tratando de descumprimento de norma da Constituição, evidentemente não é razoável considerar-se uma questão *interna corporis*.

A norma que impõe o retorno do projeto emendado à Casa de origem é norma da Constituição, de sorte que as questões nas quais seja alegado o seu descumprimento não podem fugir, de nenhum modo, à apreciação judicial, e em última análise, à apreciação do Supremo Tribunal Federal.

4. LEI COMPLEMENTAR E LEI ORDINÁRIA

4.1 Distinção essencial

No Capítulo 2, quando estudamos as espécies normativas no Direito brasileiro, já nos referimos à lei complementar como espécie distinta da lei ordinária. É importante insistirmos em que a distinção essencial entre essas duas espécies de leis reside no quórum especial, maioria absoluta que a Constituição exige para a aprovação das leis complementares.[16]

Há, todavia, quem sustente que as leis complementares caracterizam-se por tratarem de certas matérias a elas reservadas pela Constituição.

4.2 Reserva de lei complementar

Efetivamente, em vários de seus dispositivos, a vigente Constituição estabelece que certas matérias devem ser tratadas em lei complementar. É a denominada reserva de lei complementar. Isto, porém, não quer dizer que o conteúdo seja elemento definidor dessa espécie de norma. Se fosse, bastaria que uma lei ordinária se ocupasse de matérias reservadas à lei complementar para que ganhasse a natureza desta.

---

16. Constituição Federal, art. 69: as leis complementares serão aprovadas por maioria absoluta.

4.3 A questão da hierarquia

No Capítulo 2, já nos reportamos à questão da hierarquia entre lei complementar e lei ordinária. Não obstante as divergências da doutrina e o respeito que merecem as opiniões em sentido contrário, na verdade existe hierarquia entre essas duas espécies normativas.

A lei complementar ocupa, em nosso sistema jurídico, posição hierárquica superior à das leis ordinárias. Isto resulta da exigência do quórum qualificado para a aprovação das leis complementares, e ainda do fato de que as leis complementares podem ser consideradas como fundamento de validade das leis ordinárias, na medida em que estabelecem normas gerais a serem respeitadas no trato de certas matérias pelo legislador ordinário.

Não desconhecemos a opinião dos que sustentam não haver diferença hierárquica entre lei complementar e lei ordinária. E que a lei complementar somente seria como tal qualificada quando versasse matéria expressamente a ela reservada pela Constituição. Tais opiniões são respeitáveis, mas resultam do equívoco de admitir que uma norma jurídica pode ganhar identidade específica pela matéria de que trata. Nenhuma norma identifica-se pela matéria de que se ocupa, e sim pelo órgão do qual emana e pelo procedimento de sua elaboração.

Além disso, a tese que nega a superioridade hierárquica da lei complementar sustentando que esta se qualifica pela matéria de que se ocupa é indesejável, porque contribui decisivamente para amesquinhar a segurança jurídica. Em matéria tributária, por exemplo, basta que se questione o significado da expressão *normas gerais de direito tributário* para deixar evidente a insegurança que se instaura em nosso ordenamento com aquela malsinada tese.

A indeterminação do alcance de cada um dos dispositivos da Constituição, definidores de matérias reservadas à lei complementar, deve ficar a critério do legislador. Admitirmos que o aplicador da lei, em cada caso, pode questionar se determinada lei complementar tratou de matéria que está fora dos limites do alcance desses dispositivos é alimentar a insegurança, amesquinhando a superioridade hierárquica da lei complementar.

A rigor, uma norma de hierarquia superior pode validamente tratar de matérias que, em princípio, devem ser tratadas por norma de hierarquia inferior. As emendas constitucionais podem tratar de quaisquer matérias, mesmo daquelas que normalmente podem ser tratadas por leis complementares, leis ordinárias, ou até por atos normativos inferiores. Uma lei complementar pode tratar, portanto, de matérias que em princípio poderiam ser tratadas por leis ordinárias. E essas podem tratar de matérias que, em princípio, podem ser tratadas por regulamentos. O inverso é que não se pode admitir.

IX
Os Tratados Internacionais

Sumário: 1. Conceito e objeto; 1.1 Relações internacionais e direito; 1.2 Questão terminológica; 1.3 Validade e eficácia dos tratados – 2. O processo de elaboração; 2.1 As partes; 2.2 Representação das partes nos tratados internacionais; 2.3 Aprovação dos tratados pelo legislativo; 2.4 Os tratados internacionais e a lei interna.

1. CONCEITO E OBJETO

1.1 Relações internacionais e Direito

Para os que entendem ser a coercibilidade uma das características da norma jurídica, as normas que regulam relações internacionais não seriam jurídicas, à míngua dessa característica, na medida em que não existe uma ordem internacional capaz de lhes garantir a aplicação.

Aliás, mesmo para os que substituíram a ideia de coercibilidade pela ideia de sanção, as normas reguladoras das relações internacionais não seriam jurídicas porque não há, na ordem internacional, a sanção organizada que está presente na ordem interna.

Parece-nos, porém, que a experiência das relações internacionais criou, ao longo do tempo, alguns princípios hoje aceitos pelas nações civilizadas, de sorte que se pode ter nesses princípios parâmetros razoáveis para a verificação da validade das normas reguladoras de relações internacionais, e assim nelas reconhecer o caráter jurídico.

Por outro lado, não se pode esquecer que a eficácia das normas jurídicas é fruto de sua aceitação, é fruto da crença de que o direito efetivamente é o melhor, se não o único, instrumento capaz de viabilizar a harmonia entre os homens. E entre as nações também. Assim, as normas albergadas pelos tratados internacionais podem ser consideradas normas jurídicas, independentemente da existência de um organismo universal capaz de garantir a aplicação de sanções aos que não as respeitarem.

1.2 Questão terminológica

Vários são os termos utilizados para designar o que estamos aqui denominando *tratado* internacional. São comuns os termos *acordo, ajuste, arranjo, ata, ato, carta, compromisso, contrato, convenção, convênio, pacto, protocolo*, entre outros.

O uso, pelo legislador brasileiro, inclusive pelo constituinte de 1988, da fórmula *tratados e convenções* induz o leitor desavisado à ideia de que os dois termos se prestam a designar coisas diversas.[1] A realidade do Direito internacional contemporâneo, porém, mostra o contrário. Não prestigia as antigas tentativas doutrinárias de atribuir expressões próprias, distintas, a cada modalidade de tratado internacional. O que se tem visto é o uso livre, indiscriminado e muitas vezes ilógico dos termos variantes daquele que a comunidade universitária utiliza como termo padrão. Termos variantes que chegam a nada menos de trinta e oito, e em língua portuguesa, a cerca de vinte.[2]

Assim, adotaremos aqui a expressão *tratados internacionais*, como nossa opção terminológica, esclarecendo que estamos com ela a designar todas as espécies de documentos firmados por Estados soberanos, integrantes da comunidade internacional, para regular suas relações, ainda que ostentem outros nomes.

1.3 Validade e eficácia dos tratados

Não se pode aferir a validade das normas albergadas em tratados internacionais em confronto com uma norma superior, formalmente colocada em condição de supremacia, porque tal norma não existe.

A validade dessas normas, entretanto, pode ser aferida em face dos princípios que a experiência das relações internacionais construiu ao longo da história das nações civilizadas. Princípios que estão expressos na doutrina, a nosso ver uma importante fonte do Direito.

Há quem sustente que a eficácia dos tratados resta comprometida pela ausência da sanção organizada, imposto por um organismo superior e imparcial. Na verdade, as sanções que se efetivam na ordem internacional são geralmente

---

1. Cf. J. F. Rezek, *Direito Internacional Público* – Curso Elementar, 5. ed., São Paulo, Saraiva, 1995, p. 15.
2. Cf. J. F. Rezek, *Direito Internacional Público* – Curso Elementar, 5. ed., São Paulo, Saraiva, 1995, p. 15-16.

unilaterais, e muita vez consistem simplesmente no desfazimento do próprio tratado.

Ocorre que a eficácia das normas jurídicas em geral é muito mais um produto da consciência jurídica, da crença no Direito, do que um produto da ameaça consubstanciada na possibilidade de sanção, embora essa possibilidade em alguns casos seja um elemento importante. Seja como for, é razoável acreditar-se que a eficácia das normas jurídicas em geral não depende apenas, nem depende principalmente, da possibilidade da sanção organizada, mas da consciência que se tenha das vantagens comuns que resultam da observância dessas normas.

Na ordem internacional também é assim. Os tratados internacionais ganham eficácia na medida em que entre os vários Estados soberanos se fortalece a crença no Direito como instrumento da harmonia, também no plano internacional.

2. O PROCESSO DE ELABORAÇÃO

2.1 As partes

As partes nos tratados internacionais são pessoas jurídicas de Direito público internacional, vale dizer, são os Estados soberanos e as organizações internacionais. Equiparam-se as pessoas jurídicas nessa ordem à Santa Sé.

Não podem ser parte nos tratados internacionais as pessoas jurídicas de Direito privado, pouco importando o seu potencial econômico, nem sua eventual multinacionalidade, característica presente nas grandes empresas, que exercem suas atividades em vários países.[3]

2.2 Representação das partes nos tratados internacionais

As organizações internacionais fazem-se representar por seus dirigentes, nos termos dos respectivos estatutos. Os Estados se fazem representar na ordem internacional pelo chefe de Estado, situação que em geral prevalece mesmo naqueles Estados nos quais a chefia do governo é entregue a autoridade diversa. A autoridade do chefe de Estado no domínio da celebração de tratados internacionais não sofre limitações, não sendo importante a questão constitucional doméstica. A limitação constitucional de poder não prejudica a representatividade no plano internacional.[4]

---

3. Cf. J. F. Rezek, *Direito Internacional Público – Curso Elementar*, 5. ed., São Paulo, Saraiva, 1995, p. 18.
4. Cf. J. F. Rezek, *Direito Internacional Público – Curso Elementar*, 5. ed., São Paulo, Saraiva, 1995, p. 36-37.

No Brasil, compete privativamente ao Presidente da República *celebrar tratados, convenções e atos internacionais*, não obstante estejam estes sujeitos ao *referendum* do Congresso Nacional.[5]

Pode o Presidente da República delegar ao Ministro das Relações Exteriores as negociações necessárias para a celebração de um tratado, e mesmo a assinatura deste, mas o poder do Ministro, que recebe então o nome de *plenipotenciário*, é um poder derivado, posto que originariamente esse poder é do Presidente da República.

2.3 Aprovação dos tratados pelo legislativo

Firmado o tratado pelo Brasil, deve ser este submetido à apreciação do Congresso Nacional, que, estando de acordo com os seus termos, o aprovará, posto que compete privativamente ao Congresso Nacional "resolver definitivamente sobre tratados, acordos ou atos internacionais que acarretem encargos ou compromissos gravosos ao patrimônio nacional".[6]

A aprovação de um tratado internacional, pelo Congresso Nacional, é formalizada através de decreto legislativo.

2.4 Os tratados internacionais e a lei interna

Tomada a expressão *lei interna* em sentido amplo, nela se inclui a própria Constituição. Assim, importa distinguir a relação existente entre o tratado internacional e a Constituição e depois a relação entre o tratado internacional e a lei ordinária.

É princípio geralmente aceito o de que as constituições devem ser sempre respeitadas, sendo inadmissível a celebração de um tratado internacional com ela incompatível. Assim, se um Estado soberano pretende celebrar um tratado que de algum modo contraria sua Constituição, deve primeiramente providenciar a alteração desta.

No Brasil, os tratados internacionais estão sujeitos ao controle de constitucionalidade, isto é, colocam-se em plano hierárquico inferior à Constituição, embora esta não o diga em linguagem direta.[7]

Já no que concerne à relação entre o tratado internacional e a lei interna infraconstitucional a situação é diversa. Existem duas posições. Uma, dos países

---
5. Constituição Federal, art. 84, inciso VIII.
6. Constituição Federal, art. 49, inciso I.
7. Cf. J. F. Rezek, *Direito Internacional Público* – Curso Elementar, 5. ed., São Paulo, Saraiva, 1995, p. 104.

que consideram o tratado internacional superior à lei interna. É o caso da França, da Grécia e do Peru, cujas constituições asseveram expressamente a superioridade dos tratados internacionais em relação às leis internas. Outra, a dos países nos quais os tratados internacionais estão colocados no mesmo plano hierárquico das leis, e por isto o conflito eventualmente instaurado entre normas daqueles e destas se resolve pelo critério cronológico, com a prevalência do texto mais recente.

No Brasil temos, por decisão do Supremo Tribunal Federal, a paridade entre as normas do tratado internacional e as constantes de leis internas. No dizer de Rezek:

> *"Admitiram as vozes majoritárias que, faltante na Constituição do Brasil garantia de privilégio hierárquico do tratado internacional sobre as leis do Congresso, era inevitável que a Justiça devesse garantir a autoridade da mais recente das normas, porque paritária sua estrutura no ordenamento jurídico."*[8]

A referência de Rezek, seguramente o melhor tratadista brasileiro do Direito Internacional Público, a *vozes majoritárias*, é muito significativa. O ilustre professor, que de tão afeiçoado ao Direito internacional terminou deixando seu importante cargo de Ministro do Supremo Tribunal Federal, para ser Juiz da Corte de Haia, quer significar não haver participado na formação daquelas *vozes majoritárias*.

Para nós, os tratados internacionais devem ser colocados em posição superior à lei interna infraconstitucional, até por uma questão moral. Não se justifica que o Brasil celebre um tratado internacional e depois legisle em sentido contrário.

Nota de Atualização

Com a Emenda Constitucional 45 de 2004, o artigo 5º da Constituição ganhou um § 3º, segundo o qual os "tratados e convenções internacionais sobre direitos humanos que forem aprovados, em cada Casa do Congresso Nacional, em dois turnos, por três quintos dos votos dos respectivos membros, serão equivalentes às emendas constitucionais."

A emenda resolveu o problema apenas em parte, pois não só ficam em aberto as questões relacionadas aos tratados celebrados anteriormente à sua vigência, como se continua insistindo na ideia, equivocada, de dar ao tratado a hierarquia do ato que apenas conclui o processo de sua celebração, "internalizando-o", o que, como explicado pelo Prof. Hugo de Brito Machado, não é correto.

---

8. Cf. J. F. Rezek, *Direito Internacional Público – Curso Elementar*, 5. ed., São Paulo, Saraiva, 1995, p. 107.

Posteriormente, sinalizando uma possível mudança nesse entendimento, julgando uma questão de Direito Tributário, o Supremo Tribunal Federal reconheceu o caráter supralegal de um tratado (RE 229.096/RS), mesmo se tendo seguido o trâmite previsto na EC 45/2004, o qual lhe daria *status* de emenda. Os tratados, a rigor, mesmo não aprovados na forma de uma emenda constitucional, prevalecem sobre toda a legislação interna infraconstitucional, independentemente da matéria de que versem, devendo obediência apenas ao texto constitucional.

X
Outras Espécies de Norma

Sumário: 1. A jurisprudência e outras normas estatais; 1.1 O julgado e a jurisprudência; 1.2 A força do precedente; 1.3 As súmulas – 2. Normas não estatais; 2.1 Os estatutos e regimentos; 2.2 Contratos sociais; 2.3 Outros contratos de efeitos normativos; 2.4 Os atos unilaterais de vontade.

1. A JURISPRUDÊNCIA E OUTRAS NORMAS ESTATAIS

1.1 O julgado e a jurisprudência

O julgado, como tal entendida uma decisão de um juiz ou tribunal, é uma prescrição jurídica para o caso concreto. Não é norma, em sentido estrito, salvo para os que consideram norma esse tipo de prescrição para o caso concreto. Não para os que consideram norma somente as prescrições jurídicas dotadas de hipoteticidade.

A jurisprudência, porém, como tal entendido o conjunto de julgados que firma uma orientação a ser seguida em casos futuros pelos órgãos do Poder Judiciário, esta sim, é norma, porque dotada de hipoteticidade tal como as normas produzidas pelo legislador, "valendo como modelo ou previsão de Direito".[1]

A norma jurisprudencial, aliás, é mais importante até do que a própria lei. Produzida pelo Judiciário, a quem cumpre dizer a última palavra sobre os litígios, tem sua observância bem mais garantida. Por isto mesmo os que lidam com o Direito costumam fazer referência aos precedentes, sempre que analisam qualquer questão jurídica.

---

1. Arnaldo Vasconcelos, *Teoria da Norma Jurídica*, 4. ed., São Paulo, Malheiros, 1996, p. 83.

1.2 A força do precedente

Realmente, firmado um precedente, dificilmente o órgão que o formulou modifica o seu entendimento naquele ponto. Assim, quando o precedente seja de um tribunal superior, tem-se que somente através de alteração da lei se conseguirá a sua modificação. Quem lida na advocacia, ou na judicatura, bem conhece a forma do precedente.

Há quem sustente, por isto mesmo, o inconveniente de se atribuir efeito vinculante aos precedentes, quando estes assumam a forma de súmulas. Isto contribuiria para a preservação de equívocos muita vez cometidos na atividade jurisdicional pelos tribunais. Não me parece, porém, que seja assim; penso que a consagração desse efeito vinculante, desde que expressamente prevista a possibilidade e a forma de revisão dos precedentes, ou súmulas, teria mais vantagens do que inconvenientes.

1.3 As súmulas

As súmulas são enunciados nos quais os tribunais formulam o seu entendimento a respeito de questões julgadas, para orientação deles próprios e dos órgãos a eles vinculados, na apreciação de casos idênticos que no futuro lhes sejam apresentados.

A questão de saber se tais súmulas devem ter, ou não, efeito vinculante é objeto de profunda controvérsia entre os juristas. Os que preconizam o efeito vinculante argumentam com a necessidade de minimizar as controvérsias a respeito de temas já apreciados, o que facilitaria o trabalho dos órgãos do Judiciário. Os que se opõem alegam que o efeito vinculante constitui cerceamento ao livre entendimento do Direito pelos órgãos do Judiciário, tolhendo a liberdade dos juízes.

Em congresso no qual o assunto foi tratado, ouvi palestras proferidas por dois Ministros do Supremo Tribunal Federal, defendendo as teses opostas. O Ministro Sepúlveda Pertence, que na ocasião estava a deixar a Presidência da Corte Maior, e o Ministro Celso de Melo, que assumia aquele importante cargo. A final convenci-me de que a rigor não havia, no essencial, controvérsia entre eles. Eles próprios, aliás, chegaram a essa conclusão naquela ocasião, pois o que defendia o efeito vinculante admitia vários temperamentos, e o que o repudiava propunha medidas para prestigiar as súmulas, de sorte que na prática as duas teses conduziam ao mesmo resultado.

Penso que o efeito vinculante das súmulas impõe-se, porque é necessário à preservação da isonomia, que resta lesionada na medida em que se admitem decisões diversas em situações iguais. Entretanto, não se pode vedar decisões contrárias às súmulas sob a ameaça de punição dos que assim decidem. O conflito entre a liberdade de decidir e o princípio da isonomia, porém, pode ser facilmente superado. Basta que se institua o recurso de ofício para todas as decisões que sejam manifestamente contrárias às súmulas. Tais decisões não produzirão efeitos, vale dizer, não poderão ser executadas enquanto o caso não for apreciado pelo tribunal sumulante.

Por outro lado, é inadmissível vedar-se o recurso da parte vencida nos casos em que a decisão aplica a súmula, pois pode ocorrer que a decisão tenha interpretado o seu enunciado de forma incorreta, ou que tal enunciado efetivamente não diga respeito ao caso em apreciação. Em outras palavras, pode ocorrer que o caso em apreciação albergue peculiaridade tal que o coloque fora do alcance da súmula aplicada.

É necessário, porém, coibir recursos abusivos. Assim, quando a decisão tenha aplicado uma súmula e o recorrente não logre demonstrar que o fez indevidamente, deve ser a ele aplicada uma sanção, que pode consistir na elevação das custas correspondentes, para o caso de o tribunal sumulante entender que o recurso é abusivo.

O argumento dos que se opõem ao efeito vinculante, alegando que o mesmo produz indesejável estagnação do Direito, impedindo a revisão de súmulas que albergam entendimentos equivocados, pode ser respondido com a adoção de um procedimento especial de revisão de súmulas. Basta que se atribua a alguns órgãos a iniciativa de pedir a revisão de súmula que entenda inadequada, tal como ocorre com o controle concentrado de constitucionalidade.

Aliás, a ideia segundo a qual, no sistema processual hoje em prática, os tribunais podem mudar um entendimento sumulado em face de uma sentença bem elaborada, ou de um recurso bem feito, não tem apoio na realidade. A enorme quantidade de casos a serem apreciados faz com que os membros dos tribunais nem examinem os recursos que lhes chegam se a matéria está sumulada. Limitam-se a aplicar as súmulas, e no mais das vezes os seus votos são padronizados e já estão prontos nos computadores.

Com o processo de revisão de súmulas, porém, a situação seria diferente. Primeiro, porque os pedidos de revisão não seriam tão numerosos como são, atualmente, os recursos questionando a aplicação de súmulas. Segundo, porque poderia haver ocasião especial para a apreciação do pedido de revisão de súmulas, de sorte que a atenção dos magistrados teria de se concentrar em tais pedidos.

2. NORMAS NÃO ESTATAIS

2.1 Os estatutos e regimentos

Importantíssimas, e muito mais numerosas do que pode parecer, são as normas não estatais, produzidas pelos particulares, em documentos como estatutos e regimentos de entidades privadas.

Nas sociedades anônimas, por exemplo, quase tudo é deixado pela lei à regulação estatutária. Os fundadores da sociedade, na constituição desta, aprovam um estatuto que regula praticamente tudo na vida da empresa, desde as relações com seus acionistas, os direitos destes, patrimoniais ou não, a estrutura e o funcionamento dos órgãos de direção, as atribuições de seus dirigentes. Na lei que trata dessas sociedades a maioria das normas é de natureza supletiva, prevalecendo apenas na ausência de disposição estatutária em sentido contrário.

2.2 Contratos sociais

Também nas sociedades ditas contratuais, o instrumento de constituição, o contrato social, disciplina muitas questões importantes, de sorte que alberga normas de grande relevo no concernente ao funcionamento da sociedade, os direitos dos sócios, e tudo o mais. Poucas normas da lei são impositivas.

2.3 Outros contratos de efeitos normativos

Existem, ainda, no ordenamento jurídico, normas diversas, de natureza contratual, que regulam relações de natureza continuativa. O exame de um compêndio sobre contratos demonstra como são importantes as normas nestes inseridas como expressão da liberdade de contratar.

Esses contratos, portanto, não podem deixar de ser considerados como instrumentos que albergam importante espécie de normas não estatais.

2.4 Os atos unilaterais de vontade

Finalmente, os atos unilaterais de vontade são também importante espécie normativa de origem não estatal.

Entre esses atos podem ser mencionados os testamentos, que constituem importante fonte do Direito em matéria de sucessões.

3ª Parte
O ORDENAMENTO JURÍDICO

XI
A Unidade e a Coerência

Sumário: 1. A unidade e a coerência; 1.1 A ideia de sistema; 1.2 As antinomias; 1.3 Critérios para solução das antinomias; 1.4 O critério hierárquico; 1.5 O critério cronológico; 1.6 O critério da especialidade; 1.7 Insuficiência dos critérios; 1.8 Antinomias principiológicas e a questão dos valores; 1.9 O inevitável conteúdo político da interpretação; 1.10 A coerência como condição de validade; 1.11 Coerência do sistema e interpretação – 2. A Constituição e a unidade do sistema jurídico; 2.1 A Constituição como base do sistema; 2.2 O controle de constitucionalidade do Brasil; 2.2.1 Necessidade do controle; 2.3 As formas de controle de constitucionalidade; 2.3.1 O controle difuso; 2.3.2 O controle concentrado.

1. A UNIDADE E A COERÊNCIA

1.1 A ideia de sistema

Quase todos afirmam que o Direito é um *sistema de normas*. Muitos, porém, são os que não explicam o que querem dizer com a expressão *sistema de normas* e, ainda, nenhuma consequência prática retiram da concepção do Direito como *sistema*, deixando-a, assim, inteiramente inútil.

Importante, pois, é demonstrarmos porque o Direito é um *sistema* e quais as principais consequências práticas dessa ideia.

Muitos estudam o Direito a partir da norma jurídica, como se fosse possível explicar o fenômeno jurídico sem levar em conta, em primeiro lugar, que o conceito de norma não abrange todas as prescrições jurídicas, mas apenas uma espécie destas, e em segundo lugar, sem considerar as relações inevitáveis entre as prescrições que o integram.

É certo que a norma jurídica tem especial relevo no contexto do sistema jurídico, e por isto mesmo é comum a referência a esta, quando a referência cabível seria à prescrição, que é o gênero. De todo modo, explicar o que se deve entender por Direito a partir da norma jurídica[1] isolada, buscando determinar as características desta, é uma tarefa impossível, pois, como ensina Bobbio, com inteira propriedade, "o Direito não é norma, mas um conjunto ordenado de normas, sendo evidente que uma norma jurídica não se encontra jamais só, mas está ligada a outras normas com as quais forma um sistema normativo".[2]

Dizemos, portanto, que o Direito é um sistema de prescrições jurídicas, interligadas e harmônicas. É um sistema porque é integrado de partes que se completam e que dependem umas das outras, como se pode constatar na experiência jurídica.[3]

Resta demonstrar que a consideração do Direito como um sistema de normas tem várias consequências práticas, das quais vamos apontar a seguir as três mais importantes. Como todo sistema há de ser coerente, isento de incongruências, a primeira e talvez mais importante consequência prática da ideia de sistema consiste em que as incongruências ou antinomias devem ser eliminadas. A segunda consequência importante da ideia de sistema consiste na sua utilização como elemento indispensável na busca do significado das prescrições jurídicas. Finalmente, a terceira consequência importante da ideia de sistema consiste em que as lacunas cuja presença consubstancie uma incongruência devem ser de pronto eliminadas pelo intérprete.

1.2 As antinomias

Como as prescrições que integram o ordenamento jurídico são elaboradas por pessoas diversas, que atuam em ambientes diversos, movidas por interesses diversos e até vivendo momentos históricos os mais diferentes, é natural que entre elas eventualmente surjam contradições ou antinomias.

Na elaboração de uma lei interferem interesses em razão dos quais pode ocorrer que afinal o texto desta seja incompatível com a Constituição. Na elaboração de um decreto, ou regulamento, pode haver discrepância em relação ao que consta da lei. Também nos atos de concreção do Direito, sejam atos administrativos ou judiciais, como prescrições jurídicas concretas, nem sempre se verifica a compatibilidade com as normas às quais devem corresponder.

---

1. Na verdade o Direito é um sistema de *prescrições*, embora se possa dizer que as *normas* são a espécie mais importante destas.
2. Norberto Bobbio, *Teoria do Ordenamento Jurídico*, trad. Maria Celeste Cordeiro Leite dos Santos, 4. ed., Brasília, Editora da UnB, 1994, p. 21.
3. Adotamos, assim, a ideia de sistema no sentido de conjunto de partes sem incompatibilidades entre elas. É o terceiro sentido de sistema, a que se reporta Bobbio (*Teoria do Ordenamento Jurídico*, cit., p. 80).

Se as normas não estão no mesmo ordenamento jurídico evidentemente não se há de falar em antinomia entre elas. Também não se há de falar em antinomia se as normas em confronto têm suporte fático diverso. Assim, é importante que se examine com atenção o suporte fático da norma, antes de afirmar a existência da antinomia.

O suporte fático de uma norma pode ser visto sob quatro aspectos, a saber, o *temporal*, o *espacial*, o *pessoal* e o *material*. Não havendo coincidência quanto ao suporte fático, em todos os seus aspectos, não se há de falar em antinomia.

Diz-se, então, que há uma antinomia entre duas prescrições jurídicas quando pertencentes ambas ao mesmo ordenamento jurídico, e tendo ambas o mesmo suporte fático, (a) uma *obriga* e a outra *proíbe*, ou (b) uma *obriga* e a outra *permite*, ou ainda, (c) uma *proíbe* e a outra *permite* mesmo comportamento.[4]

Tem-se, nestes casos, o que podemos denominar antinomias próprias, ou antinomias *prescritivas*, que se estabelecem entre *prescrições jurídicas*. Além destas, existem ainda as antinomias ditas impróprias, ou antinomias *principiológicas*, entre ou no âmbito de princípios jurídicos.

1.3 Critérios para solução das antinomias

As pessoas incumbidas de elaborar e de aplicar as prescrições jurídicas nem sempre conhecem o ordenamento jurídico. Cabe então ao jurista, que há de conhecer o ordenamento jurídico, realizar a superação daquelas antinomias, e para isto a Ciência do Direito propõe critérios que são hoje geralmente aceitos, porque tidos como adequados a resolver as dificuldades surgidas com a constatação de antinomias.

As antinomias podem ocorrer entre prescrições de hierarquia diferente, entre prescrições da mesma posição hierárquica mas com datas diversas de elaboração, e entre prescrições da mesma posição hierárquica e da mesma data. Conforme a situação, a Ciência do Direito dispõe de um critério adequado, a saber, o critério hierárquico, o critério cronológico e o critério da especialidade.

Apesar de tudo, pode ocorrer que subsista a antinomia. Por isto mesmo é que se diz que as antinomias prescritivas dividem-se, no que diz respeito à possibilidade de solução pelos critérios propostos pela Ciência do Direito, em

---

4. Para Norberto Bobbio, a antinomia somente se apresenta na situação em que as duas normas tenham o mesmo âmbito de validade. O mesmo autor afirma que as normas podem ter quatro diferentes âmbitos de validade, a saber, temporal, espacial, pessoal e material (*Teoria do Ordenamento Jurídico*, cit., p. 87-88). A nosso ver, porém, a expressão *suporte fático* é bem melhor do que a expressão *âmbito de validade*, neste contexto.

duas espécies, a saber, as *solúveis*, que podem ser superadas por um dos critérios propostos pela Ciência do Direito, e as *insolúveis*, que não podem ser superadas por nenhum daqueles critérios, obrigando o aplicador da prescrição jurídica a apelar para critérios valorativos ou axiológicos, tal como nas situações em que se configuram as antinomias impróprias, ou principiológicas.

Por questão didática, cuidaremos desde logo dos critérios para a solução das antinomias prescritivas solúveis, deixando para mais adiante o estudo da forma de superação das antinomias prescritivas insolúveis e das antinomias principiológicas.

1.4 O critério hierárquico

Consiste o critério hierárquico na prevalência da prescrição jurídica hierarquicamente superior. Como é sabido, o ordenamento jurídico é organizado hierarquicamente. Nos ordenamentos jurídicos em geral a Constituição ocupa a posição hierárquica mais elevada. Abaixo situam-se as leis, geralmente adjetivadas como ordinárias, e abaixo destas as demais normas do ordenamento.

As prescrições concretas, entre estas as sentenças judiciais, ocupam posição peculiar, porque não se colocam na mesma escala hierárquica das normas, na medida em que o Judiciário, em muitos países, pode declarar a inconstitucionalidade de todas as espécies normativas inferiores à Constituição. Diz-se, então, que as prescrições concretas podem estar logo abaixo da Constituição, mas podem estar abaixo de outras prescrições normativas desde que estas estejam de conformidade com a Constituição.

Seja como for, certo é que, pelo critério hierárquico, as antinomias são resolvidas pela prevalência da prescrição jurídica de hierarquia superior. A questão de saber qual a prescrição que, em determinado caso, ocupa posição superior depende de cada ordenamento jurídico positivo, e em se tratando de prescrições concretas, essa questão deve ser tratada com o estabelecimento de escala hierárquica a estas pertinentes, que não abrangerá necessariamente as prescrições normativas.

A prevalência da norma de hierarquia superior pode dar-se com o afastamento puro e simples da norma de hierarquia inferior, que deve ser considerada sem validade jurídica. Pode, todavia, dar-se também essa prevalência da norma de hierarquia superior pela interpretação da norma inferior que lhe empreste significado compatível com a norma superior. Assim é que o Supremo Tribunal Federal tem feito prevalecer a Constituição dando à lei, cuja inconstitucionalidade seja arguida, uma interpretação conforme com a Constituição. Em tais casos, diz estar declarando a inconstitucionalidade sem redução de texto. Isto significa que foi declarada inconstitucional apenas determinada interpretação da lei, mas o texto desta não foi excluído do sistema jurídico.

Realmente, como a norma jurídica geralmente admite mais de uma interpretação, pode ocorrer que uma dessas interpretações possíveis a coloque em conflito com a Constituição, enquanto outra não o faça. O órgão estatal incumbido do controle da constitucionalidade, então, declara válida apenas aquela interpretação que não cria o conflito, e assim suprime a antinomia pela prevalência da norma superior, declarando inconstitucional aquela interpretação da norma inferior geradora do conflito.

Não é possível deixar de aplicar uma lei sem declarar sua inconstitucionalidade. Se a lei está em vigor, e ocorreu no mundo dos fatos a situação nela descrita como hipótese de incidência, a única razão que justifica a sua não aplicação é a inconstitucionalidade, que deve ser então declarada.

Conhecemos caso em que o Superior Tribunal de Justiça deixou de aplicar lei, sem declarar sua inconstitucionalidade, mas não podemos deixar de considerar incorreto esse procedimento.

1.5 O critério cronológico

Na impossibilidade de utilização do critério hierárquico, por tratar-se de normas situadas na mesma posição hierárquica no sistema jurídico, aplica-se então o critério cronológico. Como as normas não ingressam no ordenamento jurídico na mesma data, tem-se que a antinomia entre prescrições de datas diferentes devem ser resolvidas com a aplicação daquela mais recente.

Esse critério merece especial atenção quando se trate de antinomia entre uma prescrição normativa, vale dizer, uma norma, e uma prescrição concreta, vale dizer, um ato administrativo ou uma sentença. É que estes, como atos de concreção do Direito, em certas situações merecem especial proteção do ordenamento jurídico, como forma de realização do princípio da segurança jurídica.

Assim é que os ordenamentos jurídicos em geral conferem especial proteção a certas prescrições jurídicas, que não podem ser alteradas por prescrições posteriores, ainda que de posição hierárquica mais elevada. É o que explicam as noções de ato jurídico perfeito, direito adquirido e coisa julgada.

1.6 O critério da especialidade

Pelo critério da especialidade tem-se que as prescrições gerais convivem com as especiais, e estas prevalecem sobre aquelas.

Pode parecer que o critério da especialidade se faz desnecessário pela consideração de que a antinomia própria somente se configura quando as normas em conflito têm o mesmo suporte fático. Na verdade, porém, não é assim. Ao tratarmos do suporte fático dissemos que este pode ser visto sob quatro aspectos, a saber, o *temporal*, o *espacial*, o *pessoal* e o *material*. E asseveramos que, não havendo coincidência quanto ao suporte fático, em todos os seus aspectos, não se há falar em antinomia.

Aqui, quando falamos do critério da especialidade, temos como pressuposto que o suporte fático das prescrições jurídicas em conflito é o mesmo, no sentido de que há coincidência sob todos os aspectos, vale dizer, o temporal, o espacial, o pessoal e o material. Apenas no que diz respeito a um desses aspectos, ou a mais de um deles, uma norma é mais geral do que a outra. Uma abrange a generalidade do suporte fático, enquanto a outra abrange apenas parte dele.

1.7 Insuficiência dos critérios

Pode ocorrer que a utilização de todos os critérios acima estudados seja insuficiente para resolver a antinomia. É o que se verifica quando há um conflito entre duas normas da mesma data, da mesma posição hierárquica e igualmente gerais.

Não obstante a tentativa de alguns doutrinadores de encontrar caminhos para a solução dessas antinomias, a verdade é que nesses casos, como naqueles em que se configuram as denominadas antinomias principiológicas ou impróprias, só resta mesmo ao jurista, como ao aplicador do Direito, o apelo aos valores.

1.8 Antinomias principiológicas e a questão dos valores

Além das antinomias próprias, ou *normativas*, das quais já tratamos, existem ainda as antinomias impróprias, ou antinomias que se estabelecem entre princípios jurídicos, ou no âmbito destes. Vejamos aqui pelo menos as mais importantes, que podemos denominar de *contradição*, de *avaliação* e de *inadequação*.[5]

Diz-se que há uma antinomia principiológica de *contradição* quando numa determinada situação colocam-se em conflito dois princípios. Entre nós, o Supremo Tribunal Federal já apreciou uma questão na qual afirmou estarem em conflito os princípios da segurança jurídica e o da isonomia, e decidiu pela

---

5. Norberto Bobbio refere-se a antinomias de princípio, de avaliação e teleológicas (*Teoria do Ordenamento Jurídico*, cit., p. 90-91).

prevalência do último. Na verdade, em casos assim, não se pode dizer que houve a não aplicação de um dos princípios. O que houve foi a prevalência de um sobre o outro, em certa medida, mas ambos subsistem.[6]

Merece atenção o fato de que os princípios geralmente ensejam a edição de normas que os realizam. Assim, em face de princípios que se colocam um em contradição com o outro, como ocorre com os princípios da liberdade e da segurança, podem ser editadas normas em face das quais se estabeleça uma antinomia. Uma dessas normas, sem dúvida, há de ser eliminada do sistema, por um dos critérios de superação das antinomias, salvo, é claro, a configuração daquela situação em que as normas são da mesma data e da mesma posição hierárquica, caso em que a antinomia subsiste e se considera insolúvel.

Diz-se que há uma antinomia principiológica de *avaliação* quando é estabelecida uma sanção mais grave para um ilícito de pequeno potencial ofensivo e uma sanção mais leve para um ilícito de potencial ofensivo maior. No Direito brasileiro, temos vários exemplos dessa espécie de antinomia. Um deles, muito expressivo aliás, está no art. 1º da Lei 8.137/90, que comina pena de reclusão de 2 a 5 anos para o crime de supressão ou redução de tributo, enquanto o art. 334 do Código Penal comina a pena de reclusão de 1 a 4 anos para o crime de contrabando ou descaminho. Não há dúvida de que este último é de bem maior gravidade, posto que, além de implicar o não pagamento do tributo, de forma fraudulenta, pode implicar também graves danos à economia nacional.

Neste caso não se pode falar propriamente em antinomia, porque não existe incompatibilidade entre as prescrições normativas, mas resta evidente que há um tratamento injusto. Há um erro de avaliação por parte de quem elaborou as normas. Pode-se dizer que há uma injustiça. Entretanto, entre a situação de antinomia e a situação de injustiça, apenas há de comum a ideia de que ambas devem ser corrigidas. A antinomia, porque produz incerteza, e a injustiça, porque consubstancia desigualdade.

Diz-se, finalmente, que há uma antinomia de *inadequação* quando uma norma destinada a realizar um princípio jurídico não se mostra adequada para tanto. Ou então, quando uma norma prescreve um fim e outra, elaborada para permitir que tal fim seja alcançado, mostra-se para tanto inadequada.

---

6. Cabe lembrarmos aqui esta diferença essencial entre um princípio e uma norma. O princípio é sempre de tal generalidade e abrangência que sempre haverá como preservá-lo em face de outro princípio ao qual se atribua, em determinado caso, a prevalência. Por isto se pode dizer que o conflito entre princípios não se resolve pela eliminação, ou pela não aplicação de um deles, mas pela prevalência de um deles, sem prejuízo da subsistência do outro.

Em nosso Direito positivo podemos apontar como exemplo de antinomia de inadequação a que existe entre o art. 5º, inciso II, da Constituição, segundo o qual ninguém será obrigado a fazer ou deixar de fazer alguma coisa senão em virtude de lei, e o art. 62, também da Constituição, segundo o qual o Presidente da República, em casos de relevância e urgência, pode editar medidas provisórias com força de lei. Este último dispositivo foi inserido na Constituição com o objetivo de dar ao Presidente da República um instrumento para solucionar situações de emergência, preservando-se, porém, o princípio da legalidade, na medida em que se estava a evitar a ampliação do alcance dos decretos. Na prática, porém, tal dispositivo revelou-se inadequado, por constituir uma fonte de abuso do poder, que terminou por reduzir a quase nada o importante princípio da legalidade.

1.9 O inevitável conteúdo político da interpretação

A assertiva de Kelsen, segundo a qual a Ciência do Direito é incapaz de oferecer uma interpretação de uma norma que seja a única correta, e que a escolha de uma das interpretações possíveis é sempre um ato político, tem inteira aplicação também quando se questionam os critérios para a solução das antinomias. Sem discutir, aqui, a questão da interpretação, pode-se afirmar, com segurança, que a superação das antinomias em um ordenamento jurídico fica reduzida em muitos casos a uma questão axiológica.

Aliás, a própria configuração da antinomia depende, em muitos casos, da interpretação que se adote das normas tidas como antinômicas. Ou de uma delas.

Seja como for, certo é que a Ciência do Direito, pelo menos enquanto considerada no seu sentido positivista, é incapaz de propiciar a solução para as questões jurídicas, sendo inevitável o conteúdo político da interpretação. No Brasil esse conteúdo político se revela mais intenso nas decisões de última instância, proferidos pelo Supremo Tribunal Federal.

1.10 A coerência como condição de validade

Finalmente, coloca-se a questão de saber se a coerência de um ordenamento jurídico é uma condição de sua validade.

Norberto Bobbio oferece resposta negativa, asseverando que a coerência do ordenamento jurídico não é condição de validade deste, embora seja sempre uma condição de justiça. Esclarece, entretanto, aquele Mestre, que a falta de coerência impede sejam atendidas duas exigências fundamentais em que se inspiram, ou devem inspirar-se, os ordenamentos jurídicos, a saber, a exigência de certeza e a exigência de justiça.[7]

Em nosso ordenamento jurídico, se não há como afirmar a invalidade do próprio ordenamento em face da presença de antinomias, é razoável afirmar-se que estas, na medida em que geram injustiça, podem ser reputadas inconstitucionais,[8] e portanto desprovidas de validade. Resta, assim, autorizada a interpretação que desconsidera uma das normas antinômicas tendo como aplicável a que ao intérprete parecer mais justa.

Aliás, é razoável afirmar-se que em nosso sistema jurídico uma lei injusta é inconstitucional, porque temos na Constituição Federal de 1988 dispositivo segundo o qual um dos objetivos fundamentais da República Federativa do Brasil é construir uma sociedade livre, justa e solidária.[9]

1.11 Coerência do sistema e interpretação

A consideração de que as normas jurídicas integram um sistema, e neste é essencial a coerência, é de grande importância na interpretação das normas jurídicas. Essa consideração leva o intérprete à conclusão de que a melhor interpretação, entre as várias porventura possíveis, de uma norma, é aquela que a coloca em harmonia com as demais, não apenas do ponto de vista lógico formal, mas também do ponto de vista valorativo. Em outras palavras, a melhor interpretação, entre as várias literalmente possíveis, é a que preserva a coerência do sistema jurídico.

2. A CONSTITUIÇÃO E A UNIDADE DO SISTEMA JURÍDICO

2.1 A Constituição como base do sistema

A Constituição, além de estabelecer a estrutura e o funcionamento dos órgãos mais importantes do Estado, alberga as normas fundamentais de um sistema

---

7. Nas palavras de Bobbio (*Teoria do Ordenamento Jurídico*, cit., p. 113):
"A coerência não é condição de validade, mas é sempre condição para justiça do ordenamento. É evidente que quando duas normas contraditórias são ambas válidas, e pode haver indiferentemente a aplicação de uma ou de outra, conforme o livre-arbítrio daqueles que são chamados a aplicá-las, são violadas duas exigências fundamentais em que se inspiram ou tendem a inspirar-se os ordenamentos jurídicos: a exigência da certeza (que corresponde ao valor da paz ou da ordem), e a exigência da justiça (que corresponde ao valor da igualdade). Onde existem duas normas antinômicas, ambas válidas, e portanto ambas aplicáveis, o ordenamento jurídico não consegue garantir nem a certeza, entendida como possibilidade, por parte do cidadão, de prever com exatidão as consequências jurídicas da própria conduta, nem a justiça, entendida como igual tratamento das pessoas que pertencem a mesma categoria."
8. Constituição Federal, art. 3º, inciso I, segundo o qual constituem objetivos fundamentais de nossa República construir uma sociedade livre, justa e solidária.
9. Constituição Federal de 1988, art. 3º, inciso I.

jurídico e os princípios com os quais restam positivados os valores fundamentais da comunidade. Por isto mesmo é que se coloca na posição de maior hierarquia do sistema de normas que compõem o Direito Positivo.

Assim, entende-se que a Constituição é a base do sistema jurídico. Base no sentido de que todas as demais normas do sistema nela têm o seu fundamento de validade.

Norma de tamanha importância, a Constituição há de ser preservada contra eventuais investidas do poder arbitrário, que se manifesta de vários modos, inclusive na edição de leis e outros atos normativos. Daí a ideia do controle da adequação entre as normas inferiores do sistema jurídico e a Constituição na qual se fundamentam, para preservar a unidade e a coerência do sistema jurídico.

2.2 O controle de constitucionalidade do Brasil

2.2.1 Necessidade do controle

O controle de constitucionalidade das leis e demais atos normativos que integram o sistema jurídico é absolutamente necessário para garantir a efetividade da supremacia constitucional.

Realmente, de nada valeria afirmar que a Constituição é hierarquicamente superior às leis, se não houvesse um meio de controlar a conformidade destas com aquela. Muitos são os exemplos de leis que estabelecem normas contrárias à Constituição, vale dizer, o legislador nem sempre observa os limites formais e materiais que a Constituição lhe impõe. Por isto mesmo se faz necessário atribuir a órgão diverso do parlamento o poder de verificar a adequação, em tese, das normas por aquele editadas, com a Constituição.

Como todo titular de poder, também o legislador tende a abusar dele, ultrapassando os limites que a ordem jurídica estabelece. Assim, a lei pode em certos casos ser fruto do arbítrio, como qualquer outro ato estatal. O controle de constitucionalidade é o instrumento que o Direito oferece ao cidadão para protegê-lo contra essa forma de arbítrio estatal, que é obra do legislador.

2.3 As formas de controle de constitucionalidade

2.3.1 O controle difuso

No Brasil, embora alguns o vislumbrem em normas anteriores, parece ter surgido com a Constituição de 1891, ficando explícito com a Lei 221, de 20 de novembro de 1894. Com a Constituição de 1937 foi induzida a reserva de plenário e a possibilidade de julgamento político para restabelecer lei declarada inconstitucional.[10] Com a redemocratização do país, em 1946, foi restabelecida a diretriz adotada pela Constituição de 1934.

O controle difuso, ou controle de constitucionalidade por via de exceção, ou de defesa, resulta da atribuição, outorgada a todos os membros da magistratura, para afirmar a inconstitucionalidade de leis e outros atos normativos e, em consequência, deixar de aplicá-los ao caso concreto sob sua apreciação.

No controle difuso, a conformidade da lei, ou outro ato normativo, com a Constituição é posta como questão prévia. Questão cujo deslinde deve preceder ao julgamento de uma questão de direito posta sob a apreciação do Judiciário que envolve um conflito em torno de direitos subjetivos.

A questão de saber se determinada lei, ou outro ato normativo, é ou não é conforme com a Constituição pode ser colocada, em princípio, no âmbito de qualquer ação judicial. E o julgamento da ação, assim, consubstanciará duas decisões. Uma, primeira, sobre a conformidade da norma questionada com a Constituição. Outra, a segunda, sobre o conflito existente entre as partes.

A distinção entre essas duas questões fica muito clara quando se examina a denominada reserva de plenário, em face da qual somente pelo voto da maioria absoluta de seus membros ou dos membros do respectivo órgão especial poderão os tribunais declarar a inconstitucionalidade de lei ou ato normativo do Poder Público.[11]

Assim, nos tribunais, a apreciação da primeira daquelas questões é privativa do plenário. Quando um órgão fracionário, seção, câmara ou turma, de qualquer tribunal, vai julgar uma questão na qual foi suscitada a inconstitucionalidade de uma lei ou outro ato normativo, se a arguição é considerada procedente, o julgamento é suspenso e aquela arguição é submetida ao plenário do tribunal. Não pode o órgão fracionário declarar a inconstitucionalidade de lei ou ato normativo.[12] Decidida, pelo plenário, a questão da conformidade das normas, volta

---

10. A Constituição de 1937 estabelecia:
 "Art. 96. Só por maioria absoluta de votos da totalidade de seus juízes poderão os tribunais declarar a inconstitucionalidade de uma lei ou ato do Presidente da República.
 Parágrafo único. No caso de ser declarada a inconstitucionalidade de uma lei que, a juízo do Presidente da República, seja necessária ao bem-estar do povo, à promoção ou defesa de interesse nacional de alta monta, poderá o Presidente da República submetê-la novamente ao exame do Parlamento: se este a confirmar por dois terços de votos em cada uma das Câmaras, ficará sem efeito a decisão do Tribunal."
11. Constituição Federal, art. 97.
12. Para fugir dessa exigência de nossa Constituição, alguns julgadores afirmam que não estão declarando a inconstitucionalidade da lei em questão, mas apenas deixando de aplicá-la ao caso. Tal postura é evidentemente equivocada. Se a lei incidiu, porque se concretizou a sua hipótese normativa, só é possível

o caso ao órgão fracionário para o julgamento da segunda questão, julgamento no qual a decisão do plenário tem efeito vinculante.

A decisão do tribunal, envolvendo questão de constitucionalidade de lei ou outro ato normativo, pode ir até o Supremo Tribunal Federal, pela via do recurso extraordinário,[13] aplicando-se o que acima foi dito a respeito da reserva de plenário.

O efeito da decisão do Supremo Tribunal Federal, que aprecia a arguição de inconstitucionalidade de lei ou outro ato normativo, opera-se apenas entre as partes, e *ex tunc*, vale dizer, para o passado.[14] Em se tratando de decisão definitiva, que declara a inconstitucionalidade, o Supremo envia ofício ao Senado Federal, comunicando sua decisão, para que o Senado exerça, então, sua competência para suspender a vigência da lei declarada inconstitucional.[15]

O Senado Federal não é obrigado a suspender a vigência da lei declarada inconstitucional. Se suspender, estará atribuindo efeitos gerais, ou *erga omnes*, à declaração de inconstitucionalidade proferida pelo Supremo. Se não suspender, a lei continuará vigente e, assim, poderá ser aplicada, cabendo a cada um que se considere prejudicado ingressar em juízo, para invalidar o ato de sua aplicação no caso concreto.

O controle difuso da constitucionalidade é conhecido como um fruto de decisões da Suprema Corte dos Estados Unidos da América do Norte, nas quais inspirou-se o constituinte brasileiro.

2.3.2 O controle concentrado

Talvez por considerar insuficiente o controle difuso, o constituinte brasileiro terminou por adotar, também, o controle concentrado, inspirado no constitucionalismo europeu.

---

deixar de aplicá-la declarando sua inconstitucionalidade. Em consequência, sempre que um tribunal deixa de aplicar uma lei que reconheça vigente e tenha incidido no caso, deve-se entender que ocorre declaração implícita de inconstitucionalidade. *N.A.* – Veja-se a propósito a Súmula Vinculante 10, do STF, que dispõe: "Viola a cláusula de reserva de plenário (CF, artigo 97) a decisão de órgão fracionário de Tribunal que, embora não declare expressamente a inconstitucionalidade de lei ou ato normativo do poder público, afasta sua incidência, no todo ou em parte".

13. Constituição Federal, art. 103, inciso III.
14. Em se tratando, como se trata, de atividade jurisdicional, os seus efeitos alcançam precisamente o direito subjetivo, ou efeito da incidência da norma questionada sobre um fato que se operou e já é passado. A decisão não tem efeito normativo, isto é, não tem efeitos gerais ou *erga omnes*, nem se produz para o futuro.
15. Constituição Federal, art. 52, inciso X.

Essa via de controle de constitucionalidade foi introduzida no Brasil pela Emenda 6, de 1965, à Constituição de 1946. Em 1977 foi introduzida a possibilidade de medida cautelar nas ações diretas de inconstitucionalidade.

A Constituição de 1988 previu na competência do Supremo Tribunal Federal a ação direta de inconstitucionalidade de lei ou ato normativo federal ou estadual, e a Emenda Constitucional 3, de 1993, acrescentou a ação declaratória de constitucionalidade de lei ou ato normativo federal, de sorte que atualmente temos duas ações no controle concentrado de constitucionalidade.

A ação direta de inconstitucionalidade pode ser proposta pelo Presidente da República, pela Mesa Diretora do Senado Federal, da Câmara dos Deputados, ou de qualquer Assembleia Legislativa estadual, por Governador de Estado, pelo Procurador-Geral da República, pelo Conselho Federal da Ordem dos Advogados do Brasil, por partido político com representação no Congresso Nacional e por confederação sindical ou entidade de classe de âmbito nacional.[16]

A ação declaratória de constitucionalidade pode ser proposta pelo Presidente da República, pela Mesa do Senado Federal, da Câmara dos Deputados e pelo Procurador-Geral da República.[17]

Diz-se concentrado esse controle de constitucionalidade porque a competência para decidir as questões nele colocadas está concentrada em um único órgão, que é o Supremo Tribunal Federal.

A rigor, a atividade que o Supremo Tribunal Federal desempenha nesse controle de constitucionalidade é de natureza legislativa negativa. Ele retira do ordenamento jurídico a lei, ou outro ato normativo, que esteja em conflito com a Constituição Federal.

O efeito da decisão que declara a inconstitucionalidade é geral, isto é, vale em relação a todos. E se opera, em regra, *ex unc*, isto é, atinge o passado. Entretanto, diz a lei que, ao declarar a inconstitucionalidade de lei ou ato normativo, e tendo em vista razões de segurança jurídica ou de excepcional interesse social, poderá o Supremo Tribunal Federal, por maioria de dois terços de seus membros, restringir os efeitos daquela declaração ou decidir que ela só tenha eficácia a partir de seu trânsito em julgado ou de outro momento que venha a ser fixado.[18]

A exclusão de efeitos retroativos deve ocorrer sempre que a declaração de inconstitucionalidade tenha como consequência o restabelecimento de dispositivo legal desfavorável para o cidadão. Em matéria tributária, sempre que tenha

---

16. Constituição Federal, art. 103.
17. Constituição Federal, art. 103, § 4º.
18. Lei 868, de 10-11-1999, art. 27.

como consequência o restabelecimento de dispositivo de lei mais gravosa para o contribuinte.

Aliás, existem situações em que não se pode mesmo admitir o efeito retroativo. Imaginemos que um contribuinte efetuou vendas de mercadorias que, nos termos da lei então vigente, eram isentas de impostos. Fez constar essa circunstância dos documentos respectivos. Algum tempo depois o Supremo Tribunal Federal declara a inconstitucionalidade da norma isentiva. Se entendermos que essa decisão tem efeitos retroativos teremos de concluir, inexoravelmente, que esse contribuinte praticou o crime de supressão de tributos, previsto no art. 1º da Lei 8.137/90, o que constitui verdadeiro absurdo.

Não há dúvida de que a irretroatividade das normas em geral se deve exatamente ao princípio da segurança jurídica. É forma de realização deste. De sorte que a irretroatividade da decisão que declara a inconstitucionalidade de uma lei e, assim, restabelece a vigência do dispositivo que a lei inconstitucional havia revogado, há de ser sempre uma garantia do cidadão. Inadmissível, portanto, a pretensão do Estado de arrecadar tributo que se fez devido com o restabelecimento de lei, em razão de declaração de inconstitucionalidade de lei que estabelecia isenção, ou qualquer tratamento mais favorável para o contribuinte.[19]

Não se concebe que o Estado, invocando razões de segurança jurídica, pretenda afastar o efeito retroativo da decisão para com isto deixar de restituir tributo que recebeu com fundamento em lei mais tarde declarada inconstitucional. Entretanto, por incrível que possa parecer, a Fazenda Nacional, defendendo-se em ação direta de inconstitucionalidade, já alegou que somente efeito *ex nunc*, vale dizer, efeitos somente a partir da data da decisão, pode produzir a declaração de inconstitucionalidade de lei que institui ou aumenta tributo que o Tesouro arrecadou e já foi aplicado em serviços ou obras públicas. Tal alegação, porém, foi rejeitada pelo Supremo Tribunal Federal.[20] Nesse contexto, coloca-se a questão de saber se, havendo o Supremo Tribunal Federal decidido, no controle concentrado, que os efeitos da declaração de inconstitucionalidade de determinado dispositivo legal operam-se a partir do trânsito em julgado de sua decisão, pode um contribuinte pedir a restituição do tributo que pagou indevidamente e obter, no controle difuso, declaração incidental de inconstitucionalidade, com efeito *ex tunc*, do mesmo dispositivo.

---

19. O INSS pretendeu arrecadar contribuições que seriam devidas pelas agroindústrias, com base no art. 22 da Lei 8.212/91, restabelecido em decorrência da declaração de inconstitucionalidade do § 2º, do art. 25, da Lei 8.870/94, que estabelecera tratamento mais favorável, no caso, para a empresa agroindustrial.
20. ADIn 513 – DF, *Revista Trimestral de Jurisprudência* 41, p. 739.

Não se conhece, ainda, manifestação da Corte Maior, nem mesmo qualquer manifestação doutrinária, apreciando essa questão, que tem grande relevância e precisa, portanto, ser enfrentada, buscando-se sobretudo preservar a coerência do sistema jurídico.

Na via do controle difuso a declaração incidental de inconstitucionalidade produz efeitos *ex tunc* restrito às partes no processo. O Supremo Tribunal Federal oficia ao Senado Federal comunicando sua decisão e este, em decisão política, suspende a vigência do dispositivo declarado inconstitucional, em resolução que produz efeitos *erga omnes* somente a partir de sua publicação, vale dizer, *ex nunc*. Existem, portanto, a respeito do mesmo dispositivo de lei ou outro ato normativo, duas decisões. Uma, a declaração incidental de inconstitucionalidade, com efeitos somente entre as partes e *ex tunc*. A outra, a resolução do Senado Federal, que suspende a vigência do dispositivo declarado inconstitucional, com efeitos gerais *ex nunc*.

A resolução do Senado Federal, que retira a vigência do dispositivo inconstitucional, que criara ou aumentara tributo, produzindo efeitos gerais *ex nunc*, impede que a Administração Tributária prossiga aplicando aquele dispositivo legal, mas não impede que os interessados ingressem em juízo pleiteando a restituição de tributo que em virtude dele pagaram indevidamente.

É razoável, então, admitir-se que a decisão do Supremo Tribunal Federal, que no controle concentrado declara a inconstitucionalidade de um dispositivo de lei que criou ou aumentou tributo, produza efeitos gerais, vale dizer, *erga omnes* apenas a partir de seu trânsito em julgado, vale dizer, *ex nunc*, para impedir que a Administração Tributária o aplique daí em diante, sem que isto impeça a ação individual para haver a restituição do tributo indevidamente pago.

Preserva-se, desta forma, a coerência do sistema jurídico, na medida em que as soluções quanto ao controle de constitucionalidade são equivalentes, num e no outro dos dois sistemas de controle. Não é razoável que a simples diferença do processo possa implicar diferença substancial tão relevante.

XII
A Completude e a Questão das Lacunas

Sumário: 1. A completude lógica do ordenamento; 1.1 Lacunas na lei; 1.2 Ausência de lacunas no direito; 1.3 O lícito e o ilícito – 2. A completude e a questão axiológica; 2.1 O conceito de lacuna; 2.2 Lacunas falsas, políticas ou ideológicas; 2.3 Lacunas verdadeiras ou técnicas – 3. A questão das lacunas no direito brasileiro; 3.1 O reconhecimento de lacunas nas leis; 3.2 A jurisprudência do Supremo Tribunal Federal.

1. A COMPLETUDE LÓGICA DO ORDENAMENTO

1.1 Lacunas na lei

Geralmente se entende por lacuna a ausência de uma norma a ser aplicada em determinado caso concreto. Os que negam a existência de lacunas sustentam que sempre existe uma norma disponível para ser aplicada. Admitem que pode haver lacuna em determinada lei que trata de um determinado assunto e deixou de contemplar uma particularidade desse assunto. Haveria, entretanto, em outras leis, dispositivos cuja aplicação seria possível no caso. Além disto, existem outras fontes do Direito nas quais se pode buscar resposta para as questões jurídicas a serem resolvidas, e diante de todo o Direito, ainda que como tal se entenda apenas o Direito positivo, sempre existem respostas para as questões jurídicas. As lacunas, assim, existiriam na lei, mas não no Direito.

Do reconhecimento de que as leis podem ser e geralmente são incompletas resulta que o próprio legislador no mais das vezes cuida de estabelecer expressamente o caminho para o suprimento das lacunas naquelas existentes.

1.2 Ausência de lacunas no Direito

Questão antiga e que tem sido objeto de grandes controvérsias é a de saber se o ordenamento jurídico é completo, ou se tem lacunas.[1]

---

1. Interessante a síntese da doutrina de Brunetti, feita por Norberto Bobbio (*Teoria do Ordenamento Jurídico*, 4. ed., trad. Maria Celeste Cordeiro Leite dos Santos, Brasília, Editora da UnB, 1994, p. 141), assim:

Numa visão bastante simplificada, duas são as posições doutrinárias que o jurista pode assumir:

a) o ordenamento jurídico é completo, não passando de questão ideológica a afirmação da existência de lacunas;

b) o ordenamento jurídico é incompleto, efetivamente existem lacunas e os juristas devem cuidar dos meios adequados para a superação destas.

Quem sustenta que o ordenamento jurídico é completo justifica sua tese afirmando que existem para todos os casos normas gerais, de sorte que as alegadas lacunas na verdade são ausências de normas específicas para determinados casos, em relação aos quais a aplicação de uma norma geral implica uma decisão injusta.

Os que adotam tal posição doutrinária afirmam que a existência, no ordenamento jurídico, de norma reconhecendo a existência de lacunas e autorizando o aplicador das leis a preenchê-las apenas está autorizando o afastamento da norma geral, quando esta parece injusta. Sustentam, ainda, que se o critério de justiça deve prevalecer sobre o da legalidade, então o ordenamento jurídico deveria autorizar também a não aplicação de normas específicas nos casos em que a decisão decorrente seja injusta.[2]

Já os que sustentam que o ordenamento jurídico não é completo, que existem lacunas, dividem estas em duas categorias, a saber, as lacunas ideológicas, ou falsas lacunas, e as lacunas técnicas, verdadeiras ou reais.

A afirmação da existência de lacunas verdadeiras, ou técnicas, pressupõe a afirmação da necessidade de coerência do ordenamento. Recorde-se que por coerência se deve entender que no ordenamento não podem existir duas normas, uma permitindo e outra proibindo a mesma conduta. Em outras palavras, no mesmo ordenamento jurídico não podem existir duas normas, uma preconizando determinado comportamento, ainda que em termos gerais, e outra negando que tal comportamento deva ser adotado.

Neste contexto avulta a importância das normas conhecidas como programáticas, que são normas gerais, definidoras de rumos a serem seguidos, de

---

"Resumindo segundo Brunetti, o problema das lacunas tem três faces:

(1) o problema de o ordenamento jurídico, considerado em si próprio, ser completo ou incompleto: o problema assim colocado (colocação mais frequente entre os juristas) não tem sentido;

(2) o problema de ser completo ou incompleto o ordenamento jurídico, tal como ele é, comparado a um ordenamento jurídico ideal: esse problema tem sentido, mas as lacunas que aqui vêm à baila são as lacunas ideológicas, que não interessam aos juristas;

(3) o problema de ser completo ou incompleto o ordenamento legislativo, considerado como parte de um todo, isto é, com o ordenamento jurídico: esse problema tem sentido e é o único caso em que se pode falar em lacunas no sentido próprio da palavra."

2. Esta é a posição dos positivistas normativistas, como Hans Kelsen.

valores a serem realizados. Se admitimos que o ordenamento há de ser coerente, não poderemos admitir que em face da existência de uma norma programática, e da inexistência de uma norma específica que realiza o programa daquela, deva ser aplicada uma norma geral que contraria aquele programa.

Há, pois, estreita relação entre a questão da completude e a questão da coerência do ordenamento. Essa relação certamente ficará mais clara ao estudarmos as lacunas técnicas, verdadeiras ou reais. Aliás, a própria questão de saber se o ordenamento jurídico é completo, ou contém lacunas, certamente depende de saber o que se entende por lacuna, e se efetivamente estas podem ser classificadas em falsas ou ideológicas e técnicas ou verdadeiras.

Seja como for, certo é que não existem espaços não jurídicos, vale dizer, não existem situações que não sejam juridicamente reguladas, ou para as quais, quando postas em conflito, não exista uma norma a ser aplicada. O denominado espaço não jurídico diz respeito apenas aos domínios do pensamento puro, da crença ou das relações de sociabilidade. Tais domínios, porém, são absolutamente estranhos ao Direito, que neles não têm como atuar. Não é razoável, portanto, a propósito deles falar de incompletude do ordenamento jurídico.

O ordenamento jurídico é, sem dúvida, logicamente completo, desde que na verdade sempre alberga meios para se obter resposta a todas as questões jurídicas. Sua incompletude se revela no plano axiológico, pois o problema que se pode colocar, neste caso, é o de saber se a solução, ou resposta que se pode obter, é satisfatória, se é justa, e neste ponto se faz inevitável cogitar-se dos valores que o Direito deve realizar.

1.3 O lícito e o ilícito

Pode-se ainda demonstrar que não existem lacunas no Direito com o argumento segundo o qual cabe a este definir o lícito e o ilícito e que a qualificação de qualquer ato, esteja ou não referido em uma norma jurídica, como lícito ou como ilícito, é sempre possível. Não existe ato nenhum no mundo que escape à qualificação jurídica de *lícito*, ou de *ilícito*, desde que se admita que o lícito não se confunde com o legal. É lícito tudo o que a lei explicitamente permite, mas é lícito também tudo o que a lei não proíbe, porque, ao não proibir, implicitamente permite. É ilícito tudo o que a lei proíbe. Assim é em princípio, especialmente no âmbito do Direito privado. No âmbito do Direito público, pode-se dizer que o campo do lícito coincide com o campo do legal. O que a lei não autoriza é proibido.

Realmente, em se tratando de saber o que pode uma autoridade fazer, o que é de sua competência, em princípio o lícito coincide com o legal. É lícito fazer o que a lei autoriza. Se a lei não autoriza, há proibição. É diferente do que ocorre em se tratando de atuação do indivíduo no âmbito do Direito privado, onde o que a lei não proíbe é permitido.

Configurada, assim, a lacuna técnica, ter-se-ia um problema a ser resolvido pelo legislador. O juiz teria de dar ao caso uma solução que não fosse aquela resultante da aplicação do princípio geral negativo. Na doutrina de Del Vecchio, em situação na qual lhe parecesse tal solução uma redobrada injustiça, só lhe restaria, para não ser injusto, pedir demissão do cargo.[3]

Embora os casos dessa ordem possam ser considerados excepcionais, muito raros, certo é que a moderna Teoria do Direito busca solução para eles, evitando a injustiça, com a aplicação dos princípios jurídicos. Diz-se que há uma evolução do Direito das regras para o Direito dos princípios. Veja-se, a propósito, o Capítulo XV da 3ª Parte, onde estudamos os princípios jurídicos.

2. A COMPLETUDE E A QUESTÃO AXIOLÓGICA

2.1 O conceito de lacuna

Geralmente se diz que lacuna é a ausência de uma norma a ser aplicada em um caso concreto. Em outras palavras, é a impossibilidade de se encontrar uma resposta no ordenamento jurídico para determinado conflito.

Como já há pouco demonstrado, porém, no ordenamento sempre existe norma a ser aplicada. Nenhum caso escapa de regulação jurídica, porque sempre existe uma norma cuja generalidade cobre a questão colocada e, assim, permite uma solução jurídica para aquele conflito. Dessa forma, impõe-se maior precisão no conceito de lacuna.

Diz-se, então, que lacuna consiste na ausência de norma expressa e específica para o caso posto em questão. Afasta-se, desta forma, a imprecisão do conceito de lacuna referido simplesmente à ausência de norma jurídica aplicável ao caso.

---

3. Giorgio Del Vecchio, *Lições de Filosofia do Direito*, trad. Antonio José Brandão, Arménio Amado, Coimbra, 1972, p. 391-393. Em suas palavras:
"Quanto ao magistrado, especialmente, nenhuma dúvida pode haver de que este, como máxima geral, deve sempre *ex officio* interpretar e aplicar as leis vigentes do seu país. Certamente, no seu esforço de reconstrução do sistema jurídico positivo, e dum modo particular na sua aplicação prática, o intérprete deve, antes de tudo, ater-se à lei *como ela é*, e não à *lei como ela deveria ser* segundo certos princípios. [...]
Onde, porém, aliás, todos os meios possíveis, a fim de conseguir realizar uma certa justiça dentro do âmbito e na forma da legalidade, se revelarem insuficientes, nesse caso a crise de consciência do juiz só poderá, nos casos mais graves, achar uma solução: renunciar ao ofício. E isto deve igualmente dizer-se de todos os outros funcionários públicos."

Mas, ainda assim, resta a questão de saber se há efetivamente necessidade de norma específica para todos os casos, ou se para alguns deles, talvez a grande maioria, é razoável buscar-se a solução na norma geral.

Em outras palavras, coloca-se a questão de saber se todas as ausências de norma específica devem ser consideradas para o uso dos meios de integração que o ordenamento jurídico oferece. Daí a interessante distinção a que se refere Karl Engisch, entre as lacunas falsas, políticas ou ideológicas, e as lacunas verdadeiras ou técnicas.

Como todo ordenamento jurídico alberga valores que o Direito procura realizar, e deve ser coerente na realização desses valores, entende-se que em sua totalidade ele corresponde a um plano. Assim, a aplicação de uma norma geral será admissível quando não signifique, para a questão colocada, uma resposta incompatível ou incongruente com aquele plano. Será, entretanto, inadmissível, quando em relação àquele plano signifique o que, na linguagem de Engisch, denomina-se um momento de incongruência.

Daí se conclui que existem dois tipos distintos de lacunas, a saber, as falsas, políticas ou ideológicas, e as verdadeiras ou técnicas.

2.2 Lacunas falsas, políticas ou ideológicas

Entendida como lacuna a ausência de uma norma específica para o caso a ser resolvido, que faria necessária a aplicação de uma norma geral, ou do princípio geral negativo, tem-se que, nos casos em que a resposta assim oferecida pelo ordenamento à questão não contrarie o plano consubstanciado no ordenamento jurídico para a realização dos valores neste albergados, a lacuna é falsa, política ou ideológica.

Ao invocar uma lacuna dessa espécie, o que na verdade pretende o aplicador da norma é fundamento para uma decisão diversa daquela que decorreria da aplicação da norma geral, ou do princípio geral negativo. Sua motivação não seria jurídica, mas política ou ideológica.

Em outras palavras, podemos dizer que as lacunas falsas, políticas ou ideológicas são aquelas cujo não preenchimento não leva a um momento de incongruência com o plano de realização dos valores albergados pelo ordenamento jurídico. Essas lacunas são, portanto, ausências de normas específicas para determinados casos, que nem podem ser consideradas falhas no sistema de normas porque o sistema oferece resposta axiologicamente satisfatória mediante a aplicação de uma norma geral, ou do princípio geral negativo, não se fazendo necessário nenhum instrumento de integração.

A falsa lacuna, portanto, embora configurada pela ausência de uma norma específica, é vista ou sentida apenas por quem gostaria de chegar a uma solução diferente em determinado caso, em lugar da solução decorrente da aplicação da norma geral ou do princípio geral negativo. A utilização de um meio de integração não é admissível. O suprimento da ausência da norma fica a critério do legislador, que poderá editar a norma específica reclamada.

2.3 Lacunas verdadeiras ou técnicas

Diversamente, as lacunas verdadeiras ou técnicas são aquelas cujo não preenchimento implica um momento de incongruência com o plano de realização dos valores albergados pelo ordenamento jurídico.

Diante de uma lacuna técnica, a solução consistente na aplicação de uma norma geral, ou do princípio geral negativo, será sempre axiologicamente insatisfatória. Resolve, do ponto de visto lógico, mas a solução será insatisfatória, porque será contrária aos valores albergados pelo ordenamento jurídico. Estará em conflito com o valor *justiça*, o valor *segurança*, ou outro valor que o ordenamento jurídico consagra.

É certo que sempre se encontra uma resposta no ordenamento jurídico, com a aplicação de uma norma geral ou do princípio geral negativo. "Mas vai-se demasiadamente longe quando secamente se enuncia um 'princípio geral negativo' segundo o qual, sempre que não esteja prevista uma consequência jurídica no Direito positivo, a aplicação desta consequência jurídica é *eo ipso* inadmissível."[4] Como o ordenamento jurídico alberga valores, entre os quais o da segurança jurídica e o da justiça, que impõem o tratamento isonômico, a aplicação do princípio geral negativo pode levar ao que Engisch denomina "momento de incongruência com um plano", que se revela pela contradição entre os valores albergados pelo ordenamento jurídico e a resposta a que se chega para certas questões com a aplicação pura e simples do princípio geral negativo.

Examinaremos a seguir a questão das lacunas no Direito brasileiro, buscando demonstrar, com exemplos colhidos em nosso ordenamento jurídico, a importante distinção entre essas duas espécies de lacuna.

3. A QUESTÃO DAS LACUNAS NO DIREITO BRASILEIRO

3.1 O reconhecimento de lacunas nas leis

O Direito brasileiro reconhece expressamente a existência de lacunas em nossas leis, tanto que preconiza soluções para o preenchimento ou colmatação destas. Admite claramente que na ausência de norma específica para o caso a solu-

---

4. Karl Engisch, *Introdução ao Pensamento Jurídico*, 7. ed., trad. J. Baptista Machado, Lisboa, Calouste Gulbenkian, 1996, p. 282.

ção das questões não deve ocorrer pela aplicação de norma geral, ou do princípio geral negativo, posto que preconiza a integração, que é instrumento complementar da interpretação jurídica, de sorte a evitar que na ausência de norma específica se tenha de aplicar, sempre, a norma geral, ou o princípio geral negativo.

Nossa Lei de Introdução ao Código Civil, que mais propriamente se deve chamar lei geral de aplicação das normas jurídicas, alberga exemplo de norma expressa de reconhecimento da existência de lacunas. Segundo essa norma, "quando a lei for omissa, o juiz decidirá o caso de acordo com a analogia, os costumes e os princípios gerais de direito".[5]

A mesma orientação é seguida por nosso Código de Processo Civil, segundo o qual

> *o juiz não se exime de sentenciar ou despachar alegando lacuna ou obscuridade da lei. No julgamento da lide caber-lhe-á aplicar as normas legais; não as havendo, recorrerá à analogia, aos costumes e aos princípios gerais de direito.*[6]

Também nosso Código Tributário Nacional contém norma no mesmo sentido, estabelecendo que, na ausência de disposição expressa, a autoridade competente para aplicar a legislação tributária utilizará sucessivamente, na ordem indicada, a analogia, os princípios gerais de direito tributário, os princípios gerais de direito público e a equidade.[7] E cuida de estabelecer limites para o emprego da analogia, dizendo que deste não poderá resultar a exigência de tributo não previsto em lei,[8] e para o emprego da equidade, dizendo que deste não pode resultar a dispensa do pagamento de tributo devido.[9]

É importante, assim, a constatação de que se está diante de uma lacuna, para que se possa lançar mão do instrumento que o ordenamento estabelece para esse fim. E diante da lacuna, identificá-la como verdadeira ou falsa, para decidir se ela deve ser suprida pelo intérprete, ou se o seu suprimento fica a depender do legislador.

3.2 A jurisprudência do Supremo Tribunal Federal

A questão de saber se o contribuinte tem, ou não, direito à correção monetária na restituição de tributo pago indevidamente foi colocada perante o Supremo Tribunal Federal e pode ser examinada aqui como interessante exemplo de lacuna

---

5. Decreto-lei 4.657, de 4 de setembro de 1942, art. 4º.
6. Lei 5.869, de 11 de janeiro de 1973, art. 126.
7. Lei 5.172, de 25 de outubro de 1966, art. 108.
8. Lei 5.172, de 25 de outubro de 1966, art. 108, § 1º.
9. Lei 5.172, de 25 de outubro de 1966, art. 108, § 2º.

jurídica, prestando-se inclusive para uma clara distinção entre lacuna falsa ou política e lacuna verdadeira ou técnica.

Não existia àquela época lei prevendo a correção monetária na restituição do tributo pago indevidamente. Era, porém, legalmente prevista a correção monetária para o caso de tributos pagos com atraso, e também para o caso de restituição de quantias depositadas pelo contribuinte quando questionava com a Fazenda. Além disto, vinha se tornando cada vez mais generalizada a prática da correção monetária, em face da inflação com índices crescentes.

Assim, deixar de assegurar ao contribuinte o direito à correção monetária na restituição do tributo pago indevidamente criaria um momento de incongruência. Seria uma decisão flagrantemente injusta. Não injusta apenas sob o aspecto subjetivo. Injusta em face da previsão de correção monetária para situações equivalentes, que fazia da ausência da norma específica para o caso uma lacuna verdadeira ou técnica.

Admitamos, porém, que mesmo diante de elevados índices de inflação não existisse em nosso ordenamento jurídico a previsão de correção monetária para casos semelhantes. Em sendo assim, a ausência da norma determinando a correção monetária na repetição do indébito não poderia ser considerada uma lacuna técnica ou verdadeira. O caso poderia ser resolvido pela aplicação do princípio geral negativo, sem que isto consubstanciasse qualquer incongruência.

O Supremo Tribunal Federal resolveu essa questão com a aplicação do princípio da legalidade; invocou norma de nossa Constituição segundo a qual *ninguém será obrigado a fazer ou a deixar de fazer alguma coisa senão em virtude de lei*. Como não havia lei determinando aquela correção monetária, a Fazenda Pública não podia ser obrigada a seu pagamento.

Ocorre que tal solução afigurou-se extremamente injusta, em face do ordenamento jurídico. Não injusta em sentido subjetivo, repita-se, mas injusta porque contrária ao ordenamento jurídico considerado em sua totalidade. Havia lei determinando a correção monetária nos casos de pagamentos de tributos em atraso, e também para o caso de devolução de valores depositados pelos contribuintes que discutiam a exigência de tributos. Desobrigar a Fazenda de corrigir monetariamente o valor do tributo pago indevidamente mostrava-se um tratamento desigual a privilegiar a Fazenda. Foi possível, assim, afirmar-se a existência de uma lacuna, e o próprio Supremo Tribunal Federal terminou por fazê-lo, modificando sua jurisprudência. Passou a aplicar o art. 108, inciso I, do Código Tributário Nacional, segundo o qual na ausência de dispositivo legal expresso a decisão deve ser fundamentada na analogia.

XIII
A INTERPRETAÇÃO

Sumário: 1. Hermenêutica e interpretação; 1.1 A hermenêutica como teoria da interpretação; 1.2 Os vários sentidos da palavra interpretação – 2. Os elementos da interpretação; 2.1 Elemento literal; 2.2 Elemento histórico; 2.3 Elemento lógico-sistêmico; 2.4 Elemento teleológico – 3. Interpretação tópica; 3.1 As posições extremadas; 3.2 Conciliação do elemento tópico com o elemento sistêmico; 3.3 A interpretação tópica e o princípio da razoabilidade – 4. A integração; 4.1 A questão das lacunas; 4.2 Os meios de integração – 5. Interpretação e ciência do direito; 5.1 A interpretação na teoria pura do direito; 5.2 Interpretação e aplicação; 5.3 Conteúdo político da decisão; 5.4 Decisão de última instância – 6. Interpretação e princípios jurídicos; 6.1 Insuficiência do positivismo normativista; 6.2 O direito alternativo e a escola do direito livre; 6.3 A ciência e os princípios; 6.4 Lei interpretativa e irretroatividade.

1. HERMENÊUTICA E INTERPRETAÇÃO

1.1 A hermenêutica como teoria da interpretação

Sem perder de vista que estamos fazendo simplesmente *uma introdução ao estudo do Direito*, é importante observarmos que a teoria da interpretação não é algo peculiar aos estudos do Direito, porque diz respeito ao conhecimento em geral, do qual o conhecimento do Direito é apenas um pequeno capítulo.

Realmente, tudo o que pode ser objeto do conhecimento pode e deve ser interpretado. Nesta *introdução*, porém, importa-nos a interpretação apenas como um instrumento do conhecimento jurídico. Instrumento que é sem dúvida nenhuma de enorme importância para o jurista, e do qual se deve ter, logo no início dos estudos jurídicos, algumas informações elementares.

A palavra *hermenêutica* tem sido por muitos utilizada como sinônimo de *interpretação*, mas na verdade não se trata de sinônimos. Hermenêutica não significa interpretação, mas *teoria da interpretação*. Enquanto a interpretação tem por objeto as expressões do Direito, das quais busca determinar o sentido e o alcance, a hermenêutica tem por objeto o estudo e a sistematização dos métodos, processos ou elementos utilizados na interpretação. No dizer de Carlos Maximiliano, que utiliza a palavra com H maiúsculo, indicativo de sua importância como ciência, "a Hermenêutica é a teoria científica da arte de interpretar".[1]

Devemos, portanto, reservar a palavra *hermeneuta* para designar o jurista que se ocupa do estudo científico dos métodos ou elementos da interpretação, enquanto com a palavra *intérprete* se pode designar o operador do Direito que, a propósito da solução de um determinado caso, está buscando determinar o significado e o alcance de uma prescrição jurídica.

1.2 Os vários sentidos da palavra interpretação

A palavra *interpretação* tem muitos significados. Ela pode ser utilizada para expressar uma atividade que o aplicador de uma prescrição jurídica desenvolve buscando determinar o seu significado e alcance. Pode significar também o resultado dessa atividade, a própria expressão do sentido e alcance de uma prescrição jurídica.

Pode também ser utilizada em sentido amplo, para designar a busca da solução jurídica para um determinado caso, e em sentido restrito, para designar apenas a busca do significado de uma prescrição jurídica que está explícita no ordenamento.

Em outras palavras, interpretação, em sentido amplo, abrange a busca de uma solução para um caso concreto, tanto naquelas situações nas quais o intérprete está diante de uma prescrição jurídica dirigida ao caso, como diante de uma situação na qual não existe uma prescrição específica, e se coloca, então, a questão de saber se deve ser considerada a existência de uma lacuna, e qual deve ser o meio para a superação desta. Neste sentido amplo, portanto, a palavra *interpretação* abrange a determinação do significado e do alcance da prescrição jurídica, que é a interpretação em sentido estrito, e ainda a determinação e superação das lacunas, que é a integração do sistema jurídico. Já em sentido restrito a palavra *interpretação* significa simplesmente a busca do conhecimento de uma prescrição jurídica, ou uma forma de expressão desse conhecimento.

A interpretação não é exclusiva dos estudos jurídicos. Pelo contrário, é uma palavra bastante utilizada em outras áreas do conhecimento, e nem sempre quer dizer a busca do significado. Interpreta-se tudo. Objetos materiais, animados ou inanimados, sinais luminosos, sons, condutas, qualquer coisa, e não apenas

---

1. Carlos Maximiliano, *Hermenêutica e Aplicação do Direito*, 16. ed., Rio de Janeiro, Forense, 1996, p. 1.

expressões verbais ou escritas de alguma coisa. Interpretar, neste sentido, é conhecer. Ou procurar conhecer.

Interpretar é também expressar. Um cantor, por exemplo, faz a interpretação de uma canção, quando a apresenta, a seu modo, no seu estilo de cantar. Um músico, igualmente, interpreta uma partitura e assim produz os sons que na mesma estão graficamente representados. Em qualquer desses significados, porém, há sempre a indicação de que a interpretação é uma forma de expressão.

No Direito também é assim. A interpretação de uma prescrição jurídica, seja uma norma, prescrição dotada de hipoteticidade, seja uma ordem ou comando, prescrição para o caso concreto, é sempre uma forma de manifestação, da norma ou da ordem.

2. OS ELEMENTOS DA INTERPRETAÇÃO

2.1 Elemento literal

Toda norma e, mais amplamente, toda prescrição jurídica é expressa em palavras. Assim, o elemento literal, ou gramatical, tem indiscutível importância ou, mais exatamente, ele é imprescindível na determinação do sentido e do alcance das expressões do Direito. Se tivermos diante de nós a Constituição do Japão, nem poderemos saber que se trata de uma Constituição, a menos que tenhamos conhecimento do idioma japonês.

O trabalho do intérprete, ao valer-se do elemento literal, reduz-se à pesquisa do significado gramatical das palavras. Seu principal instrumento de trabalho será o dicionário da língua em que está escrita a prescrição jurídica. Importante será o significado etimológico das palavras e expressões da linguagem.

Entretanto, por mais importante que seja o elemento literal, na verdade ele é absolutamente insuficiente. A maioria das palavras tem mais de um significado, e muitas vezes até mesmo frases inteiras podem ter significados completamente diferentes, a depender do contexto no qual estejam encartadas. A expressão o *banco quebrou*, por exemplo, sendo pronunciada em uma oficina em que são fabricados objetos para as pessoas sentarem, quando um desses objetos está sendo submetido a teste de resistência, significa com toda certeza que um desses objetos partiu-se. A mesma expressão, porém, pronunciada pelo Ministro da Fazenda em uma conferência para executivos financeiros, seguramente significa que uma instituição financeira faliu.

Muitos outros exemplos poderíamos citar de palavras e de expressões cujo significado depende do contexto. Não apenas do contexto da palavra na frase, ou da frase no texto em que se encarta, mas do contexto ambiental ou existencial.

Por isto, em face da insuficiência do elemento literal, outros elementos devem ser utilizados pelo intérprete, para a adequada determinação do sentido e do alcance das expressões do Direito.

2.2 Elemento histórico

O elemento histórico fornece ao intérprete indicações que podem ser muito valiosas na determinação do significado das expressões do Direito. Esse elemento diz respeito à situação da prescrição jurídica em determinado momento histórico. Na sua utilização o intérprete há de examinar o Direito anterior, comparando a norma ou prescrição jurídica antecedente no regramento do assunto.

O elemento histórico também pode ser encarado em relação ao processo de formação da prescrição jurídica da qual se pretende determinar o sentido e o alcance. Em se tratando de uma lei, o intérprete buscará subsídios nos trabalhos legislativos, examinando o anteprojeto, o projeto, as emendas ao mesmo oferecidas na casa legislativa que o aprovou, os debates parlamentares, e todos os passos do processo legislativo correspondente.

2.3 Elemento lógico-sistêmico

O elemento lógico-sistêmico sugere que o significado das prescrições jurídicas seja determinado tendo-se em vista a posição, no ordenamento jurídico, daquela prescrição cujo sentido se quer determinar. O sentido de uma prescrição jurídica há de ser coerente com as demais prescrições contidas no sistema. Em se tratando de um dispositivo de lei, tem-se de examinar os demais dispositivos da mesma lei, bem como de outras pertinentes ao assunto, bem assim das prescrições jurídicas hierarquicamente superiores.

A consideração do Direito como um sistema de prescrições é então de fundamental importância. O significado e o alcance de uma norma, ou de uma prescrição concreta, é sempre limitado pelas demais prescrições albergadas pelo ordenamento jurídico. A coerência do sistema impede que se atribua a uma norma que o integra sentido que produza momentos de incongruência.

Na utilização do elemento lógico-sistêmico, o intérprete deve ter sempre em vista que o Direito é um sistema de prescrições, vale dizer, de normas e de ordens, que, sendo sistema, há de ser harmonioso. Buscará, então, o sentido e o alcance das prescrições que o integram de sorte a preservar a coerência, e para tanto terá em conta a cronologia e a hierarquia, como critérios para a superação de possíveis incompatibilidades entre as várias formas de manifestação do Direito. E como se trata de um sistema hierarquizado, o intérprete há de ter em conta a posição hierárquica da prescrição jurídica cujo sentido está buscando determinar, de sorte que o princípio hierárquico reste sempre preservado.

2.4 Elemento teleológico

O elemento teleológico, ou finalístico, é também de fundamental importância na atividade do intérprete. Esse elemento sugere ao intérprete que investigue sempre a finalidade da prescrição jurídica cujo sentido e alcance quer determinar, além de ter sempre em vista a finalidade do próprio Direito como sistema de limites.

Parte-se, então, do princípio de que o Direito tem por finalidade essencial limitar o poder, em qualquer de suas formas de manifestação. Toda norma é um limite de poder, e como tal deve ser interpretada. Além dessa finalidade genérica, cada norma, a cada prescrição jurídica concreta, tem uma finalidade específica. O sentido da norma, ou da prescrição jurídica concreta, há de ser determinado tendo-se sempre em vista essa finalidade, de sorte a evitar-se a sua frustração.

3. INTERPRETAÇÃO TÓPICA

3.1 As posições extremadas

Entende-se por *interpretação tópica* aquela que ao determinar o sentido e o alcance de uma prescrição jurídica empresta especial relevo ao caso concreto. Visualiza a prescrição jurídica de uma forma localizada.

Pode parecer que a visão do Direito como sistema, preconizando a erronia da interpretação de dispositivos legais isolados, não se compadece com sua visão tópica, que preconiza a busca de soluções jurídicas em função do caso concreto. Haveria um antagonismo entre a sistemática e a tópica, como doutrinas jurídicas, ou, mais exatamente, como teorias da interpretação das normas jurídicas.

Esse antagonismo é registrado por Paulo Bonavides, um dos mais exímios cultores da Teoria e da Filosofia do Direito. Reportando-se às reações e críticas à tópica, diz o eminente professor que "as mais contundentes procederam de juristas preocupados com a metodologia do direito, sobretudo aqueles inclinados a uma visão sistemática da ciência jurídica". E esclarece:

> "Fizeram ressaltar na controvérsia a oposição da tópica a todas as concepções de sistema, quando em verdade o que a *ars inveniendi* não admite é o sistema fechado, lógico-dedutivo."[2]

---

2. Paulo Bonavides, *Curso de Direito Constitucional*, 7. ed., São Paulo, Malheiros, 1997, p. 450.

3.2 Conciliação do elemento tópico com o elemento sistêmico

Importante é notar que nem a ideia de sistema está superada, nem existe na verdade antagonismo entre a sistemática e a tópica, concebida cada uma dessas ideias nos seus devidos termos, ambas tendentes à realização da justiça, como se vai aqui demonstrar.

Como assevera Bonavides, "o caráter antissistema da tópica, apontado pela crítica, não desfez o prestígio da nova técnica, que prospera como base de reformulação a muitas correntes devotadas ao problema metodológico e principalmente ao trabalho interpretativo na ciência do direito".[3] Mas isto não quer dizer o desprestígio da ideia do direito como sistema. Muito pelo contrário; a tópica deve ser vista, sem os exageros próprios dos que defendem ideias novas, ou aparentemente novas, como um aperfeiçoamento das ideias preconizadas pelos que veem no direito um sistema, também estas podadas dos excessos naturais contidos em algumas afirmações daqueles que viram nos defensores da tópica seus adversários.

Sistemática e tópica, como métodos de interpretação do direito, na verdade se completam, na busca de realização da justiça, em sua forma mais expressiva, que é a isonomia.

Como ensina Canaris, de todas as definições de sistema emergem as ideias de *ordenação*, e de *unidade*.[4] E essas ideias carecem, diz aquele eminente jusfilósofo, de confirmação que se deve fundamentar na própria essência do Direito.[5]

Tanto a ordem, como a unidade, radicam, afinal de contas, como demonstra Canaris, na ideia de Direito, porque inerentes ao postulado universal da justiça, de tratar os iguais de modo igual e os diferentes de forma diferente, na medida de suas diferenças.[6]

Em sendo assim, tem-se de concluir que a tópica na verdade completa a ideia do direito como sistema, na medida em que, preconizando a necessidade de atenção do intérprete para o caso concreto, nada mais está fazendo do que mostrar a necessidade de atenção para as diferenças de cada caso, a exigirem tratamento diferente.

A solução tópica na verdade não prescinde da ideia de sistema, mas a aperfeiçoa, realizando a igualdade como proporcionalidade, ou igualdade geométrica,

---

3. Paulo Bonavides, *Curso de Direito Constitucional*, 7. ed., São Paulo, Malheiros, 1997, p. 450.
4. Cf. Claus-Wilhelm Canaris, *Pensamento Sistemático e Conceito de Sistema na Ciência do Direito*, tradução de António Menezes Cordeiro, Lisboa, Calouste Gulbenkian, 1996, p. 12.
5. Autor e obra citados, p. 18.
6. Autor e obra citados, p. 18.

que é um aperfeiçoamento da ideia antiga de igualdade horizontal, ou aritmética. Sem a visão do sistema, em sua unidade, não se pode sequer identificar as peculiaridades do caso particular, porque, como ensina Leibniz, "nadie conoce a fondo cosa alguna concreta, si no es sabedor o conoce profundamente el universal".[7]

3.3 A interpretação tópica e o princípio da razoabilidade

Em muitas situações, as peculiaridades de determinado caso mostram que não é razoável aplicar-se a ele a norma feita para a generalidade dos casos idênticos. Assim, pode-se afirmar que também o princípio da razoabilidade presta-se como fundamento para a utilização do elemento tópico.

Aliás, uma visão mais acurada do princípio da isonomia, que o põe abrangente do princípio da razoabilidade, mostra muito bem a necessidade de se levar em conta as peculiaridades de cada caso, sob pena de se estar negando a isonomia a pretexto de praticá-la.

4. A INTEGRAÇÃO

4.1 A questão das lacunas

Diante da constatação de uma lacuna no ordenamento jurídico, coloca-se a questão de saber como deve ser resolvido o caso.

Ao cuidarmos da questão da completude do ordenamento jurídico, já deixamos definida nossa posição, admitindo a existência de lacunas verdadeiras, ou técnicas, que se apresentam nos casos em que a aplicação da norma geral implica um momento de incongruência. Ao cuidarmos, agora, dos meios de integração de lacunas está claro que estamos tratando apenas daquelas lacunas verdadeiras, ou técnicas, cuja superação é um problema do intérprete, e não um problema do legislador.

4.2 Os meios de integração

Os estudiosos apontam muitos meios de integração. Indicaremos aqui apenas os mais comuns e de mais fácil compreensão, a saber, a analogia, os princípios gerais de direito e a equidade.

Diante de uma lacuna, deve o intérprete recorrer primeiramente à analogia. Deve procurar a norma elaborada para caso similar, e aplicá-la ao caso para o qual não existe uma norma no ordenamento.

---

7. G. W. Leibniz, *Los Elementos del Derecho Natural*, trad. Tomás Guillen Vera, Madri, Tecnos, 1991, p. 85.

Não constatando norma destinada a caso similar, buscará a solução para o caso nos princípios gerais de direito. Princípios que, pela generalidade, oferecem solução para múltiplas situações não cobertas por normas específicas.

Finalmente, se não encontrada ainda uma solução satisfatória, deve o intérprete buscá-la na equidade, como tal entendida a solução mais justa entre as possíveis.

À luz da moderna Teoria do Direito, diante de uma lacuna solução deve ser buscada nos princípios jurídicos, entre eles o princípio da justiça, que há de presidir a solução dos casos para os quais não exista uma regra no ordenamento.

5. INTERPRETAÇÃO E CIÊNCIA DO DIREITO

5.1 A interpretação na Teoria Pura do Direito

Muitos doutrinadores afirmam que a Teoria Pura do Direito, elaborada por Hans Kelsen, exclui da interpretação jurídica as perquirições valorativas. Nada mais equivocado. Como observa, com inteira propriedade, João Baptista Machado, seu tradutor, a teoria kelseniana "não nega a legitimidade do problema axiológico, mas limita-se a verificar a impossibilidade de seu tratamento científico".[8]

Realmente, preso como estava ao conceito positivista de ciência, não podia admitir como objeto desta a questão valorativa. E por haver afastado da Ciência do Direito os juízos de valor, banhando-a para livrá-la de todas as impurezas, sofreu duras críticas, entre elas a de Karl Larenz, para quem, "quando Kelsen, para se manter longe de tais juízos de valor, declara que a ciência do Direito é incapaz de atingir através da 'interpretação' de uma norma juízos certos, deita a criança fora com a água do banho".[9]

Justificava-se a preocupação de Kelsen em "impedir que se abuse da ciência do Direito utilizando-a como capa de opiniões puramente pessoais e de tendências ideológicas".[10] Com isto ele prestou inestimável contribuição à humanidade, infelizmente por muitos mal compreendida, atribuindo ao juiz maior responsabilidade, na medida em que afirmou ser a decisão um ato político. Na verdade o juiz, mais do que qualquer outro aplicador da norma jurídica, tem de fazer

---

8. Nota Preambular ao estudo de Kelsen, *A Justiça e o Direito Natural*, 2. ed., Coimbra, Arménio Amado, 1979, p. XI.
9. Karl Larenz, *Metodologia da Ciência do Direito*, trad. José de Sousa e Brito e José António Veloso, Lisboa, Calouste Gulbenkian, 1978, p. 96.
10. Karl Larenz, *Metodologia da Ciência do Direito*, trad. José de Sousa e Brito e José António Veloso, Lisboa, Calouste Gulbenkian, 1978, p. 96.

valorações. O que não pode é fazê-lo como se estivesse simplesmente declarando o conteúdo da lei, cientificamente.

Seja como for, a tese albergada pela teoria kelseniana, da impossibilidade de se determinar, pela interpretação científica, um significado que seja o único correto, tomada a ciência no sentido que lhe atribuiu o positivismo, é incontestável.

Kelsen, porém, dividiu a interpretação em duas espécies, a saber, a interpretação científica ou cognoscente e a interpretação autêntica, como a seguir será explicado.

5.2   Interpretação e aplicação

Na Teoria Pura do Direito, a interpretação da norma jurídica diz-se cognoscente, quando realizada pelo estudioso do sistema normativo, pela doutrina jurídica, e diz-se autêntica, quando realizada pela autoridade estatal na aplicação da norma.

Na teoria de Kelsen, a interpretação cognoscente é a realizada pelos professores, pelos escritores, pelos cultores do Direito, que de um modo geral se diz ser interpretação doutrinária. E a interpretação autêntica é aquela feita pela autoridade que aplica a norma, que de um modo geral se diz aplicação.

5.3   Conteúdo político da decisão

Para a Teoria Pura do Direito, a interpretação como ato ou produto do conhecimento, ou interpretação doutrinária, apenas pode oferecer duas ou mais significações para a norma. Não pode dizer qual delas é a correta. Apenas pode estabelecer um quadro, ou moldura, dentro do qual cabem vários significados.

Exatamente porque afirma ser impossível obter-se, pela via da interpretação científica, o significado de uma norma que seja o único correto, Kelsen sustenta que a escolha de um daqueles significados, a decisão que aplica a norma dando a esta um daqueles significados, é sempre de conteúdo político.

Pode ocorrer que determinada autoridade, ao aplicar uma norma, atribua a esta um significado diverso de todos os apontados pela interpretação científica. Um significado que está fora do *quadro* ou *moldura* traçado pela Ciência do Direito. Neste caso apenas se pode adotar, contra tal decisão, um recurso previsto no ordenamento jurídico para tentar modificá-la. Não se pode, a pretexto de que está errada, descumpri-la, pois ela se encarta no ordenamento jurídico pelo fato de haver emanado do órgão competente.

5.4 Decisão de última instância

Esgotados todos os recursos que a ordem jurídica estabelece, sem que se consiga modificar a decisão que atribui à norma um significado que está fora do quadro ou moldura traçado pela Ciência do Direito, aquela decisão torna-se definitiva. Encarta-se no sistema jurídico e passa a integrá-lo. É admitida como correta, embora esteja fora dos padrões preconizados pela Ciência do Direito.

Pode parecer que uma decisão assim não deveria ser admitida. Ocorre que de outro modo o conflito se tornaria eterno. Não existe outra forma de encerrar uma disputa a não ser com a adoção do princípio da competência, segundo o qual uma decisão é correta quando proferida pela autoridade ou órgão competente. O ordenamento jurídico atribui a determinado órgão a competência para dizer a última palavra sobre um conflito. Se essa última palavra pudesse ser questionada já não seria a última. Algum outro órgão teria de dizer a última palavra. E se esta também pudesse ser questionada, então essas possibilidades de questionamento seriam intermináveis. Isto seria indiscutivelmente pior do que se aceitar eventualmente decisões incorretas porque proferidas pelo órgão de última instância.

Já ouvi certa vez de um Ministro do Supremo Tribunal Federal que as decisões daquela Corte não são definitivas por serem corretas, mas são corretas por serem definitivas, no sentido de que são de última instância.

Já ouvi, também, de um Ministro do Supremo Tribunal Federal, que os doutrinadores têm o dever de criticar as decisões da Corte Maior que não lhe pareçam corretas. Exatamente porque são de última instância e assim não se submetem a nenhum controle, a manifestação dos juristas funciona de certa forma como um controle sobre o Supremo Tribunal Federal. Como seus Ministros certamente não querem ser criticados, tenderão a formular decisões que não discrepem da doutrina dominante.

6. INTERPRETAÇÃO E PRINCÍPIOS JURÍDICOS

6.1 Insuficiência do positivismo normativista

A visão que nos oferece o positivismo normativista é absolutamente insuficiente para uma adequada compreensão do Direito. Vejamos um exemplo que é bastante elucidativo dessa nossa afirmação.

Um comerciante efetuou venda de mercadorias a uma repartição do Estado, e este não efetuou o pagamento do preço correspondente, não obstante os esforços despendidos para haver tal pagamento. Esgotados os meios de que dispunha, o comerciante cancelou a nota fiscal correspondente e deu baixa nos registros da operação em sua escrita fiscal, e não pagou o imposto correspondente àquela venda. Algum tempo depois, a fiscalização da Secretaria da Fazenda lavrou contra o mesmo um auto de infração, por considerar indevido o cancelamento e o não pagamento do imposto. E comunicou ao Ministério Público o que considerou ser um ilícito penal, vale dizer, um crime contra a ordem tributária, em face do que foi promovida contra o comerciante a ação penal correspondente.

Seria justo condenar o comerciante por crime contra a ordem tributária?

Em face do direito visto pela ótica positivista normativista parece que sim. A venda foi realizada. Deu-se a circulação da mercadoria e assim o imposto é devido.[11] Mas é evidente que, se considerarmos os princípios jurídicos, especialmente o princípio da razoabilidade, teremos de concluir que a ação fiscal, e a ação penal, constituem verdadeiros absurdos em tal caso.

6.2 O Direito Alternativo e a Escola do Direito Livre

Entende-se por *Direito Alternativo* a doutrina que preconiza a liberdade do aplicador da lei, especialmente do juiz, para decidir do modo que lhe pareça justo, ainda que contrariando todas as interpretações possíveis da lei.[12]

Essa postura perante o Direito é igualmente preconizada pela denominada Escola do Direito Livre, da qual também existem diversas ramificações, cada qual com suas peculiaridades. Todas, porém, negando ao legislador a exclusividade na criação do Direito à consideração de que as leis não podem acompanhar a transformação constante das situações de fato que se estabelecem nas relações sociais.

Realmente, é muito difícil, senão impossível, a elaboração de leis que preveem todas as situações, tanto em face das mutações como em face das peculiaridades que podem ostentar. Não nos parece razoável, porém, conferir-se a quem aplica a norma, especialmente ao juiz, ampla liberdade para decidir o caso concreto, inclusive de forma contrária ao estabelecido em lei. Isto implica destruir a segurança jurídica da mesma forma que ocorre quando se admite a retroatividade irrestrita das leis. Em um como no outro caso, decidimos por esta ou por aquela conduta sem sabermos qual a consequência de nossos atos, que fica a depender de norma futura, seja a lei retroativa, seja a sentença criadora da norma para o caso concreto.

---

11. O Superior Tribunal de Justiça já decidiu ser devido o imposto que tem como fato gerador a prestação de serviços de qualquer natureza, mesmo que circunstâncias de fato dificultem ou impeçam o pagamento ao prestador do serviço (RESP 189227/SP, *DJU* de 24-6-2002).
12. É certo que existem correntes menos extremadas do denominado Direito Alternativo, mas a que o distingue efetivamente é a que preconiza a inteira liberdade do juiz para fazer justiça, ainda que contrariando a lei.

Sobre a Escola do Direito Livre, escreve com inteira propriedade Vicente Ráo:

"Costuma-se apontar como criador da doutrina chamada escola do direito livre o jurista germânico Ehrlich (Freie Rechfindung – 1903), que sustenta a necessidade da livre investigação das normas jurídicas como princípio geral, só excetuando os poucos casos nos quais existe um direito tão claro e tão determinado, que excluem a possibilidade da investigação.

A doutrina chega ao extremo de atribuir aos juízes a faculdade de se afastarem das normas gerais sempre que o interesse geral o exigir.

São incontáveis, quase, as modalidades e peculiaridades das diversas correntes doutrinárias que se reúnem sob a designação comum de escola do direito livre.

Em rigor, só há de comum entre elas o não reconhecerem ao legislador a exclusividade da criação do direito: as leis, tal é o seu postulado uniforme, não podem acompanhar a transformação incessante das situações, ou relações sociais.

Predomina, contudo, entre essas correntes a que reveste um acentuado caráter sociológico e do juiz exige que se mostre, não um simples cultor do direito, mas, também, um hábil investigador dos momentos e dos sociais, um sociólogo, enfim. 331 (*"No tocante ao princípio em que se deve inspirar o intérprete em sua ação de descobrimento e de formação livre do direito, os autores, que se preocuparam em fornecer critério filosófico para a orientação, apresentaram o direito justo (Stammler), o direito natural (Jung), as normas de cultura (Neyer), não faltando quem, como Schlossmann e Sturn, aluda ao sentimento jurídico (Rechts gefuhl), ou à equidade (Schmolder, Brie e outros". Espínola. Com. Lei Introd. Cód. Bras., v. I, n. 76.*)

Adotar semelhante doutrina, diz muito bem Enneccerus, equivale a entronizar a vontade do juiz, sobrepondo-a à vontade coletiva; importa menoscabar em extremo a consideração devida à lei, o que é mais grave, à segurança do direito e à avaliação prévia, a que todos temos direito, das consequências de nossos atos.

A aplicação dessa doutrina causaria, praticamente, os mesmos males da aplicação do princípio da retroatividade das leis, importando, como importa, formulação da regra de direito após a prática do ato. Suprimiria, isto é, a segurança das relações jurídicas, criando a incerteza das consequências futuras dos atos e fatos incidentes na esfera do direito."[13]

Diante da insuficiência do Direito tal como visto pelo positivismo normativista, e da insegurança gerada pela doutrina do Direito Alternativo, ou da Escola do Direito Livre, pensamos que a melhor solução é a busca dos princípios jurídicos como bússola para o intérprete, e a construção de sistemas constitucionais de cunho principiológico que nos permitam a invalidação das leis eventualmente produzidas em conflito com os princípios jurídicos fundamentais.

6.3   A ciência e os princípios

Certa vez eu ouvi de um Ministro do Supremo Tribunal Federal, em uma conferência a respeito de questões tributárias, que o Direito não é somente Ciên-

---

13. Vicente Ráo, *O Direito e a Vida dos Direitos*, 3. ed., São Paulo, Revista dos Tribunais, 1978, v. 1, p. 473.

cia. Com isto aquele eminente jurista queria dizer exatamente que é insuficiente a visão positivista normativista do Direito. Em outras palavras, ele quis dizer que não podemos compreender o Direito apenas como um sistema de normas, sem qualquer consideração axiológica. O Direito não pode ser apenas objeto da Ciência, entendida esta no sentido que lhe deu o positivismo.

Por isto mesmo é que não basta conhecer as normas. Para bem compreendê-las, é indispensável que se tenha em vista os valores. As normas ganham significação adequada como sistema destinado a regular a conduta humana quando vistas em face dos princípios jurídicos, visão esta que nos obriga a distinguir as normas enquanto regras, das normas enquanto princípios.

Em sua Teoria Pura do Direito, Kelsen reconheceu ser a ciência do Direito, no sentido positivista, insuficiente para nos oferecer a interpretação de uma norma, ao ensinar que a interpretação, como ato de conhecimento, apenas nos pode oferecer um quadro ou moldura das interpretações possíveis, mas não uma interpretação que seja a única correta. A escolha de uma entre as várias interpretações possíveis, segundo ele, seria um ato de vontade. Como se vê, deixou livre o juiz, enquanto aplicador da lei, para formular a norma para o caso concreto e, assim, aproximou-se da Escola do Direito Livre. De todo modo foi um passo significativo na teoria jurídica no sentido da superação do positivismo e do desenvolvimento de novas ideias em busca de fórmula que permita a conciliação dos valores segurança e justiça.

Nesse rumo é que os estudiosos do Direito desenvolveram teorias tratando dos princípios jurídicos. O positivismo tem seus méritos e temos de aproveitar o que nos oferece de bom, mas é importante o estudo dos princípios jurídicos, pois estes é que nos oferecem o caminho para a solução adequada, vale dizer, solução justa dos conflitos de interesses que são inevitáveis no relacionamento humano.

Assim, considerando a importância do assunto, depois de examinarmos a dinâmica fenômeno jurídico, dedicaremos um capítulo especial ao estudos dos princípios jurídicos.

6.4   Lei interpretativa e irretroatividade

Conhecemos caso em que o governo conseguiu aprovação, pelo Congresso Nacional, de lei expressamente interpretativa, com o propósito de obter sua aplicação retroativa para afastar o direito de contribuinte à restituição de tributo pago indevidamente. Isto, porém, é um absurdo porque nosso sistema jurídico abriga a garantia constitucional da irretroatividade das leis tributárias.

A rigor, a lei interpretativa só pode produzir efeitos retroativos a favor do particular, contra o Estado.

XIV
A Dinâmica do Fenômeno Jurídico

Sumário: 1. Uma explicação prévia – 2. Visão estática do direito – 3. Visão dinâmica do direito; 3.1 A ideia de movimento; 3.2 O nascimento e a concreção da norma jurídica – 4. O fato e o fato jurídico; 4.1 Os fatos no mundo da natureza; 4.2 A incidência da norma jurídica; 4.3 Os fatos no mundo jurídico; 4.4 Relação social e relação jurídica; 4.5 A importância da prova – 5. O conhecimento especificamente jurídico; 5.1 A especialização do conhecimento; 5.2 Conhecimento jurídico; 5.3 Visão crítica do direito.

1. UMA EXPLICAÇÃO PRÉVIA

No final destes estudos que pretendem compor "Uma Introdução ao Estudo do Direito", é recomendável sejam repassadas as ideias mais importantes nele colocadas, de permeio com aspectos novos e sob uma visão diferente, que seguramente facilitará a compreensão de muito do que foi estudado.

O exame da norma jurídica, do ponto de vista estático, mostra-nos que ela se compõe de três partes, a saber, a hipótese, o preceito e a sanção. É importante, porém, para uma compreensão mais completa dessa estrutura da norma, que a examinemos sob o aspecto dinâmico. Em outras palavras, não basta que tenhamos uma fotografia da norma. É importante que tenhamos um filme da norma jurídica, de sorte a que se possa ver o movimento de sua formação e de seu funcionamento.

Nosso propósito, ao deixarmos para estudar por último esse aspecto dinâmico do fenômeno jurídico, foi de oferecer ao estudante uma oportunidade para melhor entender a matéria estudada e assim consolidar o seu aprendizado. Depois de conhecer todos os conceitos do ponto de vista estático, o reexame dos mesmos, permeado com ideias complementares e sob a ótica do movimento, certamente propiciará melhor compreensão e maior segurança no aprendizado.

2. VISÃO ESTÁTICA DO DIREITO

O Direito geralmente é estudado como algo estático. Estuda-se a Constituição, a Lei, a Sentença como realidades situadas em determinado tempo, e espaço, sem a ideia de movimento.

Hans Kelsen incluiu em sua *Teoria Pura do Direito* um capítulo que denominou *estática jurídica*, no qual estudou a sanção e o ilícito como consequência desta, o dever jurídico e a responsabilidade, o direito subjetivo, a capacidade jurídica, a relação jurídica e os sujeitos desta. E um capítulo que denominou Dinâmica Jurídica, no qual estudou o fundamento de validade de uma ordem normativa e a estrutura escalonada das normas.[1] Não se reportou, todavia, à ideia de movimento na produção jurídica, embora ela esteja implícita em suas colocações a respeito da estrutura escalonada das normas e sobretudo em suas lições a respeito do fundamento de validade das normas.

3. VISÃO DINÂMICA DO DIREITO

3.1 A ideia de movimento

O certo, porém, é que o estudo da incidência da norma jurídica exige que se coloque claramente a ideia de movimento. Exige uma visão dinâmica do Direito.

Realmente, o mundo é dinâmico por natureza. Está em permanente movimento. A todo instante estão ocorrendo fatos novos, e por isto mesmo o Direito se explica melhor em face de seu aspecto dinâmico. É a visão dinâmica do Direito que nos permite melhor entender a diferença entre o *fato* e o *fato jurídico*, decorrente da incidência da norma.

Permite-nos também melhor explicar e compreender o fenômeno da concreção das normas, tanto no sentido da incidência, como no sentido da evolução destas, de uma expressão mais abstrata e geral, para uma expressão concreta, formando um sistema escalonado, hierarquizado, que evolui desde a Constituição até o mandado com o qual o oficial de justiça faz cumprir a sentença.

3.2 O nascimento e a concreção da norma jurídica

A norma jurídica nasce de uma situação de fato que exige a sua criação. Existe, portanto, movimento a ensejar a produção da norma, e essa produção é, em si mesma, movimento, vale dizer, ação do órgão legislativo. Mas a norma

---

1. Hans Kelsen, *Teoria Pura do Direito*, 3. ed., Coimbra, Arménio Amado, 1974, p. 163 a 374.

nasce como uma prescrição jurídica hipotética, no sentido de que não se destina a regular um determinado caso concreto, mas todos os casos iguais que no futuro venham a ocorrer. Segue-se, pois, sua concreção, que também repousa na ideia de movimento. São os fatos a ocorrer. E na medida em que esses fatos ocorrem, vale dizer, na medida em que a hipótese prevista na norma se faz fato, dá-se a concreção da norma, seja no ato de sua observância, seja no ato de sua aplicação.

Imaginemos que determinado fato, consubstanciado na conduta de alguém, vem ocorrendo com frequência cada vez maior, e que se considera esse fato, vale dizer, essa conduta, gravemente nociva para a sociedade. Isto pode significar a exigência de sua definição como crime. O órgão legislativo cuida de produzir uma lei penal. Estará, assim, prevista uma hipótese normativa penal. Um tipo penal novo.

Podemos imaginar também que nas atividades econômicas se torna usual determinada conduta que se considera reveladora de riqueza, de capacidade para pagar tributos. O órgão legislativo cuida de produzir uma norma tributária. Estará, assim, prevista uma nova hipótese de incidência tributária.

A concreção da nova norma penal, como da nova norma tributária, ficará a depender da ocorrência, no mundo dos fatos, de suas respectivas hipóteses de incidência. A conduta nociva, descrita como crime, e a conduta evidenciadora de riqueza, descrita como hipótese de incidência tributária. Ocorrida a conduta nociva descrita como crime, poderá ocorrer a aplicação da norma penal, pelo juiz, em uma sentença condenatória do réu. Ocorrida a conduta reveladora de riqueza, poderá ocorrer a observância da norma tributária, mediante o pagamento do tributo pelo contribuinte, autor daquela conduta. Ou poderá ocorrer, em face da não observância da norma tributária, sua aplicação pela autoridade da Administração, com a consequente cobrança do tributo devido.

Essa ideia de constante e interminável movimento é importante, pois, na compreensão da fenomenologia jurídica.

4. O FATO E O FATO JURÍDICO

4.1 Os fatos no mundo da natureza

Todos os fatos do mundo natural têm significado natural e são perceptíveis pela visão, pela audição, pelo tato etc. O significado desses fatos perceptíveis pelos sentidos pode ser demonstrado sem apelo ao sistema de normas elaborado para a regulação da conduta humana.

Como é dotado de racionalidade, porém, o homem criou um sistema de normas e através destas deu significado próprio aos fatos. Assim, quando um fato se enquadra na hipótese legalmente descrita, diz-se que esse fato ganhou um significado jurídico. Deu-se a incidência da norma, que, dando significado jurídico ao fato, transportou esse fato para o mundo jurídico.

Podemos dizer, então, que os fatos do mundo da natureza ou interessam ao Direito, ou não interessam. Os que não interessam são simplesmente fatos naturais. Não são fatos jurídicos. Não entraram no mundo jurídico.

O mundo natural é o conjunto de todos os fatos, ou acontecimentos. Já o mundo jurídico é um subconjunto, dentro daquele conjunto.

4.2 A incidência da norma jurídica

A incidência de uma norma, como se vê, nada mais é do que o acontecimento de um fato tal como descrito em uma norma. Descrição que é a chamada hipótese de incidência normativa. Descrição que está no terreno hipotético. No plano que alguns denominam plano da abstração jurídica.

A incidência da norma dá ao fato natural, portanto, o seu significado jurídico. Significado que pode ser igual, ou semelhante, ao significado natural desse fato, ou pode ser inteiramente diverso. Por isto é que se diz que o direito tem a propriedade de atribuir aos fatos significado próprio.

4.3 Os fatos no mundo jurídico

Os fatos jurídicos, ou fatos no mundo jurídico, são aqueles fatos naturais que sofreram a incidência de normas jurídicas e assim ganharam significado jurídico. Ao incidir, e dar significado próprio a um fato do mundo natural, a norma transporta o fato desse mundo natural para o mundo jurídico. Faz com que o fato natural ingresse no subconjunto de fatos denominado mundo jurídico.

No mundo jurídico um fato pode ter significado semelhante ao que tem no mundo dos fatos, mas pode ter significado inteiramente diverso. E pode, ainda, ter mais de um significado, conforme as circunstâncias que o cerquem. Circunstâncias que, para influir na formação do significado jurídico do fato, devem ser previstas em normas jurídicas. Devem ter, tais circunstâncias, sofrido a incidência de normas jurídicas.

Para conhecer os fatos em geral, tal como eles existem no mundo dos fatos, não é necessário conhecer nenhuma norma jurídica. Não é necessário conhecer o sistema jurídico. Para conhecer os fatos jurídicos, ou fatos do mundo jurídico, porém, é necessário conhecer o sistema jurídico e em especial as normas que sobre eles incidiram e assim deram significado jurídico aos mencionados fatos.

Ao incidir, e dar ao fato um significado próprio, que é o seu significado jurídico, a norma transporta o fato do mundo natural para o mundo jurídico. Todos os fatos que entram no mundo jurídico tornam-se fatos jurídicos.

Como as pessoas geralmente se referem aos fatos tendo em vista o significado natural destes, é importante entendermos que no mundo jurídico eles ganham significado próprio, significado jurídico.

Com efeito, um fato no mundo natural, no mundo dos fatos, pode ter um significado e, no mundo jurídico, ganhar um ou vários significados distintos, em virtude de circunstâncias que o Direito leva em consideração para qualificá-lo juridicamente. Assim, por exemplo, uma relação sexual entre um homem e uma mulher, no mundo dos fatos, apenas significa um encontro íntimo de seres humanos de sexos diferentes, em busca da procriação ou simplesmente do prazer. No mundo jurídico, esse mesmo fato pode ter mais de um significado, dependendo de certas circunstâncias que o Direito leva em consideração para qualificá-lo. Pode significar puro e simples exercício da liberdade, se o homem e a mulher são maiores, solteiros, e o fato ocorre em local não aberto ao público. Pode significar um crime, dependendo de certas circunstâncias. O Código Penal, aliás, é rico de tipos penais que têm, ou que podem ter, como elemento essencial uma relação sexual. Entre outros, podem, ser citados os crimes de estupro,[2] posse sexual mediante fraude,[3] sedução,[4] ultraje público ao pudor[5] e adultério.[6] Para a configuração de um desses crimes, basta que a relação sexual seja praticada em determinadas circunstâncias que a lei estabelece ao descrever cada um desses tipos penais. Para a configuração do adultério, conceito que não decorre do dispositivo penal, mas da doutrina, basta que um dos dois seja casado. Para que ocorra o crime de ultraje público ao pudor basta que a relação sexual seja praticada em lugar público, ou aberto ou exposto ao público, mesmo que o homem e a mulher sejam solteiros, maiores, e estejam agindo livremente.

É importante salientar que o Direito, ao construir seus conceitos, ao dar nome e significado aos fatos do mundo natural, muitas vezes altera a realidade, criando as presunções e as ficções jurídicas. Na configuração do crime de estupro, por exemplo, isto pode ocorrer. Na definição desse crime a lei exige que esteja presente a violência, mas estabelece que esta se presume se a vítima não é maior

---

2. Código Penal, art. 213: *Constranger mulher à conjunção carnal, mediante violência ou grave ameaça.*
3. Código Penal, art. 215: *Ter conjunção carnal com mulher honesta mediante fraude.*
4. Código Penal, art. 217: *Seduzir mulher virgem, menor de dezoito anos e maior de catorze, e ter com ela conjunção carnal, aproveitando-se de sua inexperiência ou justificável confiança.* N.A. – O artigo foi revogado pela Lei 11.106/2005, não existindo mais este crime no Direito Brasileiro.
5. Código Penal, art. 233: *Praticar ato obsceno em lugar público, ou aberto ou exposto ao público.*
6. Código Penal, art. 240. N.A. – O artigo foi revogado pela Lei 11.106/2005, não existindo mais o crime de adultério no Direito Brasileiro.

de 14 anos, se é alienada ou débil mental, ou se não pode, por qualquer outra causa, oferecer resistência.[7]

Assim, se um homem mantém relação sexual com mulher menor de 14 anos, ainda que atendendo a insistente convite desta, estará cometendo violência contra ela e praticando o crime de estupro. Uma construção do Direito que, embora fundada em razões doutrinárias que de certa forma a justificam, contraria visivelmente a realidade dos fatos do mundo da natureza.

É importante, assim, entendermos que os fatos, no mundo jurídico, ganham significado próprio, que pode ser idêntico mas pode ser inteiramente diverso do significado que tenham no mundo fático, ou natural.

4.4 Relação social e relação jurídica

Exatamente porque o Direito atribui significado próprio aos fatos, devemos distinguir a relação social, como tal entendida qualquer relação que se estabelece entre as pessoas em razão da convivência, da relação jurídica, que é aquela mesma relação transportada para o mundo jurídico e, portanto, com a significação que o Direito lhe atribui.

Uma relação jurídica, portanto, é uma relação social que, transportada para o mundo jurídico, ganha neste um significado próprio, que lhe é atribuído pela norma jurídica em razão de especiais circunstâncias nela previstas.

4.5 A importância da prova

Quando falamos de fatos, e de circunstâncias que são capazes de dar significado jurídico próprio a determinados fatos, estamos falando de fatos e de circunstâncias do mundo natural ou fenomênico, cuja existência, não existência ou modo de ser às vezes são questionados. E se ocorre divergência a respeito da existência ou do modo de ser de um fato ou de uma circunstância, suscita-se a questão da prova.

Prova é o meio ou instrumento do qual se pode dispor para afastar as dúvidas sobre a existência, não existência ou modo de ser dos fatos. Assim, diante de uma divergência sobre fatos é sempre da maior importância a prova. E o direito de produzir prova, portanto, deve ser sempre assegurado, sem o que perdem importância os direitos e garantias fundamentais porque não há como se possa

---

7. Código Penal, art. 225: *Presume-se a violência se a vítima: a) não é maior de 14 anos; b) é alienada ou débil mental e o agente conhecia esta circunstância; c) não pode, por qualquer outra causa, oferecer resistência.*

defender um direito sem poder provar o fato que integra sua composição e está sendo posto em dúvida.

O direito de produzir prova, portanto, é um aspecto específico do direito à jurisdição, expressamente garantido pela Constituição Federal.

5. O CONHECIMENTO ESPECIFICAMENTE JURÍDICO

5.1 A especialização do conhecimento

O que distingue uma ciência das outras não é o objeto, mas o modo de encarar o objeto. Assim é que o homem pode ser objeto da biologia, da antropologia, da psicologia, entre outras ciências. Todas se ocupam do mesmo objeto, vale dizer, o homem, mas cada uma delas o encara sob um determinado aspecto, ou enfoque, e isto é que confere especificidade ao conhecimento que corporificam.

Os fatos sociais podem ser objeto de várias ciências, entre elas a Ciência do Direito, que toma os fatos sociais considerando a relação destes com o sistema jurídico. O conhecimento que a Ciência do Direito corporifica é, assim, o conhecimento dos fatos do mundo sob o enfoque jurídico, ou conhecimento especificamente jurídico, como veremos a seguir.

5.2 Conhecimento jurídico

Os fatos da natureza são sensorialmente perceptíveis. O conhecimento deles, portanto, não depende do conhecimento jurídico. Não é necessário conhecimento jurídico para se saber que um ser humano tirou a vida de outro ser humano. Nem para saber que um casal manteve relação sexual. Tais fatos podem ser vistos. Percebidos pelo sentido da visão.

Saber, porém, se houve um homicídio, ou a execução de uma pena de morte, ou se um ato de legítima defesa exige conhecimento jurídico. Da mesma forma, é necessário o conhecimento jurídico para que se possa saber se houve, na relação sexual, simples exercício da liberdade, ou se ela configurou um crime, e qual dos crimes configurou.

Os *fatos*, do modo como os percebemos sensorialmente, ou os conhecemos orientados por conceitos da física, da botânica, da biologia, ou de outros ramos do saber humano, alheios ao Direito, não são *fatos jurídicos*. São objeto do conhecimento, mas não são objeto de um conhecimento especificamente jurídico. O que transforma o *fato* em *fato jurídico*, vale dizer, o que lhe dá significado para o Direito, é a norma jurídica, que funciona como um esquema de interpretação dos fatos jurídicos. Assim, o enunciado segundo o qual determinado fato é lícito, ou ilícito, ou constitui esta ou aquela figura jurídica, tem este ou aquele significado jurídico, é resultado de uma interpretação normativa, que depende de um conhecimento especificamente jurídico.[8]

O conhecimento especificamente jurídico, porém, não se confunde com o conhecimento de uma norma isolada, com os seus dizeres tomados como se estivessem fora de um sistema de normas e fora do contexto fático histórico em que se encontra. Para conhecermos o significado jurídico de um fato, temos de conhecer o Direito.

5.3 Visão crítica do Direito

Não devemos, entretanto, considerar jurista aquele que apenas conhece os fatos em seus significados jurídicos, sem fazer cogitações valorativas a respeito das normas que lhe atribuem tais significados. Em outras palavras, quem se ocupa do conhecimento jurídico deve fazê-lo tendo em vista os fins essenciais do Direito. Por isto deve ser um crítico do sistema normativo, procurando aperfeiçoá-lo no sentido da realização mais adequada e completa daqueles fins.

Quem vê o Direito sem essa visão crítica tende a acomodar-se diante das decisões dos órgãos aos quais a ordem jurídica atribui competência para proferi-las. Assim, no direito brasileiro, tende a aceitar como corretas todas as decisões do Supremo Tribunal Federal, por que são decisões finais, definitivas, do órgão ao qual a ordem jurídica atribui competência para tanto. Isto, porém, não deve ocorrer com o jurista, embora este tenha de respeitar aquelas decisões.

Realmente, as decisões das autoridades competentes devem ser respeitadas. Se a ordem jurídica oferece meios para seu questionamento, esses meios devem ser utilizados por quem não as aceita. Esgotados os meios previstos na ordem jurídica, a decisão final tem de ser aceita. Isto, porém, não quer dizer que não possa ser criticada. Pode e deve. A crítica é o melhor instrumento das ciências.

É claro que a crítica às decisões das autoridades, sobretudo das cortes de última instância, devem ser consistentes e sobretudo respeitosas. Mas não podem deixar de existir. A liberdade de expressão do pensamento deve ser plenamente utilizada.

---

8. Cf. Hans Kelsen, *Teoria Pura do Direito*, trad. João Baptista Machado, 3. ed., Coimbra, Arménio Amado, 1974, p. 20.

XV
Os Princípios Jurídicos

Sumário: 1. Princípios e regras; 1.1 Questão terminológica; 1.2 Distinção essencial entre princípio e regra; 1.3 Princípios incorporados em regras fundamentais – 2. Alguns princípios jurídicos importantes; 2.1 Justiça e segurança como princípios fundamentais; 2.2 Outros importantes princípios jurídicos; 2.3 Os princípios jurídicos e a superação das lacunas.

1. PRINCÍPIOS E REGRAS

1.1 Questão terminológica

O termo *norma* é aqui empregado como gênero, do qual existem duas espécies, a saber, os *princípios* e as *regras*. Essa observação é importante porque em outros locais desta introdução utilizamos o termo *norma* em um sentido que mais se aproxima do sentido atribuído ao termo *regra*. A palavra *norma* pode ser utilizada em sentido amplo, abrangendo as prescrições jurídicas em geral, nas quais se incluem as ordens ou normas individuais e as normas em sentido estrito ou prescrições dotadas de hipoteticidade, que por sua vez desdobram-se nas duas espécies, a saber, as regras e os princípios.

A diversificada preferência de cada um por determinados termos torna impossível uma padronização. Entretanto, temos de conhecer o significado com o qual os termos são empregados em cada texto, para que possamos bem compreendê-los. O Professor Miguel Reale, por exemplo, emprega o termo *jurisprudência* para designar a Ciência do Direito. Sabemos, porém, que esse termo é ordinariamente utilizado na linguagem jurídica para designar o conjunto de decisões dos órgãos julgadores. Kelsen emprega o termo *norma* com um sentido abrangente, equivalente aos termos prescrição jurídica ou proposição prescritiva, da doutrina de Bobbio.[1] E divide a norma em duas espécies, a saber, a norma geral

---

1. Norberto Bobbio, *Contribución a la Teoría del Derecho*, Fernando Torres-Editor, Valencia, 1980, p. 293-306.

e a norma individual. Seria geral aquela prescrição dirigida às pessoas em geral, vale dizer, aquela prescrição dotada de hipoteticidade, e seria individual aquela prescrição elaborada para determinada situação concreta. Já Norberto Bobbio prefere utilizar a expressão *proposição prescritiva* para designar o gênero, que divide em oito espécies, com uma bem elaborada classificação.[2]

Nas doutrinas de Kelsen, e de Bobbio, todavia, não são estudados os princípios. Talvez por entenderem aqueles autores tratar-se de tema envolvido com o denominado Direito Natural. A temática dos princípios, entretanto, não é inteiramente nova e podemos afirmar, com Virgílio Afonso da Silva, que a distinção entre princípios e regras não é recente.[3] Seja como for, e não obstante as intermináveis divergências em torno do assunto, vamos oferecer a seguir a distinção que nos parece mais razoável e essencial para quem inicia seus estudos jurídicos.

1.2 Distinção essencial entre princípio e regra

As teses a respeito da distinção entre princípios e regras podem ser classificadas em três posições, a saber: (a) as que negam a possibilidade ou a utilidade dessa distinção; (b) as que afirmam existir distinção simplesmente quanto ao grau de generalidade, de abstração ou de relevância na ordem jurídica,[4] e (c) as que afirmam existir distinção de natureza lógica.[5]

É certo que nada é absoluto a não ser a relatividade. Por isso mesmo, não podemos pretender estabelecer uma distinção entre princípios e regras que seja universalmente válida para todos os casos. Mas é inegável a possibilidade e a utilidade da classificação das normas nessas duas espécies, posto que ela facilita bastante a explicação de muitas questões jurídicas e orienta adequadamente o operador do Direito em sua aplicação.

E não se trata simplesmente de graus de generalidade, de abstração ou de relevância na ordem jurídica, embora seja esta a tese que parece predominante na doutrina brasileira, e foi por nós adotada durante muito tempo.[6] Realmente, existe diferença de natureza lógica entre princípios e regras, como está bem

---

2. É recomendável a leitura do texto "Sobre la Norma Juridica", em Norberto Bobbio, *Contribución a la Teoría del Derecho*, Fernando Torres-Editor, Valência, 1980, p. 293-306.
3. Virgílio Afonso da Silva, Princípios e Regras: mitos e equívocos em torno de uma distinção, em *Revista Latino-Americana de Estudos Constitucionais*, Del-Rey, n. 1, jan./jun. 2003, p. 609.
4. Esta parece ser a posição ainda predominante em nosso país, e foi por nós adotada durante muito tempo, como se pode ver em nosso livro *Os Princípios Jurídicos da Tributação na Constituição de 1988*.
5. Cf. Virgílio Afonso da Silva, Princípios e Regras: mitos e equívocos em torno de uma distinção, em *Revista Latino-Americana de Estudos Constitucionais*, Del-Rey, n. 1, jan./jun. 2003, p. 609.
6. Hugo de Brito Machado, *Os Princípios Jurídicos da Tributação na Constituição de 1988*, 5. ed., Dialética, São Paulo, 2004, p. 17.

demonstrado nas obras de Dworkin e de Alexy, de onde extraímos as noções essenciais para explicar essa distinção essencial. Noções que vamos expor a seguir, em apertada síntese.

Os princípios não são expressos em estruturas fechadas. São, pelo contrário, expressos em estruturas abertas, flexíveis, que por isto mesmo podem ser *mais ou menos* observados. Já as regras são expressas em estruturas fechadas, rígidas, que não podem ser *mais ou menos* observadas. Ou são, ou não são observadas. Essa distinção essencial entre princípios e regras fica bem clara quando se está diante de um conflito. Quando o conflito ocorre entre dois princípios é sempre possível uma solução que atenda em certa medida a um e em certa medida ao outro princípio. Já o conflito entre regras exige que se faça a opção por uma delas, descartando a outra. Por isso mesmo, existem os critérios para a solução das antinomias entre regras, a saber, o critério cronológico, o da hierarquia e o da especialidade.[7]

Em outras palavras, as regras, diversamente dos princípios, têm hipótese de incidência definida que, uma vez concretizada, tem-se de optar entre aplicar e não aplicar a regra, não havendo como fazer ajustamentos. Já os princípios podem ser ajustados de sorte que não se tenha a aplicação integral, nem a rejeição integral. Eles funcionam como "mandamentos de otimização". No dizer de Robert Alexy, o ponto decisivo para a distinção entre regras e princípios está em os princípios serem normas que ordenam que algo seja realizado na maior medida possível, dentro das possibilidades jurídicas e de fato existentes.[8]

Esse critério de distinção entre princípios e regras, todavia, é contestado por Humberto Ávila, o que demonstra mais uma vez nossa afirmação de que tudo é bastante relativo. Segundo Ávila, "a existência de uma hipótese de incidência é questão de formulação linguística e, por isso, não pode ser elemento distintivo de uma espécie normativa".[9]

A nosso ver, porém, o modo de formulação da norma pode ser um critério válido de distinção entre princípio e regra. Aliás, pode-se mesmo sustentar que é o modo pelo qual é formulada a prescrição jurídica que mantém nesta a natureza de princípio, ou lhe atribui a natureza de regra, sendo certo que muitos princípios são colocados no ordenamento positivo na forma de verdadeiras regras jurídicas, como a seguir se verá.

---

7. Veja-se o que escrevemos sobre a unidade e coerência do ordenamento jurídico, na parte 3ª, Capítulo I.
8. Robert Alexy, *Teoría de los Derechos Fundamentales*, Centro de Estudios Políticos y Constitucionales, Madri, 2002, p. 86.
9. Humberto Ávila, *Teoria dos Princípios* – da definição à aplicação dos princípios jurídicos, Malheiros, São Paulo, 2002, p. 32.

1.3 Princípios incorporados em regras fundamentais

Quando se fala do princípio da segurança jurídica, evidentemente não se fala de regra, mas de típico princípio jurídico. O princípio da segurança jurídica, todavia, não obstante sempre presente como um princípio, está inserido no ordenamento jurídico através de regras, como, por exemplo, a que afirma não ser permitida a cobrança de tributo que não tenha sido criado ou aumentado por lei.

Essa regra fundamental do ordenamento jurídico pode incorporar também o princípio democrático, se por lei o ordenamento indica que se deve entender o ato normativo produzido pelo parlamento, vale dizer, pelos representantes do povo. Pode, porém, não ter esse conteúdo, significando apenas um ato normativo anterior, e neste caso, mesmo sem incorporar o princípio democrático, estará incorporando o princípio da segurança jurídica.

Outra regra fundamental que incorpora o princípio da segurança jurídica é aquela segundo a qual a lei não atingirá o direito adquirido, o ato jurídico perfeito e a coisa julgada.[10]

A regra que incorpora direta e inteiramente um princípio jurídico é, podemos dizer, uma regra fundamental que busca assegurar a observância, em grau determinado, do princípio jurídico nela incorporado.

2. ALGUNS PRINCÍPIOS JURÍDICOS IMPORTANTES

2.1 Justiça e segurança como princípios fundamentais

Entre os princípios jurídicos mais importantes, podem ser mencionados os princípios da isonomia e o da segurança, que podem ser mesmo considerados expressão dos valores essenciais a serem preservados pelo Direito. Assim é que Radbruch, estudando as antinomias da ideia de direito, assevera:

> "Podemos resumir o nosso pensamento dizendo que os elementos universalmente válidos da ideia de direito são só a *justiça* e a *segurança*. Sujeitos à relatividade acham-se, portanto, não só o elemento ou a ideia do *Fim*, como já dissemos, mas ainda a determinação da própria hierarquia ou das relações de primazia a estabelecer entre esses três elementos."[11]

Nessa linha de pensamento, podemos afirmar que todos os demais princípios jurídicos são formas particulares de expressar o princípio da justiça, ou da segurança, ou ambos. E que o *fim* do Direito consiste precisamente na realização

---

10. Constituição Federal de 1988, art. 5º, inciso XXXVI.
11. Gustav Radbruch, *Filosofia do Direito*, trad. L. Cabral de Moncada, Arménio Amado, Coimbra, 1974, p. 162.

desses dois valores supremos da humanidade. Mesmo assim, consideramos válida a enumeração, que fazemos a seguir, de alguns princípios importantes no estudo do Direito.

2.2 Outros importantes princípios jurídicos

Sejam ou não desdobramentos dos princípios da justiça e da segurança jurídica, certo é que diversos outros princípios compõem a ideia de Direito, entre os quais podemos citar: (a) proporcionalidade; (b) razoabilidade; (c) moralidade; (d) boa-fé; entre muitos outros.

Devemos ter sempre presente que a principal função dos princípios jurídicos consiste em orientar quem interpreta e aplica as normas jurídicas. Tanto no que diz respeito à *interpretação*, em sentido estrito, vale dizer, na busca do significado das normas existentes no ordenamento jurídico, como e especialmente na integração, vale dizer, na busca de uma solução para o caso concreto diante da ausência de norma específica. Em outras palavras, podemos dizer que a função mais importante dos princípios jurídicos é a que exercem como instrumento para a superação das lacunas do ordenamento.

2.3 Os princípios jurídicos e a superação das lacunas

Embora a abrangência, assim como a fundamentalidade, quando colocadas como critérios para distinguirmos os princípios das regras, sejam questionadas, certo é que os princípios jurídicos geralmente são muito abrangentes e fundamentais. Por outro lado, por não se expressarem sob a forma de estruturas fechadas, eles não têm hipótese de incidência rigorosamente demarcada de sorte que podem servir como excelente instrumento para a superação das lacunas.

Aliás, podemos mesmo dizer que o Direito dos princípios, diversamente do que ocorre com o Direito das regras, não tem lacunas verdadeiras ou técnicas. Os princípios prestam-se exatamente para o preenchimento do que, na visão positivista normativista, poderíamos denominar de espaços vazios no ordenamento.

4ª Parte
O ESTADO

XVI
Estado e Direito

Sumário: 1. O Estado e seus elementos essenciais; 1.1 Estado; 1.2 Povo; 1.3 Território; 1.4 Poder – 2. Estado e Direito; 2.1 Identidade entre Direito e Estado: a tese de Kelsen; 2.2 Distinção entre Direito e Estado – 3. Os poderes do Estado; 3.1 Atividades, funções e poderes; 3.2 Poder Legislativo; 3.3 Poder Executivo; 3.4 Poder Judiciário – 4. Separação de poderes; 4.1 Especialização funcional; 4.2 Divisão como forma de limitação; 4.3 Separação de poderes e Estado de Direito; 4.4 Relatividade da separação de poderes; 4.5 Anomalias do direito brasileiro – 5. O Estado de Direito; 5.1 Conceito; 5.2 Os questionamentos sobre o Direito; 5.3 Execução contra o Estado.

1. O ESTADO E SEUS ELEMENTOS ESSENCIAIS

1.1 Estado

O uso da palavra *estado*, com o sentido atual de organização política, começou na Itália, com Maquiavel, no início da Idade Moderna.[1]

O Estado, como o concebemos atualmente, é organização política do povo, que ocupa determinado território e tem um governo a controlar suas ações. Por isto mesmo se diz que o Estado é formado por três elementos essenciais. Há, é certo, quem coloque a finalidade como um quarto elemento essencial do Estado, mas os tratadistas geralmente se referem a três elementos, a saber, o povo, o território e o poder.

1.2 Povo

Povo é o conjunto de pessoas que podem influir no poder do Estado, participando da vida política. É uma noção que não se deve confundir com as ideias de *população*, nem de *nação*. O termo *população* indica simples expressão demográfica. Quando se quer indicar o número de pessoas que habitam o território

---

1. Agerson Tabosa, *Teoria Geral do Estado*, Fortaleza, Imprensa Universitária, 2002, p. 23.

do Estado, diz que a população desse Estado é de tantos milhões. Há, entretanto, autores de nomeada que empregam a palavra *população* ao se referirem ao elemento pessoal do Estado.

O termo *nação* indica o conjunto de pessoas unidas por laços comuns. A seu respeito ensina Dallari:

> "Nação, expressão usada inicialmente para indicar origem comum, ou comunidade de nascimento, não perdeu de todo tal significado, segundo Miguel Reale, uma comunhão formada por laços históricos e culturais e assentada sobre um sistema de relações de ordem objetiva."[2]

Sobre a distinção entre povo, população e nação, vejamos o que ensina Agerson Tabosa:

> "Povo, do latim *populus* = povo, população, é, resumidamente, o conjunto de cidadãos, ou mais explicitamente, daquelas pessoas que podem participar da vida política e influir no governo. Povo é uma noção jurídico-política. Povo não é população. Esta é um conjunto de indivíduos que, sem discriminação alguma, habitam determinado espaço geográfico. População é uma noção demográfica. Povo também não é nação, pois esta é o conjunto de pessoas que vivem no mesmo ambiente cultural, de língua, raça, religião, costumes e tradições. Nação é uma noção puramente sociológica. É uma sociedade global, um grupo inorganizado, e como tal sem normas jurídicas, sem estrutura de poder."[3]

Em síntese, podemos dizer que a palavra *povo* designa o elemento pessoal do Estado sob o aspecto *jurídico*. A palavra *população* designa esse mesmo elemento, considerado do ponto de vista estatístico ou *demográfico*. E a palavra *nação* designa também esse mesmo elemento, mas agora considerado do ponto de vista *sociológico*.

1.3 Território

O território é o elemento espacial do Estado. No dizer de Tabosa é certo e exclusivo. Certo porque delimitado, e exclusivo porque não pode ser repartido.[4] Todos os Estados têm suas fronteiras, vale dizer, as delimitações de seus territórios, embora alguns ainda não as tenham pacificamente definidas e lutem por isto com outros Estados. E lutam precisamente porque o território, como elemento do Estado, é exclusivo. Um mesmo espaço territorial não pode pertencer ao mesmo tempo a mais de um Estado.

Não obstante exclusivo, o território não é, como tal, uma propriedade do Estado, embora este possa ser proprietário de partes dele. Como explica Tabosa,

---

2. Dalmo de Abreu Dallari, *Elementos de Teoria Geral do Estado*, 19. ed., São Paulo, Saraiva, 1995, p. 82.
3. Agerson Tabosa, *Teoria Geral do Estado*, Fortaleza, Imprensa Universitária, 2002, p. 29-30.
4. Agerson Tabosa, *Teoria Geral do Estado*, Fortaleza, Imprensa Universitária, 2002, p. 30.

citando Jellinek, o poder do Estado sobre o seu território não se confunde com o poder do proprietário. "Se tal ocorresse, haveria uma dupla relação de domínio sobre o mesmo bem, um *bis in idem*." Na verdade, o Estado exerce sobre o seu território um poder império. Enquanto os proprietários apenas têm o domínio, ou propriedade, o Estado tem um império e por isto mesmo até pode, em certas circunstâncias, substituir o proprietário.[5]

Há quem sustente, buscando apoio em exemplos admitidos pelo Direito Internacional, que o território não é um elemento essencial do Estado. Não nos parece, porém, que a tese seja correta. Os exemplos citados podem ser tidos como situações temporárias ou como exceções que, em vez de infirmarem, confirmam a regra.

1.4 Poder

Alguns autores preferem mencionar, em vez de poder, o governo.[6] É apenas questão de enfoque, pois o elemento como fenômeno estatal é o mesmo. Poder é a aptidão para decidir e fazer valer suas decisões. O governo, a rigor, é o conjunto de órgãos do Estado que exercem o poder.

O poder é sem dúvida um elemento essencial do Estado. Veja-se a propósito a lição de Dallari:

> "O problema do poder, para muitos autores, é o tema central da Teoria Geral do Estado, havendo mesmo quem sustente que o Estado não só *tem* poder mas *é* um poder. Esta é precisamente a teoria de Burdeau, que conceitua o Estado como a institucionalização do poder. Diz ele que os chefes de um grupo social, assim como desejam que seja reconhecida sua legitimidade, querem também assegurar a continuidade do poder. E é então por essa preocupação pragmática que surge o Estado, podendo-se compreender por tal processo de formação sua natureza. O Estado é poder, e por isso seus atos obrigam; mas ele é poder abstrato, e por isso não é afetado pelas modificações que atingem seus agentes. Enfim, se ele dura tanto, a despeito das contingências históricas, é porque encarna uma ideia, a imagem de ordem que é o próprio fundamento do poder. Mas apesar dessa concepção, e não obstante em outras ocasiões tratar o Estado como forma de poder, Burdeau, à semelhança da maioria dos autores, também se refere ao poder como coisa diversa do Estado, indicando mesmo as características do poder estatal. Diz então que, no Estado, o poder se reveste de características que não são encontradas em outro lugar, a saber: seu modo de enraizamento no grupo lhe dá uma originalidade que repercute na situação dos governantes e sua finalidade o liberta da arbitrariedade das vontades individuais; seu exercício, enfim, obedece a regras que limitam seu perigo. Segundo essa concepção, o poder é mais do que essencial para o

---

5. Agerson Tabosa, *Teoria Geral do Estado*, Fortaleza, Imprensa Universitária, 2002, p. 32.
6. Sahid Maluf, *Teoria Geral do Estado*, 26. ed., São Paulo, Saraiva, 2003, p. 27.

Estado, pois ele é o próprio Estado como expressão ordenada da ideia de convivência que prepondera no grupo."[7]

Não é correto dizer-se que Estado é poder, porque existe poder sem Estado e até contra o Estado, mas é indiscutivelmente certo que não existe Estado sem poder. Este é na verdade um dos seus elementos essenciais. Isto, porém, não quer dizer que o poder estatal seja ilimitado. Para compreendermos tais afirmações é importante esclarecermos o que é o poder, e como o Direito a ele estabelece limites.

O poder é a aptidão para realizarmos nossas vontades. Quem realiza tudo o que quer é titular de poder. O Estado que realiza tudo o que os governantes querem é um Estado poderoso. Termina sendo um Estado totalitário. Não um Estado de Direito, porque não se submete ao Direito. Antes, porém, de estudarmos o conceito de Estado de Direito, vejamos algumas ideias a respeito da relação que existe entre Estado e Direito.

2. ESTADO E DIREITO

2.1 Identidade entre Direito e Estado: a tese de Kelsen

Desenvolvendo sedutora argumentação, com a ordenação lógica que caracteriza sua obra, Kelsen afirma existir identidade entre o Estado e o Direito. Para ele, o Direito é uma ordem normativa e,

> "visto que uma comunidade apenas pode ser constituída por uma tal ordem normativa (sim, identifica-se mesmo com esta ordem), a ordem normativa que constitui o Estado apenas pode ser a ordem de coerção relativamente centralizada que nós verificamos ser a ordem jurídica estadual.
>
> Como comunidade social, o Estado – de acordo com a teoria tradicional do Estado – compõe-se de três elementos: população, o território e o poder, que é exercido por um governo estadual independente. Todos estes elementos só podem ser definidos juridicamente, isto é, eles apenas podem ser apreendidos como vigência e domínio de vigência (validade) de uma ordem jurídica.
>
> A população é constituída pelos indivíduos que pertencem a um Estado. Se se pergunta por que é que um indivíduo, conjuntamente com outros indivíduos, pertence a um determinado Estado, não poderemos encontrar outro critério para a resposta que não seja o de que ele está, conjuntamente com os outros, submetido a uma determinada ordem coercitiva relativamente centralizada".[8]

---

7. Dalmo de Abreu Dallari, *Elementos de Teoria Geral do Estado*, 19. ed., São Paulo, Saraiva, 1995, p. 93.
8. Hans Kelsen, *Teoria Pura do Direito*, trad. João Baptista Machado, 3. ed., Coimbra, Arménio Amado, 1974, p. 386-387.

E no desenvolvimento de sua tese, o Mestre do positivismo normativista identifica nos três elementos essenciais do Estado simples aspectos de uma ordem jurídica. Para ele o povo, que prefere dizer população, "é o domínio pessoal de vigência da ordem jurídica estadual".[9] O território "apenas pode ser definido como o domínio espacial de vigência de uma ordem jurídica estadual".[10] E o poder "não é uma força ou instância mística que esteja escondida detrás do Estado ou do seu Direito. Ele não é senão a eficácia da ordem jurídica".[11]

Por mais sedutora que seja a tese kelseniana, todavia, ela é apenas um modo de ver e de descrever essa realidade social, que é o Estado, mas com ele não se confunde, como se pode verificar na própria Teoria Pura do Direito, além de ser inaceitável para os que não reduzem o Direito ao conjunto de normas produzidas pelo Estado.

2.2 Distinção entre Direito e Estado

Na própria obra de Kelsen, encontramos lições que nos autorizam a dizer que Estado e Direito não se confundem. Em suas palavras:

> "Como organização política, o Estado é uma ordem jurídica. Mas nem toda a ordem jurídica é um Estado. Nem a ordem jurídica pré-estadual da sociedade primitiva, nem a ordem jurídica internacional supraestadual (ou interestadual) representam um Estado. Para ser um Estado, a ordem jurídica necessita de ter o caráter de uma organização no sentido estrito da palavra, quer dizer, tem de instituir órgãos funcionando segundo o princípio da divisão do trabalho para criação e aplicação das normas que a formam; tem de apresentar um certo grau de centralização. O Estado é uma ordem jurídica relativamente centralizada."[12]

Como se vê, o próprio Kelsen refere-se a uma ordem jurídica pré-estadual da sociedade primitiva e a uma ordem jurídica internacional supraestatal. A identidade que afirma entre Direito e Estado, portanto, diz respeito apenas à ordem jurídica estatal, vale dizer, ao conjunto de normas produzidas pelo Estado para a regulação das condutas de seu povo no plano interno.

Que o Direito seja apenas o conjunto de normas produzidas e cuja aplicação é feita pelo Estado é uma questão extremamente polêmica. Sobre o assunto existem as mais diversas opiniões. Nuno Sá Gomes resume com propriedade as duas principais correntes de pensamento a esse respeito, que denomina *Teoria*

---

9. Hans Kelsen, *Teoria Pura do Direito*, trad. João Baptista Machado, 3. ed., Coimbra, Arménio Amado, 1974, p. 387.
10. Hans Kelsen, *Teoria Pura do Direito*, trad. João Baptista Machado, 3. ed., Coimbra, Arménio Amado, 1974, p. 388.
11. Hans Kelsen, *Teoria Pura do Direito*, trad. João Baptista Machado, 3. ed., Coimbra, Arménio Amado, 1974, p. 390.
12. Hans Kelsen, *Teoria Pura do Direito*, trad. João Baptista Machado, 3. ed., Coimbra, Arménio Amado, 1974, p. 385.

Estadual e *Teoria Social*. A primeira sustenta que ao Estado pertence o monopólio da formação e da aplicação do Direito, e a segunda "sustenta que o direito não é apenas *norma*, mas também *instituição*, e que não só o Estado, mas *outras instituições*, devem considerar-se como tendo os seus próprios *ordenamentos jurídicos*".[13] E em seguida formula sua opinião pessoal:

> "Para nós, o Direito é o que vive e se aplica na sociedade e não o que é produzido pelo Estado. E, como vimos, nem sequer é essencial ao conceito de *Direito* a existência de uma entidade superior aos sujeitos para a aplicação do Direito (autodefesa), sendo igualmente certo que o Estado surgiu em fase relativamente avançada da humanidade.
>
> Daí que se reconheça juridicidade ao Direito não Estatal, que vigora nas sociedades infraestatais e nas supraestatais. E quando o Estado recebe, aceita parcialmente esse outro Direito, isso não significa que as regras jurídicas recebidas ou aceites tenham deixado de fazer parte da ordem jurídica menor ou maior e que passem a ser estatais. Isso é particularmente visível nos Estados que abrangem no seu seio *comunidades* sujeitas aos *chefes e ao direito tradicional*, mesmo contra a ordem jurídica estatal. O mesmo se diga do Direito Internacional Público, que é verdadeiro Direito, ainda quando certo Estado o não reconheça ou até o hostilize. O mesmo se diga do *Direito Comunitário*, vigente na União Europeia, que se impõe ao próprio Direito Estadual."[14]

Para os que sustentam que o Direito não é apenas o conjunto de normas produzidas pelo Estado, não há nenhuma dúvida de que Direito e Estado são coisas bem distintas. E mesmo para os que entendem que o Direito é apenas o conjunto de normas produzidas ou aceitas pelo Estado, a distinção é inegável, pelo menos se tivermos em vista que o Estado, além de ser um conjunto de normas, é também uma organização, aliás extremamente complexa, que inclusive se coloca como sujeito de relações jurídicas, assumindo a condição de pessoa e nessa condição restando submetido, ele próprio, à ordem normativa.

Na verdade é a organização que permite ao Estado assumir a condição de pessoa. Esta é a lição de Carré de Malberg, que no capítulo primeiro de sua notável obra expõe, em cerca de 50 páginas, suas ideias a respeito da personalidade do Estado:

> "Lo que convierte la colectividad en una persona con el nombre de Estado son sus órganos. Pues ella misma, la colectividad nacional, no tiene unidad, y especialmente no tiene voluntad única, real; no adquiere esa voluntad sino cuando se encuentra organizada. La organización de la colectividad es, pues, el hecho generador inmediato de la personalidad estatal. Personalidad ésta que es puramente jurídica y no ya real, en el sentido de que hubiera existido desde antes de toda organización jurídica de la colectividad. Personalidad, por consiguiente, abstracta, mas no ficticia, tiene una realidad jurídica."[15]

Não há dúvida, portanto, de que Estado e Direito são inconfundíveis.

---

13. Nuno Sá Gomes, *Introdução ao Estudo do Direito*, Lisboa, JVS, 2001, p. 57.
14. Nuno Sá Gomes, *Introdução ao Estudo do Direito*, Lisboa, JVS, 2001, p. 58-59.
15. R. Carré de Malberg, *Teoría General del Estado*, trad. José Lión Depetre, México, Facultad de Derecho/Unam/Fondo de Cultura Económica, 1998, p. 78-79.

3. OS PODERES DO ESTADO

3.1 Atividades, funções e poderes

O Estado exerce três atividades fundamentais, a saber: (a) criação das normas jurídicas, ou atividade legislativa; (b) administração da coisa pública, ou atividade administrativa; e (c) composição dos conflitos, ou atividade jurisdicional. Alguns preferem dizer que se trata de *funções*, tendo-se assim a função legislativa, a função administrativa ou executiva, e a função jurisdicional. Outros se referem a *poder*, e assim temos o Poder Legislativo, o Poder Executivo e o Poder Judiciário.

Parece que a escolha das palavras *atividade*, ou *função*, é uma simples questão de preferência terminológica, embora, a rigor, a palavra *atividade* seja mais adequada para designar o conjunto de atos, enquanto a palavra *função* é mais adequada para designar a atividade vista sob a ótica de sua finalidade. Já a palavra *poder* pode designar a aptidão para decidir e fazer valer essa decisão, vale dizer, a aptidão para fazer alguma coisa, mas a palavra *poder* também é utilizada para designar o conjunto de órgãos ou repartições do Estado que exercem determinada função, ou atividade. Assim, diremos que o Poder Legislativo é o conjunto dos órgãos ou repartições do Estado responsáveis pelo exercício da atividade, ou da função legislativa, ou função de produção das normas jurídicas. Já o Poder Executivo é o conjunto de órgãos ou repartições responsáveis pelo exercício da atividade administrativa, vale dizer, pelo exercício da administração da coisa pública. E, finalmente, o Poder Judiciário é o conjunto de órgãos ou repartições responsáveis pelo exercício da atividade ou função jurisdicional.

Essa distinção que se faz entre *poder* e *atividade* ou *função* é importante, porque na verdade um poder exerce mais de uma atividade ou função, como adiante se vai explicar.

3.2 Poder Legislativo

O Poder Legislativo é o conjunto dos órgãos ou repartições que exercem a atividade legislativa, ou atividade de produção normativa. Esses órgãos, porém, exercem também atividades ou funções administrativas e jurisdicionais, embora o façam de forma secundária ou em caráter meramente instrumental de sua função ou atividade fundamental, mais importante, que é a atividade ou função legislativa.

Realmente, quando nomeia ou promove um funcionário, o Poder Legislativo está exercendo função tipicamente administrativa. E quando julga em razão de atribuição que lhe confere a Constituição está exercendo atividade tipicamente jurisdicional. São, porém, atividades complementares, ou meramente instrumentais, ou exercidas em caráter excepcional.

3.3 Poder Executivo

O Poder Executivo é o conjunto de órgãos ou repartições que exercem a atividade administrativa, ou de administração da coisa pública. Esses órgãos, porém, tal como acontece com os dos outros poderes, não se limitam ao exercício de suas funções ou atividades típicas. Exercem também funções ou atividades legislativas, e jurisdicionais, embora o façam apenas em caráter complementar ou excepcional.

Realmente, quando o Chefe do Poder Executivo baixa um regulamento, ou um Diretor de repartição expede uma instrução normativa, uma resolução ou uma portaria contendo normas, está exercendo função ou atividade legislativa. A função ou atividade típica, essencial, exercida pelo Poder Executivo, todavia, é a de administração da coisa pública.

3.4 Poder Judiciário

Poder Judiciário é o conjunto dos órgãos do Estado que exercem preponderantemente a função jurisdicional. Diz-se preponderantemente porque, convém repetir, esses órgãos exercem também funções legislativas e funções administrativas, só que o fazem de modo secundário ou instrumental e somente na medida em que isto se faz necessário para o pleno exercício da jurisdição, ou função jurisdicional.

A jurisdição, ou atividade jurisdicional, caracteriza-se pela finalidade de fazer valer o Direito, vale dizer, tornar eficaz o sistema jurídico. Nas palavras de Albuquerque Rocha, jurisdição é "a função de atuação terminal do direito exercida, preponderantemente, pelos órgãos do Poder Judiciário, independentes e imparciais, compondo conflitos de interesses mediante a aplicação da lei através do devido processo legal".[16]

Justifica-se, porém, de certa forma, a denominação Poder Judiciário, pois não se trata realmente de simples especialização de funções, mas da contraposição de poderes. Neste sentido é a lição de Sampaio Dória:

> "O que mais caracteristicamente acentua e eleva a função judiciária à categoria de poder, é a prerrogativa de se opor ao executivo em suas ilegalidades, em seus abusos de poder, e, coisa realmente nova, opor-se igualmente ao legislativo em suas deliberações inconstitucionais. Enquanto não puder opor-se a outro poder, é, apenas, autoridade judiciária, pura e simples. Mas, se suas decisões tornarem nulas resoluções do legislativo, por contrariarem as leis constitucionais, então, mais do que autoridade judiciária, é poder judiciário."[17]

---

16. José de Albuquerque Rocha, *Teoria Geral do Processo*, 7. ed., São Paulo, Atlas, 2003, p. 78.
17. A. de Sampaio Dória, *Direito Constitucional*, 5. ed., São Paulo, Max Limonad, 1962, v. 1, t. I, p. 281.

4. SEPARAÇÃO DE PODERES

4.1 Especialização funcional

Fala-se geralmente em separação de poderes para dizer do que mais exatamente se pode explicar como especialização funcional dos órgãos do Estado. No dizer de Albuquerque Rocha:

> "Desde Aristóteles reconhece-se que a função estatal é suscetível, em razão das diferenças que apresenta, de ser dividida num certo número de categorias, agrupando cada qual aqueles atos do Estado que apresentam, entre si, traços de uniformidade. O próprio Aristóteles já fixava em três essas categorias.
>
> Foi, no entanto, Montesquieu quem melhor sistematizou a chamada repartição dos poderes estatais. Não que Montesquieu tenha descoberto tais funções, ou as tenha proposto, já que estas funções são identificáveis em qualquer tipo de Estado, mas foi Montesquieu, e nisto está o seu mérito, quem propôs um sistema de organização e funcionamento do poder estatal de modo que cada órgão desempenhasse uma atividade distinta, ao mesmo tempo em que a atividade de cada qual servisse de contenção da atividade de outro órgão."[18]

Podemos dizer, pois, em vez de separação de poderes, especialização de funções que são atribuídas a órgãos relativamente autônomos, compondo um sistema de controles de sorte a evitar práticas arbitrárias.

Toda norma limita poder. Ocorre que se quem faz a norma também administra, e também julga, essa limitação não se fará efetiva. Daí a necessidade de divisão das funções de legislar, administrar e julgar, funções que são atribuídas a órgãos diversos, especializados no exercício das funções legislativas, administrativas e jurisdicionais.

4.2 Divisão como forma de limitação

Exatamente porque a norma é limite de poder, a divisão das funções do Estado pode ser vista como divisão das atividades estatais em relação ao sistema normativo. A função legislativa, vale dizer, a função de fazer as normas, é atribuída a órgãos especializados cuja atividade essencial consiste na produção normativa.

Já a função administrativa, a administração da coisa pública, é atribuída a outro conjunto de órgãos, que em princípio não faz normas, senão em caráter secundário e excepcional. Assim, o agir dos órgãos que integram a Administração

---

18. José de Albuquerque Rocha, *Teoria Geral do Processo*, 7. ed., São Paulo, Atlas, 2003, p. 76.

Pública fica limitado pelas normas que são produzidas por órgãos alheios a esta. Órgãos que integram outro "poder" do Estado.

Finalmente, para que ocorra a aplicação efetiva das normas, para que elas sejam obedecidas, a um outro conjunto de órgãos é atribuída a função jurisdicional, que, como se viu, é a função destinada a fazer valer o sistema jurídico em cada caso concreto e em caráter definitivo.

Esse sistema formado com a divisão das funções estatais permite a limitação do poder, o que certamente não seria possível se todas as funções fossem atribuídas ao mesmo órgão.

4.3 Separação de Poderes e Estado de Direito

A separação de poderes, ou, mais exatamente, a separação das funções do Estado é de tal forma essencial para a efetividade do Direito que é colocada como um requisito essencial na definição do denominado Estado de Direito.

A propósito da importância da separação de poderes na preservação das liberdades públicas, ensina Cláudio Pacheco:

> "Não há liberdade se o poder de julgar não está deslindado do poder legislativo e do poder executivo. Se não está separado do poder legislativo, poder-se-ia dispor arbitrariamente da liberdade e da vida dos cidadãos; pois o juiz seria legislador. Se não está separado do poder executivo, o juiz poderia ter a força de um opressor.
>
> Tudo estaria perdido se o mesmo homem, a mesma corporação de próceres, a mesma assembleia do povo exercesse os três poderes: o de ditar as leis, o de executar as resoluções públicas e o de julgar os delitos ou os pleitos entre particulares."[19]

É de tal ordem a importância da separação das funções estatais que entre nós foi colocada na Constituição Federal como cláusula pétrea, vale dizer, uma disposição da Constituição que não pode ser modificada. Assim é que José Filomeno de Moraes Filho, no final de bem lançada síntese da evolução constitucional da separação de poderes no Brasil, registra, com inteira propriedade:

> "A Constituição Federal, promulgada em 5 de outubro de 1988, estabelece que 'são poderes da União, independentes e harmônicos entre si, o Legislativo, o Executivo e o Judiciário' (art. 2º). Por sua vez, o princípio foi erigido em cláusula de imutabilidade, dispondo a Carta Magna

---

19. Cláudio Pacheco, *Tratado das Constituições Brasileiras*, Rio de Janeiro, Freitas Bastos, 1965, v. 5, p. 15-16.

que não será objeto de deliberação a proposta de emenda tendente a abolir a separação dos Poderes (art. 60, § 4º, III)."[20]

4.4 Relatividade da separação de poderes

É certo que a separação de poderes, ou mais exatamente, a especialização das funções do Estado em órgãos dos denominados três poderes não é, não pode nem deve ser absoluta. O Legislativo pratica atos administrativos e jurisdicionais. O Executivo pratica atos legislativos e jurisdicionais. E o Judiciário pratica atos administrativos e legislativos. Cada um desses três poderes pratica atos típicos que os caracterizam. O Legislativo legisla, o Executivo administra e o Judiciário julga. E cada um desses três poderes também pratica atos não típicos de suas atribuições, mas o faz apenas na medida em que esses atos, típicos das atribuições de outro poder, sejam instrumentais em sua atividade típica. Esta é a nota característica que justifica a prática, por um poder, de ato típico de outro. A instrumentalidade em relação a seus atos típicos.

Realmente, o Judiciário administra. Mas o faz tão somente na medida em que os atos de administração sejam absolutamente inerentes a sua atividade típica, vale dizer, a atividade jurisdicional. Nada justifica seja atribuída a órgãos do Poder Judiciário função típica do Poder Executivo e que não se presta como instrumento da atividade jurisdicional. É o caso do lançamento de tributos. Atividade típica do Poder Executivo, que somente a ele deve ser atribuída. Jamais ao Judiciário.

4.5 Anomalias do direito brasileiro

No direito brasileiro existem, no que concerne à separação de poderes, algumas anomalias entre as quais podemos destacar o exercício da função legislativa pelo Presidente da República, mediante a edição de medidas provisórias, e o lançamento de tributo pelos Juízes do Trabalho.

As medidas provisórias prestam como instrumentos de abusos. Para demonstrá-lo basta citarmos situações recentes nas quais o Presidente da República tem baixado medida provisória para modificar lei que o Congresso Nacional acaba de aprovar, introduzindo nela dispositivos que o Congresso rejeitou.

O lançamento de tributo pelo Juiz é outro absurdo que se deve procurar eliminar. Se o Judiciário lança o tributo, quem a ele se poderá contrapor para

---

20. José Filomeno de Moraes Filho, Separação de Poderes no Brasil Pós-88: Princípio Constitucional de Práxis Política, em *Teoria da Constituição* – Estudos sobre o Lugar da Política no Direito Constitucional, Rio de Janeiro, Lumen Juris, 2003, p. 172-173.

cortar-lhe os excessos? Quem exercerá o controle jurisdicional do lançamento tributário feito pelo Juiz?

A atividade de lançamento de tributo é função típica do Poder Executivo. A propósito, em monografia sobre o lançamento tributário, Estevão Horvath reporta-se a gestão tributária como atividade administrativa típica do Poder Executivo.[21]

O juiz lançador de tributo será, então, o senhor absoluto da legalidade do seu próprio procedimento administrativo, em flagrante descompasso com o sistema jurídico de um Estado de Direito, que se pretende implantado em nosso País com a Constituição de 1988.

5. O ESTADO DE DIREITO

5.1 Conceito

Entende-se por *Estado de Direito* o Estado estruturado de tal forma que os governantes não conseguem impor suas vontades contra as normas jurídicas. Diz-se que o Estado se submete ao Direito. Não viola as normas que o compõem.

A rigor o Estado de Direito, ao menos em nosso País, ainda é apenas um sonho. Os instrumentos que o Estado coloca nas mãos dos governantes geralmente lhes permite violar as normas, embora isto não ocorra em todas as situações.

5.2 Os questionamentos sobre o Direito

Quando se diz que o Estado de Direito é aquele que se submete às normas que o compõem não se quer dizer que os governantes não possam questionar o sentido e o alcance das normas. Que não possam questionar sobre o que é o Direito. Podem, com certeza. Podem questionar o significado e o alcance das normas. Podem questionar o efeito da incidência dessas. Questionar o que lhes parece ser o seu direito subjetivo. Mas esse questionamento há de se dar perante os órgãos do próprio Estado, cujas decisões põem fim ao questionamento.

Assim, quando se diz que o Estado de Direito é aquele que se submete às normas, devemos entender que Estado de Direito é aquele que se submete às decisões do Poder Judiciário. Mais exatamente, submete-se às decisões de última instância. Às decisões definitivas. Àquelas contra as quais não caiba mais nenhum recurso.

---

21. Estevão Horvath, *Lançamento Tributário e "Autolançamento"*, São Paulo, Dialética, 1997, p. 71.

Aliás, em toda e qualquer comunidade deve existir um centro de decisões ao qual os membros dessa comunidade se submetem. Sem isso não pode haver harmonia na comunidade. Por isso mesmo o titular do poder maior, o Estado, para caracterizar-se como Estado de Direito, há de submeter-se às decisões finais, definitivas, dos seus órgãos aos quais a ordem jurídica atribua a tarefa de resolver os conflitos surgidos na aplicação das normas jurídicas.

5.3 Execução contra o Estado

Como pode ocorrer e muitas vezes ocorre que as decisões do Poder Judiciário não são espontaneamente obedecidas, o Direito alberga um instrumento destinado a fazer valer tais decisões contra aqueles que não as obedecem. É o denominado processo de execução.

No Estado de Direito, porém, não faz sentido cogitar-se de execução contra o Estado. O processo de execução é o instrumento que o Direito nos oferece para fazer valer as decisões do Poder Judiciário contra aquele que a elas não se quer submeter. É o instrumento para forçar as pessoas a se submeterem ao Direito, do qual certamente as decisões judiciais são, em princípio, a mais eloquente expressão. Assim, e como o Estado de Direito é, por definição, aquele que se comporta conforme o Direito e, por isso, submete-se às decisões do Poder Judiciário, que é o seu órgão incumbido de resolver as questões em torno do significado e do alcance das normas do Direito, é um contrassenso falar-se em processo de execução contra o Estado.

No Brasil, infelizmente, o Estado muitas vezes não se submete às decisões judiciais. Daí ter sido criado o precatório, que nada mais é do que uma demonstração eloquente dessa atitude de insubmissão do Estado.

BIBLIOGRAFIA

AFTALIÓN, Enrique R.; OLANO, Fernando García; VILANOVA, José. *Introducción al Derecho*. Buenos Aires: El Ateneo, 1960.

AGUILLAR, Fernando Herren. *Metodologia da Ciência do Direito*. São Paulo: Max Limonad, 1996.

ALEXY, Robert. *Teoría de los Derechos Fundamentales*. Tradução castelhana de Eernesto Garzón Valdés. Madri: Centro de Esdudios Políticos y Constitucionales, 2002.

ALVARENGA, Aristides Junqueira. Crimes contra a Ordem Tributária. In: MARTINS, Ives Gandra da Silva. (Coord.) *Crimes contra a Ordem Tributária*. São Paulo: Revista dos Tribunais, 1995.

AMARAL Antonio Carlos Rodrigues do. Lei Complementar. In: MARTINS, Ives Gandra da Silva. (Coord.) *Curso de Direito Tributário*. Belém-PA/São Paulo: Cejup/Ceeu, 1993.

ANDRADE, Christiano José de. *O Problema dos Métodos da Interpretação Jurídica*. São Paulo: Revista dos Tribunais, 1992.

ANDRADE, Manuel A. Domingues de. *Ensaio sobre a Teoria da Interpretação das Leis*. Coimbra: Arménio Amado, 1978.

ASCENSÃO, José de Oliveira. *O Direito*: Introdução e Teoria Geral. Lisboa: Fundação Calouste Gulbenkian, 1978.

ATALIBA, Geraldo. *Lei Complementar na Constituição*. São Paulo: Revista dos Tribunais, 1971.

ÁVILA, Humberto. *Teoria dos Princípios*: da Definição à Aplicação dos Princípios Jurídicos. São Paulo: Malheiros, 2003.

BALEEIRO, Aliomar. *Direito Tributário Brasileiro*. 10. ed. Rio de Janeiro: Forense, 1993.

BARROS, Wellington Pacheco. *A Interpretação Sociológica do Direito*. Porto Alegre: Lael, 1995.

BASTOS, Celso Ribeiro. *Curso de Direito Administrativo*. São Paulo: Saraiva, 1994.

BASTOS, Celso Ribeiro. *Curso de Direito Financeiro e de Direito Tributário*. São Paulo: Saraiva, 1991.

BASTOS, Celso Ribeiro. *Dicionário de Direito Constitucional*. São Paulo: Saraiva, 1994.

BETIOLI, Antonio Bento. *Introdução ao Direito*. 2. ed. São Paulo: Letras, 1993.

BIELSA, Rafael. *Los Conceptos Jurídicos y su Terminología*. 3. ed. Buenos Aires: Depalma, 1987.

BOBBIO, Norberto. *Contribución a la Teoría del Derecho*. Valência: Fernando Torres, 1980.

BOBBIO, Norberto. *Teoria do Ordenamento Jurídico*. Trad. Maria Celeste Cordeiro Leite dos Santos. 4. ed. Brasília: Editora da UnB, 1994.

BOBBIO, Norberto. *Teoría General del Derecho*. Trad. Jorge Guerrero. Bogotá: Temis, 1997.

BONAVIDES, Paulo. *Curso de Direito Constitucional*. 7. ed. São Paulo: Malheiros, 1997.

BONAVIDES, Paulo. *Reflexões*: Política e Direito. Fortaleza: Imprensa Universitária – UFC, 1973.

BORGES, José Souto Maior. *Lei Complementar Tributária*. São Paulo: Revista dos Tribunais: Educ, 1975.

CAETANO, Marcello. *Manual de Direito Administrativo*. Rio de Janeiro: Forense, 1970.

CAMPOS, Bidar. *El Poder*. Buenos Aires: Ediar, 1985.

CANARIS, Claus-Wilhelm. *Pensamento Sistemático e Conceito de Sistema na Ciência do Direito*. Trad. António Menezes Cordeiro. Lisboa: Fundação Calouste Gulbenkian, 1996.

CARNELUTTI, Francesco. *Metodologia do Direito*. Campinas: Bookseller, 2000.

CARNELUTTI, Francesco. *Teoria Geral do Direito*. Trad. Antonio Carlos Ferreira. São Paulo: Lejus, 1999.

CARRIÓ, Genaro R. *Notas sobre Derecho y Lenguaje*. 4. ed. Buenos Aires: Abeledo-Perrot, 1990.

CARVALHO, Paulo de Barros. *Curso de Direito Tributário*. São Paulo: Saraiva, 1985.

CHORÃO, Mário Bigotte. *Temas Fundamentais de Direito*. Coimbra: Almedina, 1991.

COELHO, Fábio Ulhoa. *Lógica Jurídica*. São Paulo: Max Limonad, 1997.

COELHO, Fábio Ulhoa. *Para Entender Kelsen*. São Paulo: Max Limonad, 1996.

CORETH, Emerich. *Questões Fundamentais de Hermenêutica*. Trad. Carlos Lopes de Matos. São Paulo: EPU, 1973.

COSTA JR., Paulo José da; DENARI, Zelmo. *Infrações Tributárias e Delitos Fiscais*. São Paulo: Saraiva, 1995.

COTTA, Sergio. *Que es el Derecho?* 2. ed. Madri: Rialp, 1995.

CUNHA, Paulo Ferreira da. *Lições Preliminares de Fifosofia do Direito*. Coimbra: Almedina, 1998.

DALLARI, Dalmo de Abreu. *Elementos de Teoria Geral do Estado*. São Paulo: Saraiva, 1995.

DAVID, René. *Os Grandes Sistemas do Direito Contemporâneo*. Trad. Hermínio A. Carvalho. São Paulo: Martins Fontes, 1986.

DECOMAIN, Pedro Roberto. *Crimes Contra a Ordem Tributária*. Florianópolis: Obra Jurídica, 1994.

DEL VECCHIO, Giorgio. *Lições de Filosofia do Direito*. Trad. Antonio José Brandão. Coimbra: Arménio Amado, 1972.

DINIZ, Maria Helena. *Compêndio de Introdução à Ciência do Direito*. 4. ed. São Paulo: Saraiva, 1992.

DINIZ, Maria Helena. *Dicionário Jurídico*. São Paulo: Saraiva, 1999.

D'ORS, Álvaro. *Nueva Introducción al Estudio del Derecho*. Madri: Civitas, 1999.

ENGISCH, Karl. *Introdução ao Pensamento Jurídico*. Lisboa: Fundação Calouste Gulbenkian, 1988.

ENTERRIA, Eduardo Garcia de. *Curso de Direito Administrativo*. Trad. Arnaldo Setti. São Paulo: Revista dos Tribunais, 1991.

FALCÃO, Raimundo Bezerra. *Hemenêutica*. São Paulo: Malheiros, 1997.

FARNSWORTH, E. Allan. *Introdução ao Sistema Jurídico dos Estados Unidos*. Trad. Antonio Carlos Diniz de Andrade. Rio de Janeiro: Forense, s/d.

FIADANCA, Giovanni; MUSCO, Enzo. *Diritto Penale Tributario*. Milão: Giuffrè, 1992.

FREITAS, Juarez. *A Interpretação Sistemática do Direito*. São Paulo: Malheiros, 1995.

GILISSEN, John. *Introdução Histórica ao Direito*. Trad. M. Hespanha e L. M. Macaísta Malheiros. Lisboa: Fundação Calouste Gulbenkian, 1988.

GOMES, Nuno Sá. *Interpretação Autêntica e Interpretação Normativa Oficial*. Lisboa: Ministério das Finanças, 1984.

GOMES, Nuno Sá. *Introdução ao Estudo do Direito*. Lisboa: JVS, 2001.

GORDILLO, Agustin. *Princípios Gerais de Direito Público*. Trad. Marco Aurélio Greco. São Paulo: Revista dos Tribunais, 1977.

GRECO, Marco Aurelio. *Medidas Provisórias*. São Paulo: Revista dos Tribunais, 1991.

GUSMÃO, Paulo Dourado de. *Introdução ao Estudo do Direito*. 14. ed. Rio de Janeiro: Forense, 1990.

HART, H. L. A. *O Conceito de Direito*. Trad. A. Ribeiro Mendes. Lisboa: Fundação Calouste Gulbenkian, 1996.

HERKENHOFF, João Batista. *Como aplicar o Direito*. Rio de Janeiro: Forense, 1979.

HORTA, Raul Machado. *Estudos de Direito Constitucional*. Belo Horizonte: Del Rey, 1995.

JARDIM, Eduardo Marcial Ferreira. *Manual de Direito Financeiro e Tributário*. São Paulo: Saraiva, 1993.

JHERING, Rudolf von. *A Evolução do Direito*. 2. ed. Salvador: Livraria Progresso, 1956.

KALINOWSKI, Georges. *Concepto, Fundamento y Concreción del Derecho*. Buenos Aires: Abeledo-Perrot, 1982.

KELLY, J. M. *A Short History of Western Legal Theory*. New York: Clarendon Press: Oxford, 1996.

KELSEN, Hans. *Teoria Geral das Normas*. Trad. José Florentino Duarte. Porto Alegre: Fabris, 1986.

KELSEN, Hans. *Teoria Pura do Direito*. 3. ed. Trad. João Baptista Machado. Coimbra: Arménio Amado, 1974.

LARENZ, Karl. *Metodologia da Ciência do Direito*. 2. ed. Trad. José Lamego. Lisboa: Calouste Gulbenkian, 1989.

LARENZ, Karl. *Metodologia da Ciência do Direito*. 3. ed. Trad. José Lamego. Lisboa: Calouste Gulbenkian, 1997.

LEIBNIZ, G. W. *Los Elementos del Derecho Natural*. Trad. Tomás Guillen Vera. Madri: Tecnos, 1991.

LIMA, Hermes. *Introdução à Ciência do Direito*. 28. ed. Rio de Janeiro: Freitas Bastos, 1986.

MACHADO, Hugo de Brito. Vigência e Eficácia da Lei. *Revista Forense*, v. 313.

MACHADO, J. Baptista. *Introdução ao Direito e ao Discurso Legitimador*. Coimbra: Almedina, 1987.

MÁINEZ, Eduardo García. *Introducción al Estudio del Derecho*. 53. ed. México: Porrua, 2002.

MARÍN, Rafael Hernández. *Introducción a la Teoría de la Norma Jurídica*. Madri/Barcelona: Marcial Pons, 1998.

MARINHO, Josaphat. Poder de revisão constitucional. *Revista Jurídica dos Formandos em Direito da UFBA*, Salvador, ano 3, v. 4, [s/d].

MARTINS, Ives Gandra da Silva. *Sistema Tributário na Constituição de 1988*. 2. ed. São Paulo: Saraiva.

MAXIMILIANO, Carlos. *Hermenêutica e Aplicação do Direito*. 16. ed. Rio de Janeiro: Forense, 1996.

MIAILLE, Michel. *Uma Introdução Crítica ao Direito*. Trad. Ana Prata. Lisboa: Moraes Editores, 1979.

MONTORO, André Franco. *Introdução à Ciência do Direito*. São Paulo: Martins, 1968.

MORAES, Germana de Oliveira. Obrigatoriedade de motivação explícita, clara, congruente e tempestiva dos atos administrativos. *Nomos*, do Curso de Mestrado em Direito da UFC, jan./dez. 1998-1999.

NUNES, Luiz Antonio. *Manual de Introdução ao Estudo do Direito*. São Paulo: Saraiva, 1996.

NUNES, Pedro. *Dicionário de Sociologia Jurídica*. 8. ed. Rio de Janeiro/São Paulo: Freitas Bastos, 1974. v. 2.

OVIEDO, José Martin. *Formación y Aplicación del Derecho (Aspectos Atuales)*. Madri, 1972.

PALMER, Richard E. *Hermenêutica*. Trad. Maria Luísa Ribeiro Pereira. Lisboa: Edições 70, 1986.

PINHEIRO, Hésio Fernandes. *Técnica Legislativa*. 2. ed. São Paulo: Freitas Bastos, 1962.

PUIGARNAU, Jaime M. Mans. *Lógica para juristas*. Barcelona: Bosch, 1978.

RADBRUCH, Gustav. *Filosofia do Direito*. 5. ed. Coimbra: Arménio Amado, 1974.

RADBRUCH, Gustav. *Introdução à Ciência do Direito*. Trad. Vera Barkow. São Paulo: Martins Fontes, 1999.

REALE, Miguel. *Filosofia do Direito*. 3. ed. São Paulo: Saraiva, 1962.

REALE, Miguel. *Horizontes do Direito e da História*. São Paulo: Saraiva, 1956.

REALE, Miguel. *Lições Preliminares de Direito*. 10. ed. São Paulo: Saraiva, 1983.

REALE, Miguel. *O Direito como Experiência*. São Paulo: Saraiva, 1968.

REZEK, J. F. *Direito Internacional Público*: Curso Elementar. 5. ed. São Paulo: Saraiva, 1995.

RICOEUR, Paul. *Interpretação e Ideologias*. Trad. Hilton Japiassu. 2. ed. Rio de Janeiro: Francisco Alves, 1983.

RICOEUR, Paul. *Teoria da Interpretação*. Trad. Artur Morão. Lisboa: Edições 70, 1996.

ROSA, Edgar Lincoln de Proença. *A Questão do Decreto-Lei sobre Tributos*. São Paulo: Revista dos Tribunais, 1982.

ROSS, Alf. *Sobre el Derecho y la Justicia*. Trad. Genaro R. Carrió. Buenos Aires: Editorial Universitaria, 1977.

ROTHMANN, Gerd W. *A Extinção da Punibilidade nos Crimes contra a Ordem Tributária*. Simpósio Nacional IOB de Direito Tributário, Volume de Apoio.

ROYO, Javier Perez. *Las Fuentes del Derecho*. 4. ed. Madri: Tecnos, 1993.

SÁCHICA, Luís Carlos. *La Corte Constitucional y su Jurisdición*. Santa Fé de Bogotá: Temis, 1993.

SALDANHA, Nelson. *O Poder Constituinte*. São Paulo: Revista dos Tribunais, 1986.

SALDANHA, Nelson. *Ordem e Hermenêutica*. Rio de Janeiro: Renovar, 1992.

SECCO, Orlando de Almeida. *Introdução ao Estudo do Direito*. 3. ed. Rio de Janeiro: Freitas Bastos, 1995.

SICHES, Luis Racaséns. *Introducción al Estudio del Derecho*. 13. ed. México: Porrua, 2000.

SILVA, José Afonso da. *Curso de Direito Constitucional Positivo*. 15. ed. São Paulo: Malheiros, 1998.

SILVEIRA BUENO. *Grande Dicionário Etimológico Prosódico da Língua Portuguesa*. São Paul: Saraiva, 1963. v. 1.

SIQUEIRA JR., Paulo Hamilton. *Lições de Introdução ao Direto*. São Paulo: Oliveira Mendes, 1998.

SOUZA, Daniel Coelho de. *Interpretação e Democracia*. 2. ed. São Paulo: Revista dos Tribunais, 1979.

SOUZA, Daniel Coelho de. *Introdução à Ciência do Direito*. 3. ed. São Paulo: Saraiva, 1980.

SOUZA, Hamilton Dias de. Lei Complementar em Matéria Tributária. In: MARTINS, Ives Gandra da Silva (Coord.) *Curso de Direito Tributário*. São Paulo: Saraiva, 1982.

TABOSA, Agerson. *Teoria Geral do Estado*. Fortaleza: Imprensa Universitária – UFC, 2002.

TEMER, Michel. *Elementos de Direito Constitucional*. 10. ed. São Paulo: Malheiros, 1994.

TENÓRIO, Oscar. *Lei de Introdução ao Código Civil Brasileiro*. 2. ed. Rio de Janeiro: Borsoi, 1955.

VASCONCELOS, Arnaldo. *Direito, Humanismo e Democracia*. São Paulo: Malheiros, 1998.

VASCONCELOS, Arnaldo. *Teoria da Norma Jurídica*. 4. ed. São Paulo: Malheiros, 1996.

VERNENGO, Roberto J. *Curso de Teoría General del Derecho*. Buenos Aires: Depalma, 1988.

VERNENGO, Roberto J. *La Interpretación Literal de la Ley*. Buenos Aires: Abeledo-Perrot, 1994.